나나출판 원고지

반짝과 반짝 사이

나남
nanam

나남문학선 53

반짝과 반짝 사이

2025년 4월 19일 초판 발행
2025년 4월 19일 초판 1쇄

지은이　　김근
발행인　　趙相浩
발행처　　㈜나남
주소　　　10881 경기도 파주시 회동길 193
대표전화　(031) 955-4601
FAX　　　(031) 955-4555
등록　　　제1-71호(1979.5.12.)
홈페이지　http://www.nanam.net
전자우편　post@nanam.net

ISBN　　 978-89-300-0153-3　04810
　　　　 978-89-300-0142-7 (세트)

이 책의 판권은 저자와 나남에 있습니다.
이 책 내용의 전부 또는 일부를 재사용하려면 반드시 양측의 동의를 받아야 합니다.

책값은 뒤표지에 있습니다.

반짝과 반짝 사이

김근 문학선

시인의 말

말은 완성되지 않는다.

말은 말을 반성하지 않고

움직이고 있을 뿐이다.

그때 거기 말은 아직도 살아서

그때 거기 말들로부터 바람이 온다.

말은 끝내 완성되지 않지만,

말은 말을 기어이 반성하지 않지만,

지금 여기 다시 또 시작된다, 새로운 말은.

당신과 내 살갗에 와닿는

한 번도 느껴보지 못했던 바람과 함께.

한 번도 가보지 못했던 길들이 저기서

꿈틀거린다.

두근거린다.

2025년 봄
김근

차례

시인의 말

1부
영원히
지연되는
반짝임
―시

뱀소년의 외출

사랑　11
헤헤 헤헤헤헤,　12
어제　14
뱀소년의 외출　15
江, 꿈　20
어두운, 술집들의 거리　22
바깥 1　24
바깥 2　26
무서운 설경　27
담벼락 사내　30
공중전화부스 살인사건　32

구름극장에서 만나요

바깥에게　37
복도들 1　38
너 오는가　40
물 안의 여자　41
덜, 컹　42
죽은 새　44
빨강 빨강　45
분서焚書 1　46
분서焚書 2　48
분서焚書 3　50
분서焚書 7　52
분서焚書 10　54

당신이 어두운 세수를 할 때

길을길을 갔다　59
밝은　60
나는 너를 낳은 적이　62
택시　64
너의 멸종　68
조카의 탄생 — 이모의 말　70
조카의 탄생 — 삼촌의 말　72
조카의 탄생 — 조카의 말　75
형 — 필사　78
형 — 둔갑　80
형 — 호칭들　82
변명, 라디오　84
당신의 날씨　86
거대하고 시뻘건 노래가　89

끝을 시작하기

프롤로그　93
제1부　96
에필로그　110

에게서 에게로

언제든 어디에고　117
가려진 문장　120
에게서 에게로　122
손 하나가　126
두 밤 사이　129
거기, 없는　134
어슴푸레　136
서러우니, 아프니　138
천사는 어떻게　140

자줏빛 심장에 대고 142
미처 다물지 못한 143
윤슬 150

2부
**몸이 말이고
노래이기까지**
— 시의 바깥

어디에고 161
부재에 대하여 165
뒷모습 168
아름답고 무서운 172
끝나지 않는, 끝낼 수 없는, 177
폐허라는, 184
두 물 사이 190
기억에 대해 이야기해 보랴? 201

3부
**쓰기의 망각
속으로**
— 시론

혼돈과 실재의 복원 213
정동의 리듬 리듬의 정동 246

작가론
언어의 이행, 이행의 언어 | 김태선 301

지훈문학상 심사평
고통의 힘으로 밀고 가는
   새로운 생성의 언어 | 박혜경 337

지훈문학상 수상소감
다시 언어를 위하여 341

뱀소년의 외출

*

1부

영원히
지연되는
반짝임

시

사랑

그러나 돌의 피를 받아 마시는 것은
언제나 푸른 이끼들뿐이다 그 단단한 피로 인해
그것들은 결국 돌 빛으로 말라 죽는다 비로소
돌의 일부가 되는 것이다

헤헤 헤헤헤헤,

그날 늙은 어미는 삼단 같은 머리칼을 질끈 동여 묶고 뒤란으로 갔다 작고 붉은 열매들이 드글드글 달려 있는 늙은 어미의 뒤란에는 팔다리 없이 머리도 없이 항아리들이 살고 있었다 시커멓고 무서운 몸을 빛내는 항아리들 속에 무엇이 들었는지 알 수 없었다 아무도 뒤란에 가는 것이 허락되지 않았다 그것은 오래된 금기여서 항아리들 주변에 축축하고 번들거리는 우산이끼들만 도마뱀 비늘처럼 무성하게 자라났다 늙은 어미는 항아리들을 하나하나 온 팔에 쓸어안곤 했지만 좀처럼 항아리들의 꽉 다문 주둥이를 열어보지는 않았다 녹슨 철문이 열리듯이 그날 느닷없이 햇빛이 쏟아졌다 햇빛에서 날카로운 쇠 냄새가 났다 열매들이 일제히 살을 터뜨렸다 뒤란에 낭자하게 흩어지는 작고 붉은 비명들 서둘러 늙은 어미는 항아리들의 뚜껑을 열었다 곰삭은 몇백 년 시간들이 걸쭉하게 흘러넘쳤다 항아리 바깥으로 아기들이 쭉 말라붙은 목을 뽑아올렸다 눈꺼풀은 굳고 구멍만 남은 코를 벌름거리며 입술도 없이 이만 달각거리고 귀도 짜부라져 눌어붙고 머리칼만 수십 발 자란 아기들, 아기들의 몸 없는 머리를 늙은 어미는 하나씩 뽑아들었다 헤헤 헤헤헤헤, 끝없이 아기들의 입술 없는 이가 늙은 어미를 향해 웃어댔다 아기들의 머리에 대고 어미가 말했다 언제 다 죽을래? 아기들의 머리가 어미에게 대답했다 헤헤 헤헤헤헤, 아기들은 다시 항아리 속에 갇혔다 팔다리 없이 머리도 없이 항아리들은 몸만으로 시커멓고 무서워졌다 늙은 어미는 다시 질끈 삼단 같은 머리칼을 동여 묶고 뒤란을 돌아나왔다 햇빛들이 쇳소리를 내며 슬금슬금 늙은 어미를 따라 나왔다 우산이끼들은 자라고 자라 마침내 커다란 도마뱀이 되었다 그날 울음도 없는 새들이 날아와 뒤란의 작고 붉은 비명들을 쪼아 먹었는데 헤헤 헤헤헤헤,

어제

 항아리 같은 잠의 뚜껑을 열고 사내애는 깨어났다 낡고 낡은 잠 바깥엔 삼백예순날 종일 비 내리고 빗방울 하나마다 부릅뜬 눈알들 추녀 끝 마당엔 여자가 온몸으로 눈알을 맞고 서 있었다 여자는 희게 젖고, 엄마 나는 저 눈깔들이 무서워요 무서워할 것 없단다 애야 지느러미나 혓바닥이 내릴 날 있을 거다 저것들은 엄마가 죽인 아기들의 눈깔인가요? 애야 저것들은 네가 무수한 날에 바꿔 달 눈알들이란다 또로록또로록 굴러다니며 검은자위들이 본 저 징글징글한 것들을 내가 다 봐야 한다고요? 보이는 건 아무것도 아니란다 애야 너 같은 건 다 거짓말이란다
 눈알 비 맞고 새들이 떨어져 죽었다 희게 젖은 여자가 죽은 새들을 들췄다 새들의 찬 부리 위에는 눈 없이 텅 빈 구멍만 뚫려 있었다 사내애는 제 눈알을 뽑아 여자에게 버렸다 희게 젖은 여자의 옷에 붉은 피 번졌다 여자는 이제 영영 붉게 젖은 여자가 되었다 잎사귀마다 대롱대롱 눈알들을 달고 나무들이 사내애를 쏘아보았다 대지는 터진 눈알들로 질퍽거렸다 없는 눈으로 사내애는 보이지 않는 길을 더듬거렸다 아무것도 아니란다 애야 다 거짓말이란다 네가 살아 있다는 것도 지느러미도 없이 시들한 혓바닥도 없이 멀리서 항아리 깨지는 소리 들려왔다

뱀소년*의 외출

1
누가 어미의 장사를 지내줄 것인가 누가
어미의 육체를 장엄하게 썩게 할 것인가
내 갈라진 혀는 여태도 길고 사나우니
내 날카로운 독니로 찢고 발긴
어미의 살점은 또 어느 허공에 뿌려질 것인가

어미이기도 하고 어미가 아니기도 한
아들이기도 하고 아들이 아니기도 한
암소이기도 하고 수소가 아니기도 한
이 질긴 슬픔의 끄나풀을 누가 끊을 것인가

2
무릎이 까진 채 버려진 나무 아래
오누이가 울고 있다 울면 안 돼
울면서 오라비는 우는 누이의 뺨을 때린다

---

* 〈사복불언蛇福不言〉(《삼국유사》 의해편). 사복蛇福은 사복蛇伏, 사파蛇巴 혹은 사동蛇童으로 불리나 모두 '뱀아이'다. 그가 뱀의 형상을 하고 있었는지는 《삼국유사》에서 확인되지 않는다.

돌아오지 않아 아무도 영원히
오누이의 눈물방울들이 무거운 공기 안에 멈춘다
쉭쉭거리며 나는 혓바닥을 내밀어 눈물을 맛본다
암염처럼 딱딱한 눈물방울들
사라지는 것은 하나도 아프지 않은 거란다

내 몸의 모든 비늘이 가늘게 떨린다
비늘이 고요해지자 나는 오누이를 긴 몸통으로 휘감는다
몸통 안에서 오누이가 으스러진다 으스러져 한데 엉긴다
사라지는 것은 그저 비늘처럼 적막해지는 일일 뿐

무릎이 까진 채 버려진 나무처럼
나는 우는 법을 모른다
긴 몸을 풀었으나 오누이가 보이지 않는다

3
태를 묻지 못했으니 고향도 없다
몇 차례 허물을 벗었는지는 잊었다
허물을 벗어도 허물 안의 기억은
허물 바깥에서 사라지지 않는다

어느 것이 허물 안의 기억인지
어느 것이 허물 바깥의 기억인지
알 수 없다 나는 안인가 바깥인가
몇 차례 허물을 태우면서
한때 번들거렸으나 이제 푸석해진
한 生이 지글지글 타는 냄새를 맡으면서
나는 삶인가 죽음인가
이승인가 저승인가
돌 하나 붙박인 채 꿈쩍도 하지 않았다
거기가 돌의 고향인지는 묻지 않았다

4
주름 자글자글한 소녀를 만난 적 있지
어제가 오늘과 살짝 옷을 바꿔 입는 구멍 앞에서
그 늙은 소녀가 자꾸 풀을 꺾는 것을 지켜보았어
나는 풀들의 꺾인 뼈를 맞추며
늙은 소녀와 내가 아기를 낳으면
뱀이기도 하고 소년이기도 한
할미이기도 하고 소녀이기도 한
아기가 태어날지 궁금했다구

저녁이 한 번 부르르 진저리를 쳐
긴 몸통에서 새빨간 성기를 꺼내 나는 오줌을 갈기지

길이 풀어지고 풀어진 길을 거슬러 늙은 소녀가
훠이훠이 구부러진 허리로 걸어와
이 길은 주름이 너무 많아 네 성기처럼
나 늙은 소녀의 늘어진 살가죽을 벗겨내
벗겨도 벗겨도 늙은 소녀는 늙은 소녀야

5
몸을 벗고 말을 벗고 어미가 누워 있네
나는 어미를 모르네
모든 사라지는 것들은 다 어미네

뻣시디뻣신 띠풀을 뽑아내
어미를 지고 나는 거기로 미끄러져 들어가네

여기도 아니고 저기도 아니네 몇천 년 미끄러지네

누군가 구멍으로 거기를 들여다보네
말이 아니라 비로소 그가
내 몸에 새겨진 무늬를 읽어 나가네

江, 꿈

꿈에, 누이야, 살랑거리는 물주름도 없이, 江인데,
이따금씩 튀어 오르는 피래미 새끼 한 마리 없이
푸르스름한 대기 살짝 들떠, 未明인지 저녁 어스름인지,
간유리처럼 크다만 燐光體처럼, 보일 듯 말 듯
제 꼬락서니 드러내는 나무와 풀과 길과 마을 품고,
가벼이 얽은 얼굴에 드러나는 마맛자국마냥, 서툴게시리
산과 들과 세상이 밝음과 어둠의 바깥에, 흐르지 않고
江인데, 누이야, 허옇게 물안개만 피어올라 몽글몽글,
자울거리는 시간하고 노닥노닥, 안개에 싸여 오두마니, 나,
어디 기척이나, 배곯는 밤부엉이 소리나 어디,
그저 한참을 앉아만, 나, 내가 참말 나인지도 모르게 앉
아만,
혹 바람이라도 불었던지 누구의 입김이라도,
배 한 척, 깜깜한 안개 사이로, 삐걱거리며 빈 나룻배,
나한테로 헤적헤적 안개 헤치며 강 저편에서,
없더니 아무리 눈 씻고 보아도, 빈 나룻배
도로 가는데, 강 저편에서 흑흑대는 소리, 헌 광목치마
찢어발기듯 소리, 온몸의 힘줄이란 힘줄 다 불거져 툭,
툭, 터지는 소리, 소리에 비늘을 세우고 한꺼번에, 안개
가, 나를, 나를,

그제야 보여, 파르르 흔들리는 거, 강가의 사시나무 이파리 하나
그 흔들림 속으로 江도 안개도 산도 들도
나무도 풀도 길도 마을도 대기도 어둠도 밝음도
나도 시간도 한가지로 흔들림 속으로, 꿈에 누이야

그만, 夢精을, 나, 너를 보듯,

어두운, 술집들의 거리

 그 거리는 어둠의 딱딱한 껍질에 둘러싸여 있어 그게 벽인 줄 알고 사람들은 그만 지나치고 말지 일단 어둠을 밀고 들어서는 자에게 어둠은 스펀지처럼 편안해 그 거리에선 과거나 미래 따위는 중요하지 않아 단지 자신이 영원히 현재인 것만 증명하면 되지 그러자면 몸에 붙은 기억들을 모조리 떼어내야 해 이따금 그 거리에선 기억을 떼어내버린 소년들이 발에 차여
 그곳의 술집들은 모두 눈알을 술값으로 받지 사실 술을 파는 것은 눈속임에 불과해 은밀하게 눈알을 사고파는 거래가 이루어진다는 걸 사람들은 모두 알고 있어 푸르고 단단한 웃음을 지으며 사람들은 자신의 눈알이 팔리기만 기다리지 그러므로 술에 취하는 건 용납되지 않아 술에 취하는 건 아직 과거나 미래 따위가 떨어져나가지 않았다는 뜻이거든 현재에 충실한 눈알만이 늘 최상품으로 취급되지
 언젠가 이곳에서 한 사내가 죽은 적이 있어 그가 술에 취한 적은 없지만 기억을 떼어버리지 않은 탓이라고 사람들은 속닥거렸지 그 짠한 사내의 축 처진 육체가 마지막에 어떤 눈빛으로 빛났는지 아무도 본 사람은 없어 사람들은 저마다 그 사내가 자신의 눈을 달고 있었다고 주장했지 얼마 뒤 사내는 몸에 네온이 감긴 채 그 거리의 간판으로 내걸렸어

그 거리에 들어설 때마다 내 눈알이 어떤 사람에게 팔려 갈지 궁금해 아직 한 번도 내 눈알을 사 간 사람은 없어 다른 사람에게 팔린 내 눈알이 그의 얼굴에 박혀 어떤 유전적 저항에 직면하게 될까 의심하는 건 이곳에선 금기야 자신의 눈알을 팔고 미처 적당한 눈알을 찾지 못한 사람들은 이곳이 텅 빈 곳인 듯 행동하곤 하지 자신의 텅 빈 눈처럼 이 거리가 마치 존재하지 않는다는 듯이

그 거리는 어디에든 있어 어둠은 모두 그런 거리를 하나씩 잉태하고 있거든 도시의 골목 한 귀퉁이를 지나다 미끈하고 딱딱한 어둠을 만나게 되면 네 온몸을 밀어넣어 봐 틀림없이 그 거리로 들어가게 될 거야 기꺼이 네 눈알을 빼낼 용기만 있다면 말이지

바깥 1

 사내는 천천히 눈을 떴다 나는 어디에 있는 것일까 종로 경찰서 맞은편 안국역 입구 가로수 아래 새벽 공기에 파장을 일으키며 차들은 도로를 질주한다 도로를 벗어나는 차는 없다 사내는 가방을 잃어버렸다 그의 의식은 보도 위에 방치되었다 지갑과 읽다 만 책 푸른색 노트 한 권이 가방 안에는 들어 있었다 순식간에, 사내가 중얼거린다 사라져버렸군 육교가 사라진 탓이야 이곳에 육교가 있었다는 걸 사람들은 기억할까

 사내는 가방 안의 책 제목도 기억하지 못한다 어디까지 읽었을까 나는 어디까지 살았지? 지갑 안에 몇 장의 지폐가 들어 있었는지도 사내는 잊었다 푸른 노트를 탐낸 게 분명해 그런 푸른 노트는 아무나 갖고 있지 않지 이젠 추억에서 암모니아 냄새가 나 노트가 푸르기 때문이야 지독해 사내는 유일한 목격자인 가로수를 탐문한다 오랜 침묵이 사내와 나무 사이에 놓인다 사내는 나무를 흔든다 후두둑, 사내 위로 떨어져내리는 새들

 눈이 흐려지고 사내는 모래를 게워낸다 다시는 아트선재에 영화를 보러 가지 않을, 모래는 사내의 바짓가랑이 사이

로 쏟아진다 다시는, 여의도에 자전거를, 제길, 않을, 모래와 사내의 말이 섞인다 게워도 자꾸 사내의 입에 고이는 모래 알 모래 씹듯이 술을 마셨나 모래가 사내의 발목을 덮는다 타클라마칸, 고비, 사하라를 삼켰나 낙타가 되어, 사막 같은, 너를, 건너야 하나 모래가 그치자 사내가 피식 웃는다 여긴 바늘도 없어

 비로소 사내는 전화를 건다 바깥이야 안이라구? 아니 바깥이야 사내는 다시 전화를 건다 여긴 전혀 다른 세계야 안이라구? 아니라구? 아무것도? 사내는 다시 전화를 건다 너도 바깥이니? 수화기를 떨어뜨리고 사내는 길을 건너간다 육교가 사라진 탓이야 차들이 빠르게 그의 곁을 지나간다 도로를 벗어나는 차는 없다 도로 한가운데서 사내는 길 건너를 본다 순식간이야 육교가 사라진 건 여긴 전혀 다른 세계야 바깥이야 사내는 천천히 눈을 감는다 나는 가방을 잃어버렸어 새벽 풍경이 한 번 갸우뚱거린다 길 건너는 너무 멀다

바깥 2

　귀를 잃어버렸어 귀를 잃어버리고 나는 거기에서 여기로 왔지/걱정하지 마 귀는 얼마든지 다시 주문할 수 있어 괜찮은 택배회사를 통하면 금방 도착해/귀는 어느 날 툭, 떨어져 버리더군 사람들은 그게 구겨진 종이컵인 줄 알았을 거야/외계인 귀 당나귀 귀 임금님 귀 늑대나 토끼 귀는 어떤가/귀를 툭툭 차거나 밟으며 지나간 사람들은 금세 거리의 거대한 입속으로 빨려 들어가/택배회사 직원들은 영악하다구 자넬 못 찾을 리 없어/구겨진 귀는 잘 펴지지 않아/구겨지지 않은 시간이 어디 있나/걱정되는 건 내가 지나온 공기의 주름이야/잊어버리라구 코끼리 귀를 붙이면 날 수도 있다네/내 귀는 아직 거기에 있어 귀가 없는 얼굴은 어색하군/눈이 없는 얼굴은 어떻고? 코가 없는 얼굴 입이 없는 얼굴은?/그러고 보니 자넨 밋밋한 얼굴밖엔 없군 자네 나를 들을 수 있나? 말할 수는? 냄새는?/물건은 확실해 믿을 만한 회사를 내가 알고 있지 자넨 귀를 고르기만 하면 돼

　귀를 잃어버렸어 유폐된 소리들이 사람들의 입을 떠나 떠도는 게 보여 소리들은 커다란 공처럼 뭉쳐져 거기에서 여기로 굴러와 아직 내 귀는 거기 있어 사람들은 그게 구겨진 종이컵인 줄 알지

무서운 설경

죽은 자들의 말이 전해졌다
뇌성마비로 20년을 버틴 청년과
오래 중풍을 앓던 초로의 사내가
무거운 허공을 헤엄쳐
저기서 여기로 건너온다
한 번도 본 적 없는 그들이
내 귀에 어두운 꽃씨를 심는다
귀가 간지럽다 나 죽은 뒤
내 귀에도 꽃 피어날까

꽃 핀 봄날
가루눈이 날리기 시작했다
가루눈은 곧 폭설이 되었다

나는 산 자 하나를 기다렸다
폭설이 어둠의 모서리를 깎아내리는 거리
산 자는 좀처럼 오지 않았다
축축한 눈을 한 짐씩 이고 사람들은 귀가를 서두른다
때늦은 추위에 웅크리고 가는 저들이
산 자인지 죽은 자인지 가늠할 수 없다

그들 사이로 10년 전에 죽은 젊은 사촌 형이
가벼이 지나간다 그는 내게 눈길 한 번 주지 않는다
갑작스런 간질 발작으로 그는 1층 난간에서
나를 알아보지 못한 채 흰자위 가득한 그의 눈동자가 눈 속을 떠다닌다

산 자와 만나 술을 마신다
입술이 새파래진 나는 죽은 자 쪽에 가깝다
술집 바깥으로 30년 만에 눈은 무섭게 퍼붓고
숯불로 환한 술집에서
아직 핏물이 덜 빠진 생살들 시커멓게 익어간다
다시 보니 붉고 푸른 시반屍班 피워내며
나와 마주한 자는
사촌 형의 앳된 얼굴을 하고 있다
입안에서 죽은 자들이 씹힌다
그들이 남긴 고기가 질기다

너무 쉽게 산 자들의 도시는 마비된다
발을 동동 구르며 산 자들은 집으로 돌아가지 못한다
아무도 무서운 설경을 예감하지 못했다

산 자는 설경 안에 나를 버린다
하얗게 형체를 잃어버린 거리에서 자꾸
죽은 자들이 나를 통과해간다 서서히
내 귀에선 어두운 꽃씨들이 발아하기 시작한다

담벼락 사내

　오래된 담벼락을 지날 때는 조심해야 한다 좀처럼 모습을 드러내지 않는 사내는 얼핏 찌든 세월의 오줌자국이나 부식된 시간이 만들어 놓은 얼룩처럼도 보이지만 그의 눈은 담벼락에 박혀 항상 우리를 노리고 있다 쫓기던 사람이 담벼락 근처 그늘 속으로 사라져 버렸다면 일단 사내에게 혐의를 둬라
　언젠가 취객 하나가 고궁의 어둠 속을 지나다 그의 그림자가 담벼락에 드리워지는 순간 사내에게 덜미를 잡힌 적이 있다 때마침 불어닥친 비바람에 취객은 고장 난 우산처럼 담벼락을 따라 굴러다녔다 사람들은 날개가 꺾인 커다란 박쥐인 줄 알았다고 증언했다 몸만 빠져나간 옷을 발견한 건 다음 날이었다 옷은 아직 온전히 몸의 형태를 갖추고 있었다 사람들은 모두 입을 다물었다 담벼락 속으로 사내가 취객을 끌고 들어갔다는 사실을 아무도 입 밖에 내지 않았지만 사람들은 며칠 동안 담벼락 근처엔 얼씬도 하지 않았다 어느 밤 으슥한 담벼락에 기대 키스를 하다 사라져버린 젊은 사내의 행방은 아직도 묘연하다 밀가루 반죽처럼 물렁물렁해진 미처 사라지지 않은 애인의 손 하나를 부여안고 남은 여인은 담벼락 앞에서 오래 울었다
　쓰러질 듯 쓰러지지 않는 오래된 담벼락을 지날 때는

조심해야 한다 아무도 실제로 본 사람은 없지만 오늘도 담벼락엔 껌딱지처럼 달라붙어 사내 하나가 그의 주민을 물색 중이다

공중전화부스 살인사건

때마침 공중전화부스가 뚜벅뚜벅 걸어왔다 후두둑 지상의 중력과 내통한 첫 빗방울들이 두꺼운 구름장에서 손쉽게 끌어내려진다 사내는 중력에 지친 발을 잠시 쉰다 너무 멀리까지 사내는 흘러왔다 첫 침투에 성공한 빗방울들은 재빨리 거리에 스며든다 물보라 일으키며 보도블록에 새겨진 사람들의 발소리가 순식간에 녹슨다 눅눅한 예감으로 부스 안은 흐려지고 유리문 바깥으로 흐물흐물해지는 상점 간판들 무거운 짐처럼 가까스로 수화기가 사내의 귀에 매달린다 너를 죽이러 왔다 의뢰인을 밝히진 않겠다 그건 그의 프라이버시니까 너는 가장 사소하게 죽을 수도 있다 갑각류처럼 껍질이 손상되지도 않은 채 여기에서 저기로 건너가는 것이다 가볍게

    비는 거리를 점령한다 후두둑둑 비의 침공은 점점 격렬해지고 보이지 않는다 저마다 커다란 우산을 펴들고 나무들처럼 빽빽하게 거리를 메우던 사람들 빗방울의 필사적인 저항을 받으며 자동차는 도로를 질주한다 자동차의 속도는 그러나 비의 흡착력을 이기지 못할 것이다 비에게 엔진을 매수당한 채 자동차는 결국 멈춰서고 말 것이다 한 번도 가보지 않은 거리에서 죽을 수 있는 행운은 아무나 차지하는 게 아니지 네 운명 따윈 이야기하지 마라 네 운명을

결정하는 것은 이곳을 가득 채운 곰팡이 같은 예감일 뿐 그 건 이미 네 몫이

 아니다 너무 멀리까지 사내는 흘러왔다 부스가 비의 습격을 견뎌낼지 사내는 의심스럽다 비의 침투 경로를 파악하기란 쉽지 않다 가늠할 수 없는 바깥 비가 유리벽을 뚫고 들어오리란 것은 상상하지 못한 일이다 몸서리치며 사내는 외투에 달라붙는 빗방울들을 털어낸다 털어내도 거머리처럼 또 다시 흡반을 들이대는 빗방울 사내의 얼굴에서 핏기가 가신다 뻣뻣해진 손이 그만 수화기를 놓치자 사내는 갑자기 울음을 터뜨린다 사내의 무릎 근처에서 대롱대롱 중력에 지친 수화기가 흔들린다 조준되지 않는 사내의 손은 미친 듯이 비치용 전화번호부를 뒤적이기 시작한다 나는 너를 죽이러 왔다 의뢰인을 밝히진 않겠다 그, 건 그의 프, 프라이버시다……

구름극장에서 만나요

✹

1부

영원히
지연되는
반짝임

시

바깥에게

너와 헤어지고 나는 다시 안이다 아니다
꽃도 피지 않고 죽은 나무나 무성한
무서운 경계로 간다 정거장도 없다
꽃다발처럼 다글다글 수십 개 얼굴을 달고 거기
개들이 어슬렁거린다 그 얼굴 하날 꺾어
내 얼굴 반대편에 붙인다 안이 아니다
내 몸에서 뒤통수가 사라진다 얼굴과 얼굴의
앞과 앞의 무서운 경계가 내 몸에 그어진다
너와 헤어지고 나는 무서워진다

너를 죽이면 나는 네가 될 수 있는가
모든 안은 다시 바깥이 될 수 있는가

복도들 1

 저 사나운 아가리에서부터 신성한 똥구녕으로 이어지고 마는 배아지 속으로, 멀쩡히 그가 나를 끌고 들어온다 이 길고 둥근 통로에는 거칠고 반짝이는 비늘은 없으나 보드라운 살이랑 물컹하게 출렁이는 바닥과 벽, 에 달린 어둡고 축축한 문들 미끌미끌한 손잡이가 몇 개씩 달린 그 많은 문들의 주소 알 수 없고 그 문들 열리기가 안으론지 바깥으론지 또한 가늠할 길 없는데 해설라무네 여기는 그의 배아지 속일거나 내 배아지 속일거나 내 먹이일거나 그가 그의 먹이일거나 내가 아니면 그와 나는 또 누구의 여태도 소화되지 못하고 썩은 내 풀풀 풍기는 살점이나마 듬성듬성만 붙어 있는 뼈다귀일러나, 오뉴월 개 혓바닥만큼이나 축축 늘어지는 말, 이 흘리는 침 한 사발 꿀떡꿀떡 받아 마시기나 하는 그와 내 시간의 바깥 쪽 저 사나운 아가리에서부터, 오긴 했으나 들지도 나지도 못하고 그저 있기만 하는 여기를, 신성한 똥구녕 밖까지 쉭쉭거리며 바람 한 줄기 지나, 간다 그가 나를 끌고 더 깊은 배아지 속으로 들어, 간다 바람에서 무슨 평생 수절한 홀애비 냄새라도 번져 나나 내 얇은 손 꺾어 잡고 그가 미끄덩거리는 문의 손잡일 돌리자 획, 그의 얼굴이 바뀐다 온전히 그도 아니고 그 아닌 것도 아닌 그의 얼굴 다시 희미해지고 오살헐 문들 문들의 손잡이들 너무 많다 있었다고 생각했으나 없었던 것인지 모른다, 아예는, 온전히 안도 아니고 바깥도 아닌 채 쉼 없이 꿈틀거리기만 하는 여기 이 혼곤한 배아지 속, 행방마저 그만 묘연해져버린 나는,

너 오는가

  너 오는가 흰 고개 검은 고개 넘어 한 푼 노자도 없이 시 푸른 대지팡이 하나 없이 걷고 걸어 너 오는가 흰 강아지 흰 강아지 그만 놓쳐 버리고 안개 강 다시 되돌아 물 먹은 시체처럼 띵띵 불어 갈라지고 터지는 시간 푸르고 붉게 시반 찍으며 너 오는가 어린아이도 되었다가 주름 자글자글한 늙은이도 되었다가 어미도 되었다가 아비도 되었다가 머리 풀고 땅을 치며 갈기갈기 옷 찢으며 잘은 찾아지지도 않는 여기로 용케도 이 죄 썩어 빠지고 코는 주저앉고 눈알 데구르르 굴러가 버리고 어디 비쩍 마른 새 한 마리 날아와 쪼아 터트려 먹었는지 모르고 듬성듬성 머리칼 몇 개 붙어 하늘하늘거리는 피 모조리 빠져나가고 살은 살끼리 말라붙어 죽지도 썩지도 못하는 겨우 있는 나한테로 너 오는가 너 오면 나 굳은 관절 움직여 한바탕 춤이라도 출 겐가 보타든 목을 뽑아 쇳소리로 어허이 어허이 가문 노래라도 한 자락 불러제낄 겐가 나 그만 가루로 폴폴 무너질 겐가 그렇게 많은 머리를 바꿔 달며 그렇게 많은 거기서 너는 오고야 마는가 해골들끼리 부딪는 소리로 눈부신 대낮 공놀이에 지친 아이들이 공은 버리고 제 머리통을 차대며 노는 먼짓길 염산처럼 뿌려지는 햇빛을 견디며 절뚝이며 절뚝이며 나 너 마중 나간다

물 안의 여자

물 안의 여자 물 안의 마을 물 안의 우물에서 물 안의 물 길어 올리네

물 안의 여자가 길어 올린 우물물 물 안의 물 너무 많아 없는 거나 다름없네

어느 날 물 안으로 들어온 사내와 눈 맞아 물 안의 여자 물 안의 아기를 낳았는데

물 안의 집 떠다니는 방구들에 차마 눕히지 못한 물 안의 아기 물 밖으로 떠난 아비 찾아 저 혼자 떠올랐네

물 안의 여자 물 안의 마을 물 안의 우물에서 끝도 없이 물 안의 물 길어 올리네

물 안에서 물처럼 흘러가지 못하는 물 안의 여자 얼굴은 여태도 잘 길어 올려지지 않네

덜, 컹

　팔락거리는 나비 날개 가루 한 알처럼 뿌려지다 허공에 잠시 멈춘 채로 타는 노을 앞에서 나 마냥 앉아 있고만, 헤지고 헤진 날들의 가구공장 삐걱거리는 경리 만나러 용인 황새울 가던 길 낯선 신작로에서 버스는 덜컹거리다 덜에서 고장 나 아직 컹하지 않은 순간에 서서 나아가지 않고 버스 안 차창에 기댄 노파의 멈춘 주름 사이로 길가 너른 밭 파꽃들 송두리째 옮겨가고 옮겨가 노을에 더욱 징그럽고 버스 곁을 지나던 아이들이 돌리던 신발주머니 원심력과 구심력이 팽팽히 맞선 지점에 걸려 달싹도 못하고 길들은 흐느적거리며 노을 속으로 뛰어들고 뛰어들어 젖고 젖어 아예는 빠져 죽고 길어지는 그늘도 그늘의 바깥도 잠시 곁에 거느리고 나 마냥 앉아 있고만, 축축하고 서툰 어둠이 올 것도 잊고 그만그만 그것만은…… 도 잊고 헤지고 헤진 날들의 가구공장 삐걱거리는 경리가 쥐어줄 손수건도 그 손수건 두고 올 것도 섣달그믐 긴 전화선이 이제 그만 결혼한다는 헤지고 헤진 날들의 가구공장 삐걱거리는 경리의 눈물로 혼선될 것도 잊고 열 살 많은 남편 사이에서 태어날 헤지고 헤진 날들의 가구공장 삐걱거리는 경리의 장난꾸러기 아들들도 잊고 먼지 뒤집어쓰고 굴러다닐 나와 헤지고 헤진 날들의 가구공장 삐걱거리는 경리의 해골도 잊고 나 마냥 앉아 있고만, 멈췄던 그 모든 바깥을 들쳐 업고 팔락거리는 나비 날개 가루 한 알처럼 아무도 모를 어딘가 내려앉아 땅거미에 묻히기 전까지 그때까지만 타는 노을 앞에서 나 마냥 앉아 있고만,

죽은 새

죽은 새는 죽은
새였네 고양이의 눈
단추처럼 빛났네
단추를 떼어내도
죽은 바람은 죽은
바람이었네 고개
늘어뜨리고
활짝 펴진 채
굳은 날개 고양이
눈멀었으나 갈수록
늘어갔네 피가 돌지 않는
책장들 다 묻을 수도
없었네 새를 들어
담뱃재를 떨었네
뜨거워지지 않았네
식은 통조림만이
고양이와 나의 몫이네
새는 새였네

빨강 빨강

 피를 다 소진한 누리끼리한 염통이 저 혼자 바싹 마른 혈관을 흔들어대면서 골목 뒤편으로 사라진다 고통이 짜르르 따라간다 새까만 정거장에서 사내는 무당개구리처럼 배를 뒤집는다 배가 빨갛다 빨갛게 사내는 그대로 움직이지 않는다 여기까지 오는 길에는 돌기가 너무 많았다 빨갛게 말라 간다 그는 곧 푸석푸석, 보이지 않게 될 것이다 설령 제 색깔을 잃어버린 염통이 다시 돌아온대도 그를 찾지는 못할 것이다 다만 고통도 없이 빨강 빨강들이, 새까만 정거장 주변을 팔짝팔짝 뛰어다닐지 엉금엉금 기어다닐지 맴맴 돌지 어쩔지 모를 일은, 모를 일이다

분서焚書 1

이 書冊에는
속눈썹이 없사옵나이다

얇은 눈꺼풀이 한 겹 겨우 있기는
하오나 불길한 공기를 막아내기에는
역부족이옵나이다 하여 이 書冊은
자주 눈병에 걸리기도 하옵는데
이 書冊이 한 번 눈병에 걸리면
서가 전체로 번질 수 있사오니
주의하셔야 하옵니다 전하
바라옵건대 안정眼精을 만지신 어수로는
이 書冊의 책장 넘기기를 삼가소서
아예 안정을 감고 書冊을 감하심이
어떠할까 하옵니다 전하의
눈병이 이 書冊에 옮겨올까
심히 저어되옵나이다

이 書冊에는
속눈썹이 없사옵나이다
이 書冊의 각막은 하여

언제나 위태롭사옵나이다
이 書冊의 홍채에 맺히는 소신도
전하의 용안도 여리고 여려
언제나 위태롭게 흔들리옵나이다
두려움 가득 담긴 상하기 쉬운 눈빛으로
이 書冊은 어린 짐승처럼 그럼에도
보고 또 볼 것이옵나이다

하온데 어찌해볼 도리 없이 이 書冊을
태워 없애버리셔야겠나이까
기필코 그리하셔야겠사옵나이까 전하
통촉하여 주시옵소서

분서焚書 2

　어느 해 많고 많은 백성들이 제 몸에 불을 질렀사온데
　한 번 붙은 불은 여간은 꺼지지를 않고 온 나라로 번졌사온데
　소신은 행여 소신의 몸에 불의 혓바닥 끝이라도 닿을까 벌벌벌
　떨면서 불구경이나 실컷 하면서 그 광경을 서책에 기록하였사옵는데
　급하게 휘갈긴 글자들이 타닥타닥 소리를 지르며 타오르다 못해 기세등등 불의 아가리가 두 겹으로 엮은 서책의 낱장들을 야금야금 삼켜들더니
　마침내는 족제비 꼬리털 뽑아 만든 붓마저 집어 삼켜들어서는 그만 얼른 붓도 서책도 놓아버리고 날아붙은 불티에 재빨리 소매도 잘라버리고 그 길로 타지로 도망을 하였사온데
　도망에 도망을 보태도 도망이 되지를 아니하였거니와 훨훨훨 끝없이 타오르는 백성들 소신의 몸을 뚫고 지글지글거리는 얼굴 내밀고 터져 쪼그라든 눈알 부라리고 시커먼 혓바닥 날름날름거리고 그 모양으로 세상천지 불타기 전 못다 부른 노래를 죄다 지어 부르고 부르고 부르고 하지를 않았겠사옵나이까

그들이 소신의 몸을 빌려 부르는 노래는 어느 이부耳部에 당도하나이까

결코 재 되어 없어지지는 않고 평생 불타오르기만 하는 이 몸을, 이제 몸이라고도 할 수 없는 이 불덩이를, 전하,

분서焚書 3

    선왕께서 한 날은, 이제 봄! 이라 하시매, 이제 봄! 이라 적었나니,

    어디서 불려왔는지 모를 사내아이들과 계집아이들의 웃음소리가

    궐 안에 시끌시끌 넘쳐났더이다 하나, 꽃처럼은 아니고 나비처럼만

    궁의 뜰을 날아서 연회에까지 불려나와 시끌시끌 신하들의 귀에

    달라붙어 앉았는데 신하들 죄다 귀에서 피를 쏟고 쓰러졌더이다

    선왕께서 한 날은, 비로소 봄! 이라 하시매, 비로소 봄! 이라 적었나니,

    궁궐의 나무란 나무는 모도 꽃필 자리에 종기를 매달고 곪고 곪다가

    끝내는 툭, 툭, 터져 피고름 온통 질질질 낭자하고 궐 안이 썩은 내로

    진동하였으니 어린 내시들의 성기 모조리 잘리고 어린 무수리들

    모조리 처녀를 잃고 꼬부랑꼬부랑 하루아침에 늙은 뒤였더이다

선왕께서 한 날은, 시름에 겨워 짐이 봄! 하면 거짓으로라도 봄일진대

야속코 야속타, 하시며 다시 꽃! 하시매, 다시 꽃! 이라 적었나니,

헤아릴 수도 없는 뱀들만 타래타래로 뻗센 비늘마다 꽃을 피워 궐 안에 창궐했더이다

선왕께서는, 그예 광분하시었나니, 그러기가 삼동 휘몰아치는 눈보라 같았더이다

구중의 담장과 벽들 꽝꽝 얼어붙어 고드름조차 달리잖고 불기운도 없는 냉골의 침소에서

온몸에 동상을 입어 쩍쩍 갈라져 터지는 얼굴로 선왕께서 친히 불러 이르시되,

실록에는 가까스로 봄! 이라고만 라고만 기록하라, 가까스로 하시매,

소신 망극에 망극을 무릅쓰고 그 길로 퇴궐하여 이날 입때껏 필경사로나 떠돌았사온데,

한 이른 봄 들리는 풍문에 실록이야 쓰이기가 부지하세월인데 선왕께서는, 시푸르뎅뎅

산송장으로다만 가까스로 봄! 이라고만 라고만, 얼음 게워내며 지껄이고 지껄이신다 하였더이다

분서焚書 7

  이곳에 유배된 지 수삼 년 원통도 원망도 꽃 피고 꽃 지는 일이나 한가지로 되었는데, 한 날은
  저녁참에 사립문 안쪽이 소란스러워 손바닥만 한 뜰에 나섰더니
  임금의 용안을 한 물고기가 썰물도 거슬러 기어를 오는 거였더랬다
  입을 뻐금거리며 눈알 끔벅거리며 아가미 겨우 여닫으며
  결코 한 마리는 아니고 떼로들 몰려서 수많은 용안의 물고기들
  사립문 안쪽에서 날이 저물고 새도록 찍찍 울며 파닥파닥거리는 것이었으니
  한잠도 자지 못하고, 배는 쓸려 창자 쏟아지면서도 울음 그치잖고
  지느러미조차 닳아 앙상한 용안의 물고기 한 마릴 주워 들여다보았으나
  그놈의 얼굴 용안이 씌었으되 결 고운 비늘마다마다엔 내 얼굴 비춰 있어
  그놈들을 무어라 불러야 할지 몰라 하루 내 전전긍긍하였더랬다
  그놈들의 이름은 한 얼굴의 임금 쪽인가 수많은 얼굴의

내 쪽인가 하였으나

  감히, 그 이름, 지어내지 못하였는데, 생기를 잃고 피그르르 무너지는 놈들마저도

  찍찍 찍찍 도무지 울음 그칠 줄 몰랐으므로 죄다 그러모아 솥에 넣고 삶았다

  내 얼굴 비춰 있던 비늘이야 죄 털려 떨어졌어도 비린 날것이던 용안은

  푹푹 잘 익은 용안이 되었더랬으나, 그예 멈추잖고 장작 한 부석 더 메어

  고고 고았더니 용안도 내 얼굴도 간데없고 보얀 국물만 남았더라

  예부터 용안을 삶아 먹었다는 말은 없거니와 기름기 하나 없는 국물이

  보양 될 리 만무하다 여겨 시궁으로 흘려보내고 그만 말았다

  감히 이름을 지어내지 못하였으니 후세에 이 물고기를 만나서도

  그저 이름 없는 물고기라 용도도 맛도 알기 어렵고

  백성들이 용안을 알아보기 또한 어려우니, 기록하여 전한들 무에 쓸 데 있겠는가, 하여 이 또한 그만 말았다

분서焚書 10

    왕이 승하하신 뒤 입에서 먹물이 콸콸 쏟아지더이다 먹물처럼 어두운 날은 아니었지만 온몸에 먹물이 스며 왕의 죽음은 필경 어둡고 어두웠습니다
    명주 수건 수십 장이 새까매지도록 시신을 닦고 또 닦아 털이란 털 다 깎아내고 손톱 발톱도 모조리 뽑았습니다 염천 더위에 부패할까 저어하여 염수에 담가 절였습니다 온몸에서 물기 빠지자 재단선 그려 가죽을 벗겨내었습니다 머리는 머리대로 몸은 몸대로 팔다리는 팔다리대로 또한 성기는 성기대로 석회액에 담가 느슨해진 모근 제거하고 가죽에 붙은 붉은 살찌꺼기는 쇠주걱으로 긁어내었습니다 한결 얇아진 왕을 다시 석회액에 담갔다 물로 씻어내고 또다시 염수에 절였습니다 이어 어유魚油에 담금질하며 두드리고 말리기를 반복하였습니다 할수록 왕의 머리는 눈구멍 입구멍 콧구멍 귓구멍은 있으나 넓게 퍼졌고 팔다리 손가락 발가락 들도 그러하였습니다 성기의 긴장은 풀어졌고 불알을 감쌌던 피부도 쭈글쭈글한 주머니이기를 포기하였습니다 동그랗게 말아 이어 붙이면 다시 왕의 모습이 될 것도 같았습니다 바람에 왕을 말리고 두드리길 수십 번 축축한 톱밥 채워 다시 물기를 보태는 과정까지를 마친 뒤에 한지로 배접하여 한 권으로 엮었습니다 어떤 쪽에는 얼굴이

있고 어떤 쪽에는 성기가 있습니다 왕은 죽어 책을 남겼습니다

대저 여기에 무엇이 더 기록할 바이겠습니까 우둔하여 제목도 짓지 못한 채 책을 보냅니다 곁에 두고 이따금 펼쳐 보소서 뜬세상 한나절 한가로움*을 어느 몸에서 또 얻을까 하옵니다

---

* "우득부생반일한又得浮生反日閑", 이섭李涉의 시 〈등산登山〉.

당신이 어두운 세수를 할 때

✳

1부

―

영원히
지연되는
반짝임

―

―

시

길을길을 갔다

여자가 살을 파내고 나를 심는다
나는 아무 저항 없이 여자의 살에 뿌리를 내린다
내 실뿌리들이 혈관을 타고 여자의 온몸으로 뻗어 나간다
여자를 빨아먹고 나는 살찐다
언젠가 여자는 마른 생선처럼 앙상해질 것이다

옛날에도 그랬다

나는 커다란 종기처럼 여자에게서 자랐다
나라는 고름 주머니를 달고 여자가 길을길을 갔다

밝은

어쩌자는 것이냐

　검고 축축한 가지에 발가벗은 아이들이 주렁주렁 제 성기를 내놓고 매달릴 때 성기를 까뒤집어 빛을 발하다 덜 여문 그 빛 사흘을 못 가고 꽃처럼 시들어질 때 그 시듦이 또한 당신의 공중에 구름을 불러와 그 묵직한 구름이 지상에 천만 개 다리를 뻗을 때 그 다리 아주는 지상에 닿지 못할 때 퍼렇게 그만 죽을 때 죽은 자리에서 바람이 자꾸 구멍을 찾을 때 음악은 되지 못하고 소리만 커다란 바람이 내 온몸의 구멍들로 엄습해 들어올 때 당신이 어두운 세수를 할 때 짐승도 인간도 아닐 때 당신과 내가 서로 몸을 바꿔 입고 당신이 나고 내가 당신일 때 다시는 나는 내가 아니고 당신은 당신이 아닐 때 남자도 여자도 아예 버릴 때 우리의 발바닥이 우리의 얼굴을 알아보지 못할 때 우리의 꼬리가 영영 우리의 머리를 만나지 못할 때 당신과 내가 그만 당신과 나를 넘어 범람할 때 떠내려갈 때 아예 사라질 때 그럴 때

　봄은 당신과 내 것이 아닌 눈동자들로 분주하고 깨끗한 시체처럼

저기서 여기로 그늘 하나 거리를 더듬으며 기어 기어오는데

나는 너를 낳은 적이

오래된 햇빛에서 배냇내가 난다 나는 너를 낳은 적이 없다

어른어른 계단은 무시로 흩어지고 어려서 구르며 타던 그네

그토록 모든 곳에서 떠나고 그토록 모든 곳으로부터 돌아오는

그토록 힘찬 날갯짓으로 새는 그토록 자주 제 그림자와 이별한다

푸르게 나무 녹슬고 꽃들 구겨져 다 해지고 네 눈 속 한 번도

내가 살았던 적 없는 세월 잘 안 벗겨지던 자작나무 껍질 한 겹

바람은 눈 덮인 숲으로 가버렸다 영원히 이야기는 동면에 들고

발갛게 달아오르다 사그라드는 불잉걸 네가 살아 나를 보아도

　우리가 채 태어나지 않은 철길 위 두근두근 튀어 오르는 동전들

　잘 죽지도 않는 심장을 달고 귀를 펄렁거리며 온몸에 소름 일으켜

　내버린 양철 지붕 오다 사산된 빗소리 두둑 너를 나는 낳은 적이 없,

택시

  ─ 형씨, 이곳에서 제발 날 꺼내 가 주시오.
  ─ 당신은 얼굴을 바꿔 다는군요.
  ─ 내가 택시 기사를 버렸듯이 당신도 승객의 얼굴을 버리쇼.
  ─ 누구나 여분의 얼굴을 준비해 택시를 타는 건 아니잖아요.
  ─ 없는 승객이군요.
  ─ 승객은 아니지만?
  ─ 차창으로 밀려들어오는 낯선 바람.
  ─ 이상하게도 이젠 더 이상 풍경이 내게 말을 걸지 않는군요.
  ─ 택시 안의 공기와 택시 바깥의 공기에 대해 궁금해하는 건 부질없어요.
  ─ 우리는 어디에 도착하게 되나요?
  ─ 어디든.
  ─ 그건 당신이 할 말은 아닌데요.
  ─ 혹은 아무 데도. 그러니 형씨, 이제 그만 날 여기서 꺼내 가 주시오.
  ─ 내가 볼 수 있는 건 룸미러를 통해 비치는 당신의 날카로운 눈뿐이에요.

—택시 기사는 뒤를 돌아보지 않죠.
 —내가 어떻게 확신하죠? 이따금 덜렁거리는 끄덕거리는 당신의 뒤통수 앞쪽에 코와 입을 달고 있는지.
 —뒤쪽과 앞쪽에 대해, 바꿔 달기 전의 내 얼굴과 바꿔 단 후의 내 얼굴에 대해 당신이 안들?
 —당신은 내가 버린 얼굴에 대해 기억하고 있잖아요?
 —그 화끈거리던 승객의 얼굴에 대해선 낱낱이.
 —이곳을 가득 채운 이 어두운 감각들에 대해선 한마디도 하지 않는군요.
 —나는 이 비좁고 냄새나는 사랑의 세계에 대해서만 생각하죠.
 —어두운 감각들은 스멀스멀 기어다니며 내 몸을 긴장시키고.
 —사랑에 대해서라면, 이곳에서 발급받은 등록증은 이제 만료되었다오.
 —여기가 어디냐구요.
 —어디든, 당신은 영원히 도착하지 못할 거요.
 —이놈의 차창이 내 머리를 통째로 먹어버릴 것 같다고요.
 —모르는 길과 몸을 섞는 건 참으로 쉽다오.
 —여긴 너무 캄캄해요.

─다 헐은 골목 하나가 당신의 몸속에 벚꽃 한 무더기 피워낼 수도 있지.
─끝이 뻔해요.
─다시 환해질 수도 있소.
─미터기는 왜 꺼둔 거죠?
─아무 데도, 이 길처럼 당신은 영원히 기록되지 않을 거요.
─나는 조금씩 굳어가요.
─형씨, 이곳에서 제발 날 꺼내 가 주시오.
─이 마비의 감각으로?
─이곳에서 제발 날.
─겨우 나는 뒷좌석 시트에 남겨진 몸짓에 불과해요.
─꺼내 가 주시오.
─얼굴도 없는데?
─차가운 차창의 표면에 기댈 뺨도 당신에게 없는 것만으로.
─나는 결국 당신의 질주에 묶이고 만 건가요?
─당신이 타기 오래전 택시는 멈췄소. 택시는 그러므로 여기 없고.
─대체 나는 어디서 온 거죠?

─버려졌고.
─제길, 차 문의 손잡이는 모두 어디에 치워버린 거죠?
─나는 이제 뒤를 돌아볼 거요.

너의 멸종

너는 멸종했다 너라는 껍질을 뒤집어쓰고
너 아닌 것들이 거리를 활보한다 나는
실패했다 우리는 더 이상 우리가 아니고
어리석은 별들이 순식간에 졌다 우리의
어제는 우리와 함께 사라졌다 내일은
도착할 기약이 없고 오늘만 영원하다 땡볕
속에 응애응애 어느 병원에선가 또다시
너라는 병원체를 보유한 너의 새끼들이
태어난다 새끼들은 점점 너로 자라나
너의 흉내를 내며 너의 얼굴을 달고
지겹도록 살고 살아가고 그들의 입에서
흘려보낸 너의 메아리들이 도시 곳곳에서
불어 다닌다 수많은 벽들에 부딪쳐
본래 목소리조차 알 수 없게 된 메아리들로
거리는 온통 웅웅거리고 그렇게 혼곤하게 거리는
거리가 아닌 채로 있다 있기만 한다 나는
내가 아닌 채로 이제 그만 내 껍질을 찢어
버린다 한때 나였던 껍질이 내 문 앞에 쌓여
간다 껍질과 함께 흘러내리는 울음들은 시나
브로 화석으로 굳어가고 우리의 시간은 발굴

되지 않을 것이다 그 어느 때고, 끝없이 나는
실패하고, 사라지지는 결코 않는 오늘,
너라는 것들의 멸종은 멈출 줄을 모른다, 끝도 없이,

조카의 탄생
— 이모의 말

우리는 매일 싸구려 옷가지들을 낳았단다
온종일 먼지를 뒤집어쓰고 집이라고 돌아와 보면
배는 애드벌룬만큼 커다래지고 아비 없는 옷가지들 꾸역꾸역
가랑이 사이로 기어나오고 울음도 없이 아무렇게나 쌓여가고
밤새 우리는 그것들을 이어 붙여 너를 지었단다
옷본도 재단도 필요 없었지 얼기설기 시침질만으로도
잘도 너는 태어나졌는데 어긋난 무늬가 네 몸 안팎을
여태껏 기어다니는 것은 그 때문이란다 한쪽 다리가 길거나
한쪽 팔이 뒤틀려도 주머니들을 까뒤집으며 뒤뚱거리며
절뚝거리며 제 구멍을 찾지 못한 색색의 단추를 흔들며
우리에게 웃음을 주는 정말이지 우스꽝스럽기 짝이 없는
조카야 석유 냄새도 채 가시지 않은 네 피부 위 오스스
돋아나는 보풀은 우리가 모조리 떼어 줄게 떼어내도 자꾸
돋아나는 보풀이 그것들의 싸구려 슬픔 같은 것이라고
너도 언젠가 이해하게 될 날이 올 거란다 금세
녹슨 쪽가위를 부지런히 놀리면 너도 매끈해질 거야
이따금 얇아질 대로 얇아진 옷가지들에 구멍이 나도

걱정 따윈 접어두려무나 아직도 밤이면 가랑이 사이로
기어나오는 싸구려 옷가지들 울음도 없이 너무 많으니
우리는 그것들을 자르고 덧대 언제든 너를 수선할 거란다
덧대다 덧대다 네가 아주 다른 너여도 결코 당황하지
마렴
그래도 너는 우리의 사랑하는 조카란다 질리도록
이어 붙이고 덧대고 또 이어 붙인 잘도 태어나는 수많은,
조카야

우리는 매일 싸구려 옷가지들을 낳았단다
싸구려 옷가지들을 낳고 우리는 젖이 붇고
하지만 네게는 젖을 물릴 수가 없구나
아무리 해도 네 주둥아리 찾을 길이 없구나
우리의 수많은 젖들 죄다 퉁퉁퉁 불어 터져도
네 몸뚱이 축 늘어져 도무지 일어설 줄을 모르고 불쌍한
조카야 네 머리를 우리는 여태도 짓지를 못하고만 있단
다 있단다

조카의 탄생
— 삼촌의 말

머리를 만들지 못한 건 이모들의 실수였다
우리는 네 머리를 만들기 위해 골몰했다
머리가 어떻게 만들어질까 고민하며 우리는
먼지 쌓인 책들을 뒤져 보기도 하고 우리의
머리를 서로 떼어내 이리저리 굴려 보기도 했다
배꽃들이 모두 져 버리고 열매를 맺지 못하는
배나무들만 바람에 흔들리고 있었다 해도
우리는 네 머리 만드는 일을 게을리 하지 않았다
이따금 우리는 기타를 튕겼다 혹 기타 소리가
없는 배들을 눈뜨게 할까 생각했지만 그런 일은
일어나지 않았다 우리는 온통 네 머리 생각뿐이었다
아카시아 향기가 달큰하게 번져가는 날이었다
웬 처녀 하나가 긴 머리를 찰랑거리며 배 밭으로
걸어왔다 배 밭이 수런거렸다 열매도 없이
배나무 가지들이 부딪치며 흔들렸다 열매도 없이
처녀는 옷을 벗었다 네 머리를 낳아달라고 할까
우리는 차례차례 처녀의 하얀 몸 위로 쓰러졌다
처녀는 매몰차게 가버렸다 우리는 버려졌고
그날 이후 배가 열리기 시작했다 우리는 열매에
허드레 신문으로 만든 농약 봉지를 씌웠다 열매는 점점

커져 봉지를 채워갔다 봉지들이 주렁주렁 가지마다
달려 늘어졌다 버팀목을 세울 수밖에 없었다
머리가 어떻게 만들어질까 고민하던 우리는
보고야 말았다 눈앞에 펼쳐진 수많은 머리를
유난히 풍작인 배를 모조리 내다 팔까도 생각했지만
우리는 농약 봉지도 벗겨내지 않은 네 머리 바꿔 다는 일에
골몰했다 봉지마다 다른 문장이 인쇄돼 있었으므로
너는 매번 다른 말을 했다 우리는 계속 말을 시켰고
너는 네 머리에 새겨진 의미 없는 말들을 줄줄줄 뱉어내고
뱉어냈다 이따금 완성되지 못한 채 끊어지는 문장이나
알 수 없는 꼬부랑말을 발음할 때도 있었지만 네 수많은 머리가
지껄지껄 지껄이는 말들이 우리는 신기하기만 했다
머리를 달자 네 몸이 비로소 부풀어 올라 일어섰다
걸을 때마다 때때로 무거운 머리가 굴러떨어지기도 했지만
걱정할 건 없었다 머리는 충분했고 버팀목도 충분했다
수없이 머리를 바꿔 달며 굴리며 의미 없는 말들을 주절거리며

네가 배 밭을 떠나자 배는 더 이상 열리지 않았다
달큰한 아카시아 향기도 긴 머리의 처녀도
다시는 찾아오지 않았다 우리는 이제 더 이상
골몰할 일이 없어 과수원을 그만두었다 그래도 상관없었다
마침내 우리에겐 머리까지 달린 조카가 생겼으니 말이다

조카의 탄생
― 조카의 말

　헤헤헤, 나는 텅 빈 조카입죠 덕지덕지 팔다리가 붙어는 있으나 제멋대로 흔들거리기 일쑤이고 머리는 이리 기웃 저리 기웃 온통 덜렁거리는 통에 길은 눈앞에 온통 꾸불텅꾸불텅 펼쳐지다 말다 풍경은 또 물감을 뒤섞어놓은 듯 엄청시리나 어지럽고 거렁뱅이만도 못하게 노래도 한 소절 배워먹지 못한 주제여서 어디 한나절 허름한 주막에나 나앉아 시름시름 늙어가는 주모에게 추파 한번 던져보지도 못하였거니와 그렇다고 어디 예쁘장한 총각이나 하나 꼬여 밤도망을 치지도 영 못하였으니 헤헤헤, 이건 뭐 사내라고도 계집이라고도 젊었다고도 늙었다고도 사람이라고도 짐승이라고도 살았다고도 죽었다고도 하기 어려우니 여보 이모 삼촌네들 내 모를 줄 아시오 시도 때도 없이 내 몸을 드나들며 당신네들이 밥도 먹고 똥도 싸고 그 짓도 하고 웃고 울고 내 몸을 서로 차지하겠다고 당신네들끼리 시비 붙고 찢고 발기고 싸우고 하는 꼴일랑을 해도 헤헤헤, 나는 당신네들이 깁고 덧대고 만들어낸 조카이니 그 꼴을 마냥 지켜만 볼 뿐이고 내 무슨 힘이 있어 뜯고 말리고 할 것이오만 이따금 몸 어디 한 군데가 뜯겨 불쑥 삐져나오는 당신네들의 팔꿈치나 섯가슴 혹은 빠짝 힘을 준 성기 같은 것을 볼라치면 영 찜찜도 그런 찜찜이 없더니 기이하게도 한 날 예의 그 아귀다툼 후에 서로 눈치나 보다 아무도 내 몸에 비집고 들어오지를 못하였던가 본데 헤헤헤, 그날 느닷없이 얼기설기 시침질한 내 몸 거죽 틈새로 빛이 글쎄 쌔하얗게도 빛이 여기저기 새어 나오지 않았겠소 그 빛 하도 신기하기도 하여 마냥 텅 빈 몸을 이리 비틀 저리 비틀 덜렁거리는 팔다리를 더욱 흔들어 이리로 저리로 하며 아예 없을지도 아니 없기가 아예 쉬울 넋이라도 놓고는 놓아버리고는 망연히 바라만 보면서 이모 삼촌네들 대신에 웬 빛 덩어리가 들어와 이 요사를 부리는고 없는 생각이나마 보태고 보태고 한참 동안이나 하였는데 헤헤헤, 생각난 듯 문득 사그라들더니 그 빛 새어 나오던 자리에 웬 소리 다발이 뭉텅이로 쏟아져 나와 시침한 실 금방이라도 끊어 먹어버릴 듯 우악스럽게 소리 쏟아를 져 나와 팽팽히 당겨진 그 실 간신히 내 가죽을 붙잡고나 있었더랬는데 그 소리 다발들 가만히 들어볼작시니 흐엉흐엉 흐윽흐윽 아아아아앙아앙 꺼어이꺼어이 허어허어이 아이고데고 후울쩍흐읍후울쩍 이런 개나발보다도 못한 소리였으니 나 안간힘을 쓰고 막고 막고 막고 막아를 보아도 허허 막으면 쏟아지고 막으면 쏟아지고 당최 막아지지를 않았더래서 하루 온종일 땀을 뻘뻘뻘 흘리며 어찌할 바 모르고 쩔쩔쩔 매며 앉아만 있었는데 해 지고 소리도 집디다 그만 헤헤헤, 그날 이후 빛도 소리도 영영 사라지고 나는 다시 텅 빈 조카가 되어 이모네들 삼촌네들 껍데기 노릇이나 또 하고 앉았는 세월인데 헛 이상한 일이지 그날부터 내 몸을 비집고 들어온 당신네 이모네 삼촌네가 가끔씩 말이야 호엉호엉거리거나 꺼어이꺼어이거리거나 하는 것도 모자라 어디서 주워들었는지 노래라는 것도 가물에 콩 나듯이지만서도 불러제낄 때가 있더란 말이야 해서 말이야 헤헤헤, 사내라고도 계집이라고도 젊었다고도 늙었다고도 사람이라고도 짐승이라고도 살았다고도 죽었다고도 하기 아직 어려우나 나도 어디 한나절 허름한 주막에나 나앉아 시름시름 늙어가는 주모에게 추파나 한번 던져볼까 어디 예쁘장한 총각이나 하나 꼬여 밤도망을 칠까 하며 헤헤헤, 거리며 제멋대로인 팔다리 흔들흔들 머리도 이리 기웃 저리 기웃거리면설라무네 슬슬슬 마실이나 에헴 행차하여 볼까 한다는 그 말인 것입죠 말하자면, 헤헤헤

형
— 필사

형이 나를 먹기 시작했다 그것은 형의 최초의 근친 식인 나는 형을 필사하기 시작했다 형은 이제 막 베껴지기 시작하는 문장 그것은 내 최초의 근친 필사

형의 왼손이 내 머리채를 휘어잡았다 나는 평범한 오른손잡이 그러므로 내 목덜미를 문 형의 이빨로부터 가장 나중까지 안전할 것이다 나는 부지런히 형을 써 내려갔다 형은 늘 주어로 존재한다 형은 하고 있다, 사이에 항상 내가 있다 나는 목적어쯤이려나 아니면 관형사? 그래도 나는 우리가 하나의 서술어로 묶여진 게 행복하다 어둠 속에서 형은 내 몸통을 이빨로 파헤치며 아프니? 하고 묻는다 내 오른손은 아프니? 라고 쓴다 어둠이 끝나지 않을 것 같은 두루마리 휴지처럼 풀려 나온다 풀려 나와 방 안을 가득 메운다 형은 진부한 수사로 몸을 둘둘 말고 내 내장을 먹어치운다 내장 끝에 달린 성기와 똥구멍도 샅샅이 씹어먹는다, 라고 적는다 형이 살살 먹을게, 라고 속삭이면 살살 먹을게, 라고 조그맣게 받아 적는다 무척이나 열심히도 내 오른손은 형이라는 문장을 더듬는다, 라는 문장은 추상적이다 추상적으로 형은 내 팔다리를 와그작와그작 씹어먹는다 두 번째로 등장한 씹어먹는다, 라는 서술어는 진부하다 앞의

씹어먹는다, 는 핥아먹는다, 나 빨아먹는다, 로 바꿨어야 했는지 모른다 그러나 그 서술어들은 너무 성적인 의미를 부각시킨다 어찌해도 진부하다 진부한 밤 진부한 이미지로 형은 필사된다 형이 눈알과 코와 귀와 뇌와 결국 입까지 먹어치울 때까지 아 젖꼭지 내 어린 젖꼭지는 아직 형이 먹지 않은 내 가죽에 붙어 덜렁거리고 내 오른팔은 여전히 분주하다 형은 먹고 나는 쓴다 형과 나는 먹고 쓰는 일로 촌각을 다툰다 형은 마침내 내 남은 가죽까지 다 먹어치우고 내 오른팔을 먹기 시작한다 내 오른손은 조급하다 내 오른손 손가락에 힘이 잔뜩 들어간다 나는 형을 다 베껴 쓰지 못했,

   형은 밤마다 나를 먹었다, 라고 나는 쓴다 나는 밤마다 형에게 먹히고 형이 되었다, 라고 쓴다 형은 밤마다 형이 된 나를 먹었다, 라고 쓴다 허름하기 이를 데 없는 판자촌 골목을 지나 녹슨 대문을 지나 덜컹거리는 미닫이문을 지나 형의 무게만큼 짓누르던 어린 날 어둠 속에서, 라고 쓴다 서정적으로, 형은 나를 먹기 시작했다, 라고 나는 다시 베껴 쓰기 시작한다

형
— 둔갑

매일 뼈를 잃어버리고 온 여자가 있었던 모양이었는데, 하루는 손가락뼈를 죄다 흘리고 빈 장갑 같은 손을 흔들며 오고 하루는 정강이뼈를 빠뜨리고는 기다란 스타킹처럼 발을 끌고 오고 나중에는 넓적다리뼈 엉치뼈 또 나중에는 열두 대 갈비뼈며 척추도 후두둑 떨어뜨리고 마침내는 내장도 다 쏟아버리고 제 두개골마저 무슨 커다란 씨앗이라도 뱉듯 쏙 발라버리고 뭍에 올라온 해파리처럼 흐물흐물흐물해져서는 기어 기어오고 오고 왔던 모양이었는데,

공장 굴뚝의 그날따라 새카만 연기가 뭉텅뭉텅 베어져 그 동네 골목마다 가득 들어차서 숨도 제대로 쉴 수 없던 그런 날이었나 본데, 그런 해 질 녘이었나 본데, 그런 새벽녘이었나 본데,

형은 겨우겨우 기어오고 있는 여자의 껍질을 주워 제 몸에 뒤집어썼더라는데,

해서 형은 영락없이 그 여자로 둔갑되었더라는데, 그러고는 매일 아침이면 긴 머리 휘날리며 또각또각또각, 뼈를, 잃어버리러 가고 가고 갔다는 이야기인데, 말인즉슨,

습지에서 기어올라온 수많은 민달팽이 떼가 형의 벌거벗은 몸을 뒤덮어버리는 장면은 어느 영화에선가 본 것

도 같고, 가물가물가물

형
― 호칭들

　형 같은 건 없다

　타다 만 가방에서 문득 발견된 사진 속 누군가의 웃는 잇속
　버리지 못한 버리지 못한 녹음테이프에서 슬쩍 흘러나온 한숨
　녹을 벗겨낸 뒤에야 겨우 보이는 버려진 철로의 매끄러운 피부

　형 같은 건, 인제,

　만져지는 육체 같은 건 바람 속에서 흩어지는 시설 같은 건

　무심코 떠오르는 환한 부재 같은 건 전신주에 매달린
　복잡한 전선들이 한꺼번에 흔들리며 내는 웅웅웅 소리 같은 건

　형 같은 건, 정말이지,

다만 지독히도 나를 불러 세우는 호칭들 그것들에게로 갈 뿐

그것들에게로 도망치려는 것은 결코 아니다 마음을 다해서

그것들을 향해 달려갈 것이다 그것들이 다 사라지기 전까지는

맹렬하게 언제까지고

사실, 형 같은 건 없다

변명, 라디오

내내 늙기만 한다 죽지는 않고 늙디 늙는 몸인데
소리들이 빛의 꼬리를 달고 바람 빠지듯
새어 나온다 나와 뜰에 번진다 무리진 국화
한 잎 한 잎 다 그 소리로 벙글은 것처럼
소리로 밝다 뜰에 와 지저귀다 가는 새의 날갯짓도
몸에서 빠져나간 것은 소리뿐만은 아니어서
애인도 몸 한구석 파헤쳐 나와 영영 갔다 간지러운
애인이 몸 안에 있기나 했는지 늙은 몸 기억하지 못한다
해서 주름은 주름대로 밝다 밝아 살비듬
금가루처럼 털고 털며 닳은 농구農具의 날이나
반짝반짝 닦는다 얼마나 많은 흙과 돌부리와
벌레들과 물과 뿌리와 줄기와 이파리들과 애인들이
다쳤을까 다쳐서 빛났을까 다칠 때 농구의 날
조금씩 닳고 그 닳음은 어느 시간에 빛인가
부신 어둠인가 하여 누구였을까 날의 낱알들 그러모아
쟁그렁쟁그렁 내 늙기만 하는 몸에 쟁여둔 이는
단 하나의 계절만을 살았다 단 하나의 음악만이
일생에 걸쳐 내 몸을 통과해 갔다고는 할 수 없겠지만
닳아지면서도 농구의 날처럼 챙, 빛과 소리가 하나인
그런 계절에 여전히 나는 늙는다 늙고 늙어도

늙음 바깥에까지 이 낡아빠진 소리통의

전파 너머에까지 나는 아직 닿지 못한다 언제까지고

몸은 몸일 뿐이고 내 몸만 아니라 또 누군가의 몸이며 빛나는

혹은 빛바랜 지지직거리는 소리통일 것이니 해도

소음은 기어이 해독할 수 없는 우거진 잡초, 음악일 것이니

다행이다 다행이어서 가을은 가을이고 뜰은

속살거리는 빛 무더기 속이고 나는 느릿느릿 늙어만 간다

당신의 날씨

돌아누운 뒤통수 점점 커다래지는 그늘 그 그늘 안으로

손을 뻗다 뻗다 닿을 수는 전혀 없어 나 또한 돌아누운 적 있다

서로가 서로를 비출 수 없어 나 또한 그만 눈 감은 적 있다

멀리 세월을 에돌아 어디서 차고 매운 바람 냄새 훅 끼쳐올 때

낡은 거울의 먼지 얼룩쯤에서 울고 있다고 당신의 기별은 오고

갑작스러운 추위의 무늬를 헤아려 되비추는 일마저 흐려진 아침

하얗게 서리 앉은 풀들의 피부에 대해서 안부를 묻는 일도

간밤 산을 내려와 닭 한 마리 못 물고 간 족제비의 허리

그 쓸쓸히 휘었다 펴지는 시간의 굴곡에 대해서 그리워하는 일도

한가지로, 선득한 빈방의 윗목 같을 때, 매양 그러기만 할 때,

눈은 내려 푹푹 쌓이고 쌓이다 쌓이다 나도 당신의 기별도 마침내

하얘지고 그만 지치고 지치다 지치다 봄은 또 어질어질 어질머리로

들판의 주름으로 와서 그 주름들 사이로 꽃은 또 가뭇없이 져 내리고 꽃처럼도

나비처럼도 아니게 아니게만 기어이 살아서 나 또한 뒤통수 그늘 키우며

눈도 못 뜰 세월 당신은 또 무슨 탁한 거울 속에서나

바람 부는가 늙고 늙는가

　문득 그렇게 문득문득만 묻고 물은 적 있다 있고 있고 있고만 있다

거대하고 시뻘건 노래가

노래를 빠져나오자 다시 노래였다
어디서 가수도 없이 노래 흘러나오고
나는 노래의 감옥에 갇혔다

가늘고 긴 가사들이 몸을 향해 뻗어오고
시뻘건 노래가 몸을 덮는다 숨 막힌다
서서히 목구멍을 점령하는 노래의 실핏줄
눈알 뒤집히고 소리도 없이
혓바닥 한 자나 뽑아져 나오고
온몸의 구멍이란 구멍으로 무섭게
뻗어 나오는 노래의 신경 다발들

노래에게 나는 양분을 빼앗기고
나는 내가 아니고 그만 노래이고

나를 온전히 먹어치우고
거대하고 시뻘건 노래의 덩어리가
사람의 마을로 기어가고 있다

위험하다

끝을 시작하기

*

1부

영원히
지연되는
반짝임

시

프롤로그

어느 날 짐승 한 마리가 왔다
짐승은 골목을 어슬렁어슬렁
걸어왔다 긴 팔로 담을 타 넘고
성큼성큼 계단을 올라 내 방문을
열었다 그것은 물속을 걷듯이
긴 털들을 하늘거리며 느릿느릿
내게 왔는데 그것이 거쳐 온
자리마다 긴 털들이 느릿느릿
하늘거리는 모양으로 남아서
사라지지 않았다 마치 똑같은
모습의 여러 마리 짐승이 줄지어
서서 앞선 짐승의 동작을 계속
따라하며 오고 있는 것처럼도
보였다 시간이 한없이 느려지고
각각의 움직임으로 분절된 채
이어지는 시간 속으로는 흘러가지
못하고 그만 정체되어 짐승의
잔영이 오직 오고 있는 모양으로
느려진 시간의 갈피마다 발견
되는 것이라고만 나는 짐작했다

성성이를 닮은 것도 같았지만
확실치는 않다 어쨌거나 짐승은
내게 와서 사람의 말을 잔뜩
지껄였다 였으나 나는 한 마디도
알아듣지 못했다 짐승이 갑갑증을
못 이겨 팔을 이리저리 흔들어대는
바람에 방 안은 온통 그것이 부려
놓은 털들의 잔영으로 어지러웠다
내 방 안을 제 털로 휘저어놓고도
갑갑증을 해소하지 못하고 짐승은
돌아나갔다 나가다가 짐승이 방문
앞에서 잠깐 멈춰 고개를 돌려
내 이름을 불렀는데 나는 그 역시
알아듣지 못했다 짐승은 왔던
길로 다시 갔다 그것이 거쳐 간
자리에는 오는 짐승과 가는
짐승의 움직임이 동시에 붙박였다
잠시 뒤 경계를 뭉그러뜨리며
잔영이 허공 속으로 흩어져버릴
기미가 보여서 나는 얼른 그것들이

남긴 말의 조각들을 퍼즐 맞추듯
이렇게 저렇게 꿰어 맞춰 보았는데
이윽고 말 하나가 만들어졌다
한데 그 말은 오래전 내가
수첩에 휘갈겨놓았던 말과
같았다 신묘함에 몸을 떨었으나
내 이름을 맞춰볼 엄두는 차마
내지 못했다 성성이의 털로 붓을
만든다는 말을 들은 것도 같은데
그 붓으로 글을 썼다는 말은
들어보지 못했다 짐승의 털로
붓을 만들었으면 좋았으려나
하는데 짐승의 잔영은 처음부터
없었다는 듯이 이내 사라져버렸다

제1부

제1장

그것이 깨어난다 어둠 속에서 어둠으로 된
깃털들이 그것을 간지른다 그것이 꿈틀
거린다 바닥에서 미세한 소리 불규칙적으로
바닥에 닿았다가 떨어지는 소리 힘겹게
일으켜졌다가 이내 무너지는 소리의 반복
몇 번의 반복 뒤에 이윽고 새어나오는
한숨 어둠 속에서 적요를 깨뜨리지 못하는
가느다란 어두운 한숨 소리 한 덩어리의
침묵과 어둠 가르지는 못하는 못하고는
스러지고 마는 어둠은 한 번 퍼덕이지
않는다 날아오르지 않는다 어둠은 그저
어둠일 뿐 해도 그것은 깨어난다 기어이

그것이 깨어난다는 사실만이 나를 말하게
하지 깨어남 이전과 깨어남 이후 사이에서
말하기 이전과 말하기 이후의 사이에서 나는
말하지 그것은 그것만인 채로 정형 없이 형상
없이 깨어난다는 서술만이 일어나고 있지
깨어난다는 사건이 말 속에 생겨나며 나는

*말하기 시작하지 시작이 시작하자마자
그것은 그것이 되어 있지 보이지 않아도
꿈틀거리며 어둠 속에서 제가 살아 숨 쉬고
있다는 신호를 내게 생의 시작인지 종결인지
깜깜하게 진행인지 알 수 없게 어둠 속에서
그것이 어둠 속이라 나 또한 어둠 속이므로*

그것은 머리가 있는지 모르고 눈이 있는지
모르고 어쩌면 눈을 떴을지 모르고 눈을
깜박일지 모르고 눈꺼풀 파르르 떨리고 있을지
모르고 해도 어둠에 먹힌 그림자처럼 눈을
뜨자마자 어둠이 재빠르게 그것의 동공 속으로
스며들었을지 모르고 코를 벌름거릴지도
모르고 쿵쿵쿵쿵 어둠을 가늠하는지 모르고
팔다리의 굳은 관절이 잘은 움직여지지 않아
그것은 바닥에서 버둥거리고 있을지 모르고
그것은 벌거벗었는지 모르고 벌거벗은 육체로
바닥을 쓸며 이리저리 움찔움찔거리는지 모르고

말은 가라앉고 무거운 연기처럼 그것에는

가 닿지 못하고 그것은 그것에 불과하고
나는 나에 불과하고 가정은 어디까지나
가정에 불과하고 나는 늘 가정 이전에만
머물러 있지 현재는 가정 이후가 늘 아직인
채로 발생하지 않지 해서 내가 가정 속에서
그것을 전개시킨다고 해도 전개는 좀처럼
진전되지 않은 채 전개 이전을 바라보지
거기 머뭇거리는 내가 그것을 어찌할 줄
몰라 하지만 내가 말하고 그것이 있다는 사
실만은 변하지 않지 않으므로 나는 그것을
가정 속으로 꾸역꾸역 욱여넣어 보는 것인바

사람이라고 하자 그것이 어둠 속에 누워 있다고
누워 있던 그것이 몸을 일으키려고 하고 있다고
실패한다고 하자 실패가 거듭된다고 하자 실패
뒤에 한숨 내쉰다고 다시 시도 실패 시도 실패
가 이어진다고 하자 눈을 뜬다고 하자 보이지 않는
다고 하자 보이지 않아서 눈을 감았는지 떴는지
눈꺼풀의 감각으로만 알 수 있다고 하자 팔을
조금씩 움직거려 본다고 하자 다리를 조금씩

움직거려 본다고 하자 잘 안 움직이는 팔다리
제 것이 아닌 것 같은 팔다리 따로 노는 팔다리
눈 코 입을 얼굴 가운데로 잔뜩 모으고 안간힘을
쓴다고 하자 조금씩 피가 돌듯이 사지가 비로소
제 사지인 것처럼 아직은 잘은 아니어도 조금씩은
점점 조금씩은 움직여진다고 하자 마침내 손끝에

말은 어디까지 움직이는가 말은 풀어지지
못하고 망설이고 맴돌고 어디까지 정체되는가
지금 말은 과거가 없고 말은 미래가 없고 말은
오로지 현재에서만 저를 끝없이 떠나보내고
횡설수설이 무성해진다 무성히 가지를 늘이며
횡설과 수설이 구분되지 않는다 낮인지 밤인지
새벽의 어슴푸레함인지 저녁의 어스름인지
밝아오는지 어두워가는지 횡설과 수설이 구분
되지 않은들 어차피 횡설이고 수설이어서
헛소리가 여기 알을 슬고 알이 부화하고
헛소리의 무수한 새끼들이 여기를 뒤덮는다
뒤덮어 가라앉는다 무거운 연기처럼 너에게
닿지 못해 너는 아직 깨어나고 나는 오직 말하지

그것은 깨어난다 어둠 속에서 그것은 깨어서
조금씩 몸을 일으킨다 서서히 고개를 들어
두리번거린다 어둠뿐 침묵뿐 그것은 더듬거린다
바닥에서부터 발가락 종아리 허벅지를 거쳐
제 몸의 터럭이란 터럭은 다 세어보기라도 하듯
조심스럽게 아주 천천히 배와 가슴과 팔과 목에
손끝을 가져간다 몸은 따뜻하고 부드럽고
아직 차갑지 않다 아직 딱딱하지 않다 않다고
느낀다 그것의 손끝이 만진다 남의 살을 만지듯
그것의 정체가 쉽게 드러나지 않는다 그것의
정체가 쉽게 결정되지 않는다 말 속에서
말의 어둠 속에서 깃털로 된 어두운 말 속에서
지금 그것은 그저 자신의 몸만을 남의 살을 만지듯

*말이 또렷해지지 않는다 말의 방향이 또렷해지지
않는다 그것이 또렷하지 않아 나 또한 또렷해지지
않는다 말 속에 생겨나 그것이 막 움직이자 나
역시 이제 막 생겨나고 있다는 사실을 숨기고
오지 않는 말의 시간을 나는 그것 뒤에 숨어서*

제2장

이봐 거기 누구 없어? 여긴 나뿐인가 나라고
할 수 있는 육체가 반쯤 몸을 일으키고 손끝을
겨우 세워 더듬더듬 어둠을 쓸고 있을 뿐
어두운 육체를 더듬더듬 만져보고 있을 뿐
이봐 거기 내 기척을 느낀다면 대답해 줘 말은
아직 못 되고 소리에 지나지 않을지 몰라도 내가
아 하면 어 정도로는 내게 소리라도 보내줄 수
있지 않나 여하튼 난 계속 말이 될 때까지 소리를
흘려보낼 작정이라고 거기 누구에 도착할 때까지
이봐 거기 누구 없어? 여기서 무슨 일이 일어난
게 분명하고 누가 날 버리고 간 게 분명해
그렇지 않고서야 벌거벗은 채 여기 널브러져
있을 리 없지 그렇지 않고서야 처음 태어난 것
처럼 이 어둠 속에서 오직 어둠만을 가늠하며
말이 되지 못하는 소리를 지껄이고 있을 리
없지 그렇지 않고서야 이리 깜깜하게 기억이
없을 리 없지 없고말고 이봐 거기 누구라도

어둠이 깃털 같은 말을 들은 것도 같은데

어디서 까마귀 소리라도 들려오지 않고서야
어둠이 깃털일 리 없지 나를 삼싼 어둠은 질척한
진흙 같아 그 진흙 속에서 지금 막 내 육체가
빚어지고 있는 중이야 내가 만질 때마다 그건
거기 있어지는 중이야 당연하지 않나 여긴
어둠뿐이라서 만져야만 그게 거기 있는 줄
안다고 벌거벗었다는 사실도 그제야 알게 되지
않겠나 까마귀 소리 한 번 들리지가 않아서
온통 않아서 말이야 온통 없어서 말인데
하거나 있거나 하는 것들이 저 깊은 어둠 속에
모습을 감추고 있어서 말이지 아직 내 몸에
들러붙지를 않아서 말인데 그것들은 어디엔가
도사리고 있는 모양이야 낌새를 엿보는 거지
내가 어떤 낌새를 보여야 그것들은 올까 와서
붙을까 붙어서 나를 내가 알아볼 수 있게 할까
인데 말이야 시방 나는 나를 알아보지 못하고
있다고 해야 하는 건가 나를 알아보지 못하고
못하면서 왜 나는 나를 나라고 말하고 있는지

난감에 난감을 보태도 나처럼이나 난감하지야

않겠지 않을 거고말고인데 하 참 없네그려 머리가
만져지지 않아 손끝이 목젖을 지나는데 손끝이
턱의 굴곡으로 이어지지를 않고 툭 허공으로 그만
튕겨지고 말지를 않는가 갈 곳 몰라 하던 손끝이
텅 빈 어둠 속에 버려지고 있는 중인데 버려지는
것은 손끝만이 아니어서 머리가 없다는 사실이
생겨나는 순간 팔다리가 버둥버둥 버둥둥거리지
헝겊 인형의 그것처럼 제각각 방향도 없이
흔들리고 몸통은 대가리 잘린 닭 새끼처럼이나
제멋대로 지랄하고 발광하고 날뛰고만 있다는 것
은 상상일 뿐 몸은 힘없이 늘어지고 팔다리는 철푸덕
다시 바닥으로 널브러지고 마는데 팔과 다리가
잘 안 움직여지는 것은 그 탓인가 하는데 그럼
머리는 어디에 머리는 어디서 눈을 감고 뜨고
있는 거지 거기도 어둠인 게 분명하군 아니
머리 있는 곳이 여기이고 몸통 있는 곳이 거기인가
아무튼지나 여기도 거기도 다 어둡군 그래 어둡고
어둡고나 그래 그래그래서 그래서나 그래설라무네

무슨 일이 일어나고 있는가 무슨 일이 일어나고

있는 중인가 무슨 일이 일어나지 않았는가 무슨
일이 일어나지 않고 있는 중인가 남아 있는 것은
몸뚱이 남아 있지 않은 것은 머리통 혹은 그 반대
소리를 벗어날락 말락 하는 겨우 말인 것은 몸뚱이 위
남은 목의 뚫린 구멍으로부터 새어나오는가 아니면
어딘지 알 수 없는 머리통의 굳어가는 혀의 움직임
으로부터 입술 사이로 흘러나오는가 그것도 아니면
몸뚱이나 머리통 바깥으로 새어나오거나 흘러나오지
않은 말들이 그 안쪽을 속절없이 맴돌고 있는가 말의
안쪽은 어디인가 말의 바깥쪽은 어디인가 머리통의
바깥은 몸뚱이인가 몸뚱이의 바깥쪽에 머리통이 굴러
다니고만 있는가 질문들은 누가 하는가 몸뚱이인가
머리통인가 질문들을 누가 멈추게 할 수 있나
어둠 속에서 곧 영영 어둠에 먹혀 어둠의 내장
속에 있는지도 있었는지도 모르는데 부패할지도
모르는데 부패해 살 녹아내릴지도 모르는데 검은
추깃물 흐를지도 냄새 지독할지도 모르는데 서로
마주할 수는 없는 것이 분명한 거리에서 머리통은
몸뚱이와 누가 먼저 썩나 내기할지도 모르는데
몰라서는 모르긴 몰라도 모를지도 모르는데

제3장

*끝을 시작하기*라고 쓴다 때마침 햇빛이
기운다 햇빛은 오래된 책장의 글자들을
하루 종일 야금야금 먹어댔다 글자들을
포식한 햇빛이 물러난다 햇빛이 먹다 만
글자의 조각들 방 안 구석으로 쓸려가고
어둠 깃들인다 남은 글자들은 어둠의
먹이가 될까 *끝을 시작하기*라고 쓴다
햇빛이 나를 빛바래게 한다 어둠이 나를
낡아가게 한다 평생을 지나온 것처럼 *끝을
시작하기* 끝에서 시작하기 말고 끝난 뒤
시작하기 말고 끝을 끝내기 아니라 시작을
시작하기 아니라 시작을 끝내기 그것도
아니라 빛바램과 낡음 너머 삭아 부스러져
아예 사라지기 딱 그전까지 *시작하기 끝을*

내가 나를 보고도라고 쓰고 싶었다 *끝을 시작
하기* 이곳의 나무들에겐 모두 육식의 흔적이
있군이라고 없는 어미는 자꾸 일어나고라고
끝을 시작하기 어린아이가 빠져 죽은 늪이 생겨

나고 나무들에겐 입이 없고 이빨만 있어 이빨
아니고 이빨의 기억만 이빨 빠진 흔적만 아니라
혼곤한 육체의 찢긴 찢어져 흩어진 바람 나무
껍질에 매달리고라고 쓰고 싶었다 *끝을 시작
하기* 내가 나를 보고도라고 오래전인 듯하고
방금 전인 듯도 한 어린아이가 빠져 죽은 늪이
무성해지고 어디서 먹는 소리 먹어치우는 소리
멸하고 생하는 소리 없는 어미는 수많은 없는
어미가 되어 자꾸 일어나고 일어나 수없이 나를
때리고 내가 나를 보고도 *끝을 시작하기* 부어
오르는 숲 검은이라고 이곳의 나무들에겐 모두
육식의 흔적이 있군 우물 하나 발견되지 않고
라고 쓰고 싶었다 바다 하나 바다에 엎드린
종족 하나라고도 발견되지 않고 피 흘리는 귀
살 위로 도는 얼굴 얼굴들 생하고 멸하는이라고
내가 나를 보고도 있는 것들의 *끝을 시작하기*
그림자들 무섭게 흔들리고 없는 것들 쪽으로만
흔들려 서로 몸을 *끝을 시작하기* 섞고 섞여
버리고 없는 어미 일어나고 잃어버린 끝을 시작
하기 눈동자 하나 숨어서 누군지도 모르는 어린

아이가 *끝을 시작하기* 빠져 죽은 늪을 보는데
라고 쓰고 싶었다 바람 매달린 나무에서 미끄러
지는 미끄러져 떨어지는 *끝을 시작하기* 모자지
내가 나를 보고도 꿈속에서건 *끝을* 꿈 밖에서건
시작하기 우물 하나 발견되지 않고 이곳의 나무
들에겐 육식의 *끝을* 흔적이 있군 *시작하기* 오래
전 *끝을* 인 듯 방금 전인 *시작* 듯 *하기*
내가 *끝* 나를 보 을 고도 *시* 라고 *작하* 쓰 *기* 고

싶었다
싶었지만

도깨비바늘처럼 달라붙는 *끝을 시작하기*
검고 깊은 숲으로 이어지는 풀이 무릎
까지는 자라 흔들리는 길인지 아닌지 모르
겠는 오솔길 어디쯤에서나 묻어왔는지 붙어
왔는지 끈질기게 옷 사이를 비집고 살을
찔러대는 찔러 따끔거리게 하는 털어도 털
리지 않는 아무리 떼어도 떼어지지 않는
앓기만 하는 지독하게 끝내 *끝을 시작하기*

때문에
때문 때문 때문으로만이어서인데

*끝을 시작하기*라고 쓴다 하는 수 없이
끝을 시작하기 이제 낡아갈 일만 남은 방
안에서 어둠 쪽으로 내 몸의 검정이 빠져
나간다 다 쓴 잉크병처럼 검은 얼룩만 몸
여기저기 묻어 있다 더럽게 *끝을 시작하기*
라고 쓴다 어둠은 하여 바깥쪽으로부터
오지 않고 안쪽으로부터 오지 않았을까
의심해도 햇빛이 남긴 글자의 부스러기들
자음과 모음이 따로따로인 것들 이미 이미나
구분할 수 없어지고 어둠의 일부로 스며
들고 하면 햇빛도 바깥쪽으로부터가 아니라
안쪽으로부터 새어나왔던 것 아닌가 하면
암시와 예감이라 해도 될까 어두운 암시
눈부신 예감이라 해도 *끝을 시작하기*라고
눈부신 암시라거나 어두운 예감이라 해도
바래만 지고 낡아만 지고 이렇거나 저렇거나

*끝을 시작하기*라고 쓴다 내 몸엔 더 이상
글자 따위 남아 있지 않아 *끝을 시작하기*
말고 아무것도 없이 텅 비어 남은 얼룩
짜내어 몇 방울의 검정으로 *끝을 시작하기*
라고 쓴다 암시 속에서 살기라거나 예감 속
에서 죽기라거나 이렇거나 저렇거나 이제나
저제나 바래고 낡을 일만 남아 가까스로

끝을 시작하기

라고
라고만

쓴다

에필로그

짐승이 돌아간 뒤 그는 짐승이
남기고 간 말에 골몰하였다
그가 말에 입힐 의미들을 여기
저기서 그러모았으나 말은
끝내 의미를 입지 않은 채
고향으로 가버렸다 떠나옴
이면서 돌아감 혹은 떠나감
이면서 돌아옴 같은 곳이라면
고향일 밖에 없다고 그는 생각
해버렸다 말이 입지 않은 의미는
낡아 바래고 삭아 무너지고
짐승의 흔적만 집 안 곳곳에
남았다 짐승이 성성이라 할 수는
없어도 성성이를 일컬어 사람의
말을 하지만 짐승을 벗어나지
못한 짐승이라는 기록을 그는
옛 문헌에서 찾아냈다 짐승을
벗어나면 사람이 되는 것인지는
찾지 못했다 하여 짐승이 남기고 간
흔적의 파편들로부터 창백한 내가

태어나게 되었다 나는 보이지 않지만
창백하고 목소리가 없었다 처음에
그는 제 목소리를 조금 빌려
주었지만 그의 목소리는 쇳소리가
심하게 섞였고 기괴하기 짝이 없었다
나는 그를 버렸다 다른 목소리를
찾기 위해 그의 집을 나왔다
의미들처럼 나 또한 무너져 내릴
것 같았다 나는 목소리 수집가가
되었다 유난히 을씨년스러운
눈이든 비든 금방이라도 쏟아
질 것 같은 그런 날씨를 골라 나는
거리를 배회했다 그런 날이면
길모퉁이 어둠침침한 구석쯤에
웅크린 사람 하나쯤은 있기 마련
나는 한 번도 그런 자들을 그냥 지나친
적은 없다 눈치채지 못하게 재빨리
그자들의 목소리를 훔쳐 목에 걸었다
목소리로 엮은 목걸이에선 치르렁
치르렁 목소리들이 흔들렸다 나는

그중 하나를 골라 내 목소리로
삼곤 했다 간혹 골목을 지나다
담장을 넘어오는 목소리를 얻게
되는 운 좋은 날도 있긴 하나
그런 목소리는 꼼꼼히 살펴야 한다
너무 슬프거나 우울한 목소리는
금방 상해버리기 일쑤이다
잔뜩 화가 난 목소리가 담을
넘어와 들러붙을 때도 있는데
그럴 때는 정말 조심해야 한다
목소리의 주인이 봉두난발로
쫓아오기도 한다 부리나케 줄행랑을
치지 않으면 다른 목소리마저
빼앗길 위험이 있다 사람의
말을 하지만 짐승을 애써 벗어나지
않은 짐승의 목소리도 있긴 있을
것이다 어쩐지 나는 그 목소리의
주인이 당신만 같다 언제가 될지
어디가 될지 모르겠지만 조만간
당신은 나와 마주칠 것이다 그땐

너무 당황하지 말길 전혀 알아채지
못한 채 당신은 다음 날에서야
당신의 목소리가 사라졌음을
깨닫게 될 것이다 방금도 으스스한
전봇대 아래서 당신을 닮은 사람과
마주쳐 목소리를 슬쩍해 오는 길이다
실은 여기가 그만 낡아 미래도
낡고 이 문장들도 삭아 곧 무너져
내릴 것만 같아서 시급히도
당신의 목소리를 찾는 것인지도
당신이 목소리가 어떤 말을 하든
그건 정말이지 아무것도 아닐
터이다 아직 아무것도 아닌 말을
지껄이는 당신의 목에 이제
내 목에 주렁주렁 매단 목소리들을
걸어주고 싶다 그러면 창백한 내
얼굴에도 붉은 웃음 하나 걸릴지
번질지 모른다 끝을 시작할 차례라고
나는 누군가의 목소리로 중얼거린다
이제 당신 차례 당신은 시작되지도

않았는데 끝나지 않을 것만 말도
당신의 웃음도 끝나지 않을 것만
같다 같은데 나는 목소리 수집가 오늘도
거리를 배회한다 당신의 목소리를
찾고 있다 거기 있는가 당신 있다면
어서 나를 찾아라 나를 알아보라 어서

이제 그만

내 목소리들의 주인이 되어라

에게서 에게로

*

1부

영원히
지연되는
반짝임

시

언제든 어디에고

밤이 오고 있었지 어두워오는 하늘을 등지고
나뭇가지들은 검게 흔들리고 휘어지고 이따금
찢어지고 나는 없었어 거기 모든 검고 어두운
가지마다 너를 널어두고 밤이 오고 있었지
헛간이 여태 무너지지 않은 건 소리 때문이야
밤새 삐걱댈 모양으로 소리는 켜져가기 시작
했지 저 모든 순간의 삐걱임 속에 너를 욱여
넣고 나는 없었어 검불들은 조금씩 둥글게
뭉치고 뭉쳐서 굴러다녔지 그것들은 황량한
벌판을 만들고 먼지를 일으키고 누런 먼지
바람 속에 너를 세워두었지만 너는 보였다
안 보였다 하고 질퍽거리는 채로 굳어버린
마른 길에도 나는 없었어 거기 풀들은 무성해
자꾸 부러지고 부러진 풀줄기마다 너는 어째서
얼룩덜룩 태어나는 것일까 집은 헛간으로부터 멀고
한 번도 새어나온 적 없는 불빛 대신 너무 질겨서
삼킬 수도 뱉을 수도 없는 혓바닥 같은 비밀들이
서서히 밤을 가득 채우고 팔딱거리고 그 모든
비밀들의 미뢰들미다 너를 혓바늘로 돋게 하고
나는 없었어 칙칙한 한기에 둘러싸이는 숲 바닥

낙엽들은 검게 썩어가고 이따금 흩뿌려지는 피
밤이 오고 있었지 벽돌들은 구르고 깨지고
주검들은 일어날 준비를 하고 간신히 집은
무너지지 않고 모든 집 앞에 너를 서성이게
하고 모든 문에 못질을 하고 모든 사진 속
머리를 자르고 없었어 나는 내가 없었다는
사실이 갑작스레 날아오른 검은 새의 깃털로
떨어지고 숲의 핏자국 위로 깃털들은 덮이고
겹겹이 내가 없었다는 사실이 없었다는 사실이
없었다는 사실이 쌓여만 갔지 모든 잠자리마다
너를 눕히고 끔찍하게 나는 없었어 구역질
나게 모든 내장이 쏟아져나와 순식간에 썩어
버릴 것처럼 멀리 밤기차의 불빛들은 냄새를
흘리고 기차를 뒤쫓는 모든 시선들을 너로
가로막았지 아무도 떠날 수 없었지 아무도
헤어질 수 없었지 너로 된 울타리 안에서
집은 낡아가고 헛간의 삐걱거림은 멈출 줄
모르고 나뭇가지들은 흉흉해지고 밤이 이윽고
오고 있었지 그날 모든 것이 시작되었지 시작
되는 모든 것들 속에 너의 일그러진 표정을

발라놓고 펼쳐질 모든 시간 생겨날 모든 풍경
을 향해 말했어 나는 없었어 오로지 그 말만
오로지 또렷하게 이정표처럼 너를 박아 세워두고

가려진 문장

 멀리서 꽃 졌다는 소식이 오고 네 얼굴 지워질 것 같은 기분으로, 미처 가보지 못한 곳에서 꽃들 만개했다 져버리고 빛깔도 이름도 끝내 알지 못하겠는데 멀리서 흐려진 마음이 오고 네게 얼굴이 있었다는 사실도 그만 지워질 것 같은 기분으로, 바람 불고 멀리서 비 몰아오고 얼굴이라는 말 애초에 없었다는 듯이 네가 내 쪽으로 돌아누울 것만 같은 기분으로, 이제 너를 어떻게 알아보나 얼굴도 없이 너는 나를 어떻게 알아보나 우리가 아는 사이인가요 물으면 모르는 사이가 비로소 생겨나고 너는 너라는 지칭도 잃고 아득해만 져버릴 것 같은데 그제야 비로소 사랑할 수 있을 것만 같은 기분으로, 와락 껴안고 쓰다듬고 키스를 그러나 키스할 얼굴을 끝내 찾지 못하고 내 얼굴도 그만 지워지고 말 것 같은, 모르는, 얼굴 없는 내가, 모르는, 얼굴 없는 너의 볼모가 될 것 같은, 그러다 내쳐지고 그러다 패대기쳐지고 그러다 매달리고 울고불고할 것 같은 기분으로, 내가 도무지 남아나질 않아도 이 생면부지의 닿을 수 없는 시간의 진창에서 발이 빠지며 도무지 한 발짝도 그쪽으로는 내디딜 수 없는 자세로 이런 막다른 슬픔이 어떤 슬픔인지도 오직 모른 채 너에게 가야 한다는 가서 마주해야 한다는 생각만 남아 허우적거리며 생면부지 이전과 이후의 아득한 경계에서 못 알아본 너를 어쩐지는 알아본 적이 있었을 것만 같다는 가려운 기분으로, 아무리 긁어도 긁어도 긁힌 자국에 피가 배어 나와도 가려움 좀처럼은 멈추지 않을 것만 같은 기분으로. 우리가 아는 몸인가요 물으면 몸만으로 멀리서 꽃 졌다는 소식이 오고 난데없는 세계가 펼쳐질 것만 같은 기분으로,

에게서 에게로

하는 수 없이 나는 네 눈꺼풀
안쪽에 거처를 마련한다 이물감에
눈을 몇 번 깜박였으나 너는 곧
눈꺼풀 따위 신경 쓰지 않는다
대수롭지 않은 일처럼

눈을 한 번 감았다 떴을 뿐인데
모두가 순식간에 자취를 감추었어
동네를 어슬렁거리던 고양이의 눈빛도
폐지를 줍는 노인들의 굽은 등
골목의 모든 창문을 다 깨버릴 듯이
꺄르르 웃던 아이들의 경쾌한 발소리도

너는 한숨을 내뱉는다
네 한숨은 너무 미약하다
네 한숨과 함께 토해져 나온 입김은
너무 옅어서 안개가 되지 못한다
그건 이내 겨울의 차가운 공기 속에
섞인다 너는 사라지지 못할 것이다

이상하지 이 대낮
나는 여기 있지만 여기서
쫓겨난 것 같아 여긴 다른 곳인가
낮을 다 뒤져도 그들을 찾을 수 없었어
낮은 뒤집어 입어도 낮이지

아무것도 변하지 않는다
대수롭지 않은 일처럼
너는 문득 하늘을 올려다본다

하늘의 긁힌 자국 저길 열 수 있다면
하늘의 속살에서는 찾을 수 있을까
하지만 저건 그저 비행운일 뿐이야
시나브로 흩어져버리겠지 하늘은
너무 넓고 하늘은 너무 푸르러

나는 그쯤에서 몸을 뒤친다
네 눈꺼풀이 불편하게 떨린다

꼭은 네 눈꺼풀에 기거하고자 했던 건 아니었지만

눈을 비비면 보이는 눈꺼풀 안쪽의 밝은 점들처럼
금세 잊혀진 채 살기를 원한 건 더더욱 아니었지만
나는 너에게 말하지 않는다 네 망막과 홍채가
네게 더 깊이 들어가는 걸 허락하지 않았다

밤의 솔기를 아무리 샅샅이 뒤져도
아무것도 찾을 수 없으면 그들이
있었다는 사실조차 흔적도 없으면

나는 말을 하지 않는다

어쩌지 여긴 다른 시간이야 밤을
뒤집어 입어도 밤이지 밤에서

나는 아무것도 열고 닫지 못한다
몸에 딱 맞는 어둠이 나를 감싼다
어둠은 끈적하고 내가 서서히
곪아가리란 걸 알고 있다

낮을 볼 수 있다면 낮에서

밤을 볼 수 있다면

바람이 분다 맑고 메마르고 시린
바람이 네 얼굴에 부딪친다
나는 몸을 떤다 벌겋게 튼 네 뺨으로
눈물이 흘러내린다 나도 조금 흘렸을까

너는 언제 눈이 멀까

네 입술의 거스러미들이 일어난다
네 말은 누구에게도 가닿지 않고
나는 끝끝내 말해지지 않는다
자리를 잡지 못한 네 말들로 이곳은 범람한다

기어이 나는 생각되지 않는다

너에게서 또 다른 너에게로
나는 다시 옮아갈 채비를 서두른다

손 하나가

손 하나가 왔네 차가운 손 손 하나만
황급히 목덜미를 만지고만 간 가기만
가고 본 적은 전혀 없는 손 하나가
왔네 오긴 왔는데 오자 여태 그때의
손자국 남아 있는지 목덜미 서늘해지고
소름 번지고 손 하나가 간 뒤 온몸을
내내 꺼끌거리게 하던 기분 무엇이었을까
털어도 씻어도 사라지지 않던 그 기분은
손 하나를 이리저리 굴려가며 살펴도
손 하나는 손 하나일 뿐 손 하나에는
그때의 목덜미도 남아 있지를 않는데
그때의 목덜미는 오직 목덜미만이었나
그때의 목덜미는 그때에만 목덜미였나
그때의 목덜미는 목덜미이긴 했나 아니
있었다고 말할 수나 있나 그때 목덜미는
어떤 표정도 손 하나는 보여 주질 않네
어떤 손금도 오로지 차갑기만 차가움만이
제 모든 것이라는 듯 차가움 외에는 아무
것도 아니라는 듯 고요히 차갑네 놓여만
있고 온통 입김이 가시질 않던 방의 차가움

속에서 머뭇거리며 움직이던 손 입김으로만
가득 채워지던 어둠을 더듬거리던 손 하나
한 번도 만져진 적 없던 몸과 터럭 한 올까지
속속들이 만져지던 몸 사이에 덜덜 떨며
지나치게 살아난 손끝의 감각으로나 비로소
손인 줄 알던 손 볼 수는 없던 손 하나가
어느 몸에서 어느 몸으로인지도 모르게
그만 몸은 떼어버리고 거기서 여기로
왔나 하며 손 하나 다시 살펴도 손 하나
말이 없고 입술을 꽉 다문 채 눈보라 속에서
손 하나 따라간 적도 있었네 있었다고는 해도
실은 발자국에 발자국을 되찍으며 가고만
있었는데 손은 외투 주머니 속에 숨어버려
있다고만 짐작될 뿐 있었는지 없었는지 자꾸
눈보라만 눈을 가리고 있었다고는 도무지
생각할 수 없게 지워지기만 안 보이기만
찾을 수 없어 손 하나 영영 나도 지워지는
안 보이는 기분이었는데 차가움만 선명히
남아 손도 없이 내 목덜미를 만지고 갔나
그때 가서 지금 내게로 왔나 하는데 손 하나

움직이질 않네 무언가 만졌다는 기척도 없이
무언가 안 만졌다는 사정도 없이 놓여만 있고
여전히 목덜미에 소름 가시질 않고 꺼끌 꺼끌만
거려 거리는데 손의 주인도 나도 찾을 수 없네
마주한 적 없네 손 하나와 목덜미 끝내 서로
날은 점점 어스름 속으로 말도 길도 희미해지네

두 밤 사이

　이건 여기 놓고, 이건 저기로 놓으라고요? 아, 이건 이쪽 밤에 두어야 하는 것이군요. 아니, 저쪽 밤엣것이라고요? 예예에, 시키는 대로 합죠.
　이불이 두 채 있는데 이것들은 어떻게 할까요? 둘 다 냄새야 나기야 나지만 쿰쿰한 냄새에 요상야릇한 냄새가 더해진 이불은 이것인데요, 이건 저쪽 밤에 놓아야겠군요. 하니, 요상야릇한 냄새 이전이 이쪽 밤이군요? 냄새의 연유야 내 알 바 아니겠으나 요상도 야릇도 밤의 일이긴 일이겠으니 어디서 꽃이라도 흐드러져 꽃냄새라도 흠씬 쐰 모양이죠? 본디 쿰쿰할 밖에는 없는, 싸구려 나일론 솜도 다 짜부라져 원래의 부피를 잃어버린, 해진 이불 따위에 요상도 모자라 야릇이라니.
　이 좌식 책상과 두껍고 무거운 286 노트북컴퓨터는 양쪽 다에 놓으면 되겠죠? 정체를 알 수 없는 사람들의 수런거리는 말소리는 이쪽 밤 불투명한 유리창 바깥에 붙여놓을까요? 형태를 구분할 수 없이 덩어리진 흐릿한 그림자들과 함께. 징, 켤 때마다 우는 소리를 내는 형광등은 어떡할까요? 양쪽 밤 다 끄라고요? 양쪽 밤 다에다 끈적끈적한 어둠만 채워놓으라고요? 한데, 끈적임도 서로 질감이 다른 터인네, 제겐 이 미묘한 차이를 감별할 만한 능력은 없는데요?

흥분과 치욕의 질감이라고요? 저쪽 밤은 흥분과 참혹으로 끈적이는 어둠이라? 그걸 나더러 어떻게 구분해 배치하란 말입니까요? 흥분이 치욕으로 혹은 참혹으로 뻗어갈 때 양쪽 밤의 흥분의 성질은 다른가요, 같은가요? 치욕과 참혹의 경계는 어드메이겠습니까요? 뭐라고요? 모른다고요? 이것 참, 헛, 참이고요. 이다 말다네요. 이고 말고이고요.

예예예, 나머지들을 우선 놓아보죠. 이 절대 깨질 것 같지 않은 도기 컵은 어디에 두는 게 좋을까요? 가만, 옆집 남자의 잠꼬대마저 들리는 얇은 벽 한가운데 얼룩 하나가 생기려 하는데요? 아, 술병들과 한 짝이구만요. 저쪽 밤이 분명하군요. 이 절대 깨질 것 같지 않은 도기 컵은 하면, 저 벽의 아직인 시간과 이어져 있는 셈인데, 부딪혀 쨍그랑? 아니, 아니, 저도 알고 있어요. 미리 예측하는 일이야 제 몫이 아니죠. 아니고말고요. 물론입죠. 거기까지만 해두기로 하죠. "내 스물다섯 해 동안의 피로가 한꺼번에 몰려오는 느낌이야" 같은 중얼거림, "내 눈을 똑바로 봐" 같은 새된 목소리는 이쪽 밤이겠군요. 조심스럽고 서툴게만 헐떡이는 숨소리와 철썩, 갑작스럽게 뺨을 올려붙이는 소리도 이쪽 밤인가요? 숨 막힐 듯한 침묵과 불규칙적인 날숨과 들숨의 잠과 들릴 듯 말 듯 한 바스락거림 말이죠? 벌써 저쪽 밤 이불 밑에다 넣어두었죠.

하면, 이 거대한 여자와 왜소한 남자는 어느 밤으로 보낼까요? 이쪽 밤엔 여자를 저쪽 밤엔 남자를 보내는 게 맞죠? 한데, 담배 연기로 가득한 동시 상영관의 저녁 얼굴도 없이 불쑥 내밀어지던 손들과 홍등가를 배회하는 어지러운 치기 어린 망설이던 발자국은 각각 어느 밤에 두어야 할지 영 헷갈리는데요. 아, 그렇구만요. 손들은 이쪽 밤 앞에 깔아두어야 하는군요. 발자국은 저쪽 밤 앞이고요.

해서, 혼탁하게 뒤섞인 감정들은 그렇게 생겨나는 것이로군요? 밤을 휘젓는 이 감정들의 위치를 정확히 안다는 건, 해서, 어려운 일이겠군요. 해서, 흥분과 치욕, 흥분과 참혹이 어느 쪽 밤의 것인지 판별하기가 영 쉽지만은 않았던 것이로군요. 해서, 당신은 그 난감으로부터 벗어나 보려는 심산으로다가 나더러 대신 말을 시작하라고, 해서, 그 난감함을 나한테 떠넘겨버리려고, 버리려고만, 했던 것이었던 것이었던 것이군요. 끈적거리는 어둠의 질감을 당신 스스로 만져볼 마음 같은 것이사 처음부터 아예 없었던 것이었던 것이었군요. 해서, 내가 이 더러운 어둠을 몸 여기저기 묻히는 꼴을 마냥 보기만, 보기만 했던 것이었던 것이로군요.

한데, 당신은 어디 있지? 왜, 모습을 드러내지 않는 거요? 그렇군, 렇군, 렇군이로군. 당신은 없고, 그 없음으로 밤은 흩어져 부유했던 것이로군, 이로군. 남자도 여자도 제가 있어야 할 자리에 있지 못하고 제가 남자인지 여자인지도 알지 못하고 늙지도 죽지도 않고, 어느 시간인지도 모르는 시간에 엎어져, 여기 유일하게 없는 당신으로 인해, 허허허, 허허허허허. 한데도, 하므로, 하면, 나는 어쩌다 있어져 없는 당신의 손아귀에 놀아나고만 있는 것인지, 도통, 알지 못하겠는 것이라는 것인데, 말야.

아, 아무래도, 말야, 나는 이제, 말야, 당신을 두 밤 쪽으로, 말야, 보내야겠지. 영영 흩어져 끈기조차 없이 놓여 있는 것들 사이로, 말야, 당신을 비로소, 말야, 보내시, 말야, 두 밤을 완성하려는 것이지. 하나뿐이라고 말이지? 당신은, 하나밖에, 없다고, 말이지? 그런 걱정일랑은, 말야, 접어나, 말야, 두시란 말이지. 당신을 반으로 딱 찢어놓으면 될 일 아니겠어? 딱 반으로, 말야, 찢은 줄도 모르게, 말야, 찢어주겠단 말야, 말이지. 자, 말야, 이리로, 말야, 내게로, 말야. 두 밤이, 말야, 균등하게, 말야, 나를, 말야, 도울 것이니, 말이지, 양쪽 밤을 향해 가랑이를 벌리고, 말야, 찢기 좋게, 말이지.

당신의 없음이 내가 생겨난 이유라면, 당신의 그 없음도 딱 반으로 찢어놓아야겠지? 어서 오란 말야. 당신의 없음도 착실히 챙겨서 오는 줄도 모르게, 오란 말야. 오기만 오란 말이지. 말이지 말야. 말야라고 말야, 말이지, 말. 그저. 말인데 말야.

거기, 없는

쏘아붙이듯 벽을 향해 누군가 컵을 던졌어 거기
가지런히 쌓여 있던 얼굴들 얼굴들이야 다시 이어
붙일 수 있겠지만 컵은 어쩌지 지나온 거리의 불빛들
집 안까지 흘러왔어 흘러 흘러 몸 안에서 출렁거렸어
불빛들마다 누군가가 하나씩은 서성이고 있었는데
몸은 컵이 아니야 내가 말하자 그중 누군가 나를
쏘아보았어 휘황하게 빛날 거란 생각은 버려 몸은
언젠가 던져져버릴 운명이야 이내 깨져버릴 테지 몸은
얼굴도 이름도 없이 조각난 살점들 살점들엔 나방 떼
몰려들겠지 나방 떼에 뒤덮이듯 사그라드는 불빛들
누군가는 입을 다물고 마치 아무도 없었다는 듯이
집 안에 조금씩 채워지는 어둠 추워 누군가 어둠의
물기를 죄다 빨아들이고 있나 봐 내가 말하자
점점 더 되직해져 가는 어둠의 밀도 딱딱해지지는
않고 하릴없이 무거워져 가는 집 안 아무리 팔다리
휘저어도 도무지 허우적거려지지 않을 것만 같은 잠
속으로 가라앉기만 가라앉기만 하는 컵 아직
부서질 자리를 찾지 못한 채 느려지는 힘겹게
느려지기만 하는 해도 멈춰지지는 않는 떠, 떠,
떠다니듯이만 잠 속에서 어쩌지 아직 곁에 있었나

누군가는 누군가에게 켜켜이 깃든 누군가인지
말캉한 시간이 누군가에서 건너오고 누군가에게로
다시는 돌아가지 못할 말들 아니 소리들 아니 녹진하게
흘러내리는 아니아니 누군가 입으로 들어왔다 입으로
나가는 나방의 냄새 구역질나는 누군가들의 살아보지
않은 어쩌지 벽에게도 컵에게도 물을 수 없어 느닷없는
누군가 이어 붙인 얼굴을 뒤집어쓰네 눈도 코도 입도
지우고 누가 누구인지도 모르고 모르는 집 제 무거움
못 이겨 어쩌지 허물어지네 결국 컵은 깨졌을까 잠은
어쩌지 추워 누군가가 아니면 그 누군가도 아닌 누군가
끔찍해 쨍그랑 끔찍한 밤의 행렬 속으로 누군가 어쩌지
어쩌지 휩쓸려가고 던져지지도 못한 채 나 그만 산산이
깨어져버리네 얼굴도 이름도 알아볼 길 없이 흩어지지
못한
  어쩌지 어쩌지 어쩌지들만 남아 떠다니네 추워 어쩌지

어슴푸레

　어슴푸레 어슴푸레로 어슴푸레이기만 어슴푸레 다시 잠이 깨어 어슴푸레 잠 깨이면 어슴푸레푸레로만 잠인지 아닌지 생시인지 아닌지 어슴푸레, 어슴은 떼어내고 푸레일 것만 같이 해가 뜨는지 해가 지는지 잠 깨어 보면 어슴, 푸레가 떨어진 어슴인 것만처럼 여자 돌아오고 어슴어슴, 푸레 어디서 물소리 아득하고 날 흐려지고 까무룩하고 다시 잠들고 까무룩히 잠 깊어지고 까무룩 까무룩 여자 떠나가고 까마귀 떼 하늘 가득 날아 나는데 날 어두워지고 휘적휘적 치마 퍼드덕이며 날 듯이만 가는데 여자 가서 아주 안 돌아올 것처럼 돌아보지는 전혀 않고 뒷모습으로만 어슴푸레, 어슴푸레해만 지고 붙들려 손이 나는 손이 붙들려 따라나서지는 아주 못하고 까부룩 까무룩 잠만 들고 짐귀신마냥만 까무룩 까무루룩 잠만 깨면 어슴푸레 눈곱 말라붙어 눈 안 떠지고 여자 돌아오는데 영영인지 아닌지 어디서 빨래 소리 흰 빨래 검어지지 않고 검은 빨래 희어지지는 끝끝내 않고 찰박찰박 빨래 소리 여자 돌아보는데 찰박찰박찰박, 빛도 없이 찰박찰박찰박찰박, 물소리 빨래 소리 까무룩 까무룩 까까무룩 아무리 몸을 뒤집어도 어슴푸레, 어슴푸레만일 뿐 여자 돌아 돌아보는데 무서 무서 무서운데 앞모습으로만 어슴푸레, 깨지나 말걸 깨지나 깨지지나 어슴푸레로 말걸 잠인지 생시인지 깨도 깨도 잠 속이고 아슴아슴 뒷모습인지 앞모습인지 무서 무서 무서운데 어슴푸레 자도 자도 자도 생시라 어슴푸레, 어슴푸레로나만 다시 하릴없이 잠에 들고 잠 깊어 어슴푸레 잠 깊으면 여기인지 거기인지 까무룩 까무까무룩 여기가 거기인지 그때가 지금인지 어슴푸레, 푸레나푸레 푸레푸레일러나

서러우니, 아프니,

　서러우니, 아프니, 따위가 교접하는 꼴을 지켜볼 참이었는데
　서러우니, 는 어느 문장의 교접에서 빠져나와 여기 있나 아프니, 는

　서러우니, 에는 어떤 거리들이 몰아쳐와 들러붙는 것이어서 생으로 떨어져 젖은 이파리 같은 것들 잘은 또 떨어지지는 않기는 않았기로서니 아프니, 쪽에 살아만 있는 꽃향기 자욱만 하고 지독만 하고 몽롱한 봄날 하늘 갑작스럽게 날 흐리고 스산하고 주어도 없이 여기저기 생겨나는 굴형들 거기로 서러우니, 하는 목소리도 아프니, 하는 목소리도 죄 빨려들어가더란 이야기

　매달리는 것은 정작 나였더라는, 서러우니, 따위에 아프니, 따위에
　매달려 바지춤이라도 잡아볼 양으로 꽉 쥔 손 더 꽉 꽉 쥐어는 쥐었으나
　떨려나더라는 그만 떨려나 바닥에 나동그라져 서러우니, 중얼중얼
　아프니, 중얼중얼 어느 문장의 교접에도 들지 못하고 숫

제 까무러나 치더라는

  문장은 완성되지 않고 나는 그 문장의 바깥으로만 서러우니, 아프니, 로다만

  바깥은 아리고 아리더라는 서러우니, 아프니, 따위이게만
  서러우니, 아프니, 바깥도 나도 당신도 완성되지는 결코 않고,

천사는 어떻게

천사는 어떻게 우는가 살았는지
죽었는지 우리가 쏟아진 얼굴을
미처 쓸어담지 못하고 우물만
쭈물만 거려 거리고 있을 때
금 간 담벼락에나 우리의 심장이
가까스로 숨어만 들어 들고 숨이
숨이 수숨이 헐떡 헐헐떡 헐떡만
대는 개의 혓바닥에서처럼 토해져
나올 때 뜨거울 때 뜨거워도
마지막 표정은 기억나지 않고
마지막 눈빛이 마지막 발음이
마지막 목소리가 마지막 풍경이
마지막 당신이 발 없는 바람이
무수히 발자국을 찍어 바람의 행방
도무지 알 수 없고 주름도 없이
구름은 마지막 짠 먼지들을 끌어
올리는데 기억은 나지도 전혀 않고
마지막이라고 말할 때 마지막
입술의 녹청이 이마의 서늘함과
눈꺼풀의 떨림이 온전한 얼굴도 없이

헤아릴 수 없는 저녁의 모든 모음들
죄 관절이 꺾이는데 허여 허옇게만
그만 흐너지고 흩어만 지고 모음들
골목의 어느 창문에도 입김조차
불지 못하는데 아직 다 쏟아지지 않은
얼굴 간신히 손으로 가린 채 죽었는지
살았는지 천사는 천사 천사 천천사는
어떻게 우는가 어떻게, 살아, 나나

자줏빛 심장에 대고

자줏빛 심장에 대고 자줏빛자줏빛 말하지 하 하지 건너 가지 못하는 가슴 박동하지 못하는 자줏빛자줏빛 어린 어둠들이 아직 거기 자라고 있는가 자라서 어둠들은 아무렇지도 않게 자줏빛자줏빛 피부를 이루는가 심장이 자줏빛자줏빛 알 리 없고 자줏빛은 왜 자줏빛자줏빛 자줏빛인가 심장은 새여서는 안 되는가 사내에게 자줏빛자줏빛 사내여서는 안 되는가 하고 묻는 것과 같이 좀처럼 비려지지 않는 나는 말하고 말하지 말 말 말 하지 하지만 자줏빛자줏빛 태어나기만 하는 바람들과 어린 어둠들에 줄을 대고 있는 것이 분명한 피부들과 자줏빛자줏빛 아직 살고 있다는 무서움과 목책들 자줏빛자줏빛 토라진 나무들과 마른 겨울 산 등성이 자줏빛 얼어붙은 엄마 맘 미 마 자줏빛자줏빛 심장에 심장에 대고 자줏빛자줏빛 입술을 벌려 오래 오래 오래 오래전 숨겨둔 오후들과 구더기 들끓는 당신과 당신과 당신과 끝나지 않는 자줏빛자줏빛 당신과 내가 다 알지 못하는 알아도 안다고 뱉어지지는 않는 어깨들을 꺼 꺼 꺼내려고만 상처 난 맨발로 자줏빛자줏빛 밟고서만 서서만 자줏빛 심장에 대고 대고대고 아이고 대고 자줏빛자줏빛

미처 다물지 못한

1

좁다란 방. 이라고 말하기. 오후의 빛 무더기 한가득
낡은 창문의 살들을 통과해 들어오는 좁다란 방.
이라고. 빛들이 어지럽게 쌓여 있는 책들 사이로
스멀스멀 숨어들어가는. 이라고. 빛이 숨어들다
들다 책들이 자꾸 소화되지 못한 더러운 빛을 토해.
놓는. 이라고는. 그래도. 야야. 야야. 하는 소리 느닷
없이. 있기. 있어버리기. 라고 말하기. 시간은. 이라고.
시간은. 시간은. 있다. 라고. 아직. 시간은 있어. 있지.
있다마다. 있고말고. 있다니까는. 시간은. 이라고.
말하도록 하기. 로 있기. 있기만 있기. 아직. 야야.
아직. 시간은. 이라는 말은 모른 체하기. 로 있기.
라고 말하기. 로 있어만. 있기. 좁다란 방. 이라고만
말하기. 로만 있기. 로만 없기. 라고는 말하지 않기.

2

사그라드는 불. 사그라 사그라. 드는. 짚불.
새까맣게 탄 짚더미 속에서 가쁜 숨을
발갛게 겨우 몰아쉬는 불과 함께. 사그라 사그라.
드는. 좁다란 방. 귀퉁이부터 겨웁게도 날름날름

핥아대는 조그만 조그만 불의 혓바닥. 사이사이로
야야. 책들이 토해놓은. 사그라 사그라. 드는.
햇빛. 그을리고. 더러운. 연기 피어나고. 그을그을.
재로 변해가는. 시간. 소화되지 못한. 시간이. 불.
짚불. 바람이라도 한 줄기 불면. 아직. 꺼져버릴지.
아직. 풀풀 날릴지. 꺼지다가 되살아날지. 있다마다.
꺼지다가 되살아나다가 다시 죽어버릴지. 오후. 시간이.
사그라 사그라. 까맣게 오그라. 드는. 들어. 더 좁다래진.
야야. 좁다란. 좁. 다란. 가뿐. 방. 불. 이라고 말하려다.
로만 있기. 라고 말하기. 로만 없기. 없기로서니. 없기.

3
짚불 사그라들고 마침내 들판 생겨나고 이내 어두워지기 위해

잔광들 지평선까지 몰려가고 제 그늘을 키우는 풍경들 생겨나고

커지고 그늘 커지다 풍경의 경계를 지우고 땅거미 생겨나고

생겨나고가 생겨나고 생겨나고가 들끓어 들끓음 속에서 여자

생겨나고 어렴풋한 색깔들 생겨나고 여자의 눈빛 지평선
너머까지
가서 안 돌아오는데 안 돌아와 여자 흩어지는 데가 생
겨나고 왜
생겨나서 흩어져버리는지 거기서는 여자 알 리 없고 여
기서도
알 리 없는데 여자 흩어버릴 말들만 무수히 생겨나고
여자의

겨우 색깔인 것들이 뭉그러진다
뭉그러져 흔들린다 흔들리며 자디잔 무늬를
이루고 무늬들 날린다 어스름에 길게
날리다 사라져간다 시나브로
여자를 여자이게 하던 여자의 경계에
마지막까지 머뭇거리던 미세한 빛 알갱이들
스며들고 그늘뿐인 풍경에 섞이고 어두워져

가는 들판은 들판을 지우고 여자는 들판이 되고 지우
고 같은
말들 생겨나고 생겨나자마자 사라지고 여자의 눈 코 입

흐려지고

  갑자기 툭 생겨나온 거기 때문에 생겨난 여기에 짚불처럼 사그라져

  가는 여자 생겨나고 나자마자 기우는 잔광과 함께 좁다란 방과

  함께 지평선 너머로 주름이 기어다니는 여자의 찬 이마 같은

  찬 이마를 짚은 손 같은 말들도 흩어져버리고 희미한 지평선도

  사라져 어둠만이었으나 온통 사라짐 들끓어 어둠도 사라져버려버리고

4

  좁다란 방. 이라고 말하기. 라고 나는 쓰고 있다. 라고 말하기.

  오후의 빛무더기 한가득 낡은 창문의 살들을 통과해 들어오는

  좁다란 방. 이라고. 빛들이. 라고 나는 쓰고 있다. 라고 말하기.

  계속 주저리주저리. 더 난삽하게. 쓰고 있다. 더더더.

라고 말하지

않기. 더 파편적으로 더 알아먹지 못하게. 나는 쓰고 있다. 라고는.

여자는 결국 누군가의 홍채에 맺힌 잔상. 이라고 쓰려다 지우기.

주저리주저리 계속. 있어. 있지. 있다마다. 있고말고. 있다니까

는. 이라고 나는 쓰고 있다. 라고 말하기. 쓰다가 자다 다시 쓰고

있다. 라고 말하기. 쓰다가 울다 다시 쓰고 있다. 라고 말할까 말까.

라고 말하지 않기. 말하는 자를 말하게 쓰고 있다. 라고 나 말하기.

사그라드는 불. 이라고 쓰고 있다. 고 말하기. 라고 쓰자 야금야금

이 페이지가 타들어간다. 라고 쓰고 있다. 라고 말하기. 사그라

들지는 않는 불이. 라고 말하기. 아니. 쓰고 있다. 라고 말하기.

좁다란 방에 불줄기. 라고 쓰고. 말하고. 있다. 휘감고.

라고.

말. 하기. 온통 집어삼킬 듯 화염. 이. 라고. 말. 뜨. 하. 거. 기.

까맣게 오그라. 드는. 들어. 더 좁다래진. 야야. 좁다란. 좁. 다란.

가뿐. 쓰. 말. 뜨. 있. 없. 새까매진. 쓰고. 말하지. 못. 나는. 없. 없.

5
불탄 페이지.
좁다란 방.

타오르듯이는.
여자.
사그라들듯이도.

눈빛 도착하고.
나는.
없고.
좁다란 방도.

라고 말하는.
목소리만.

얼크러설크러.
눈빛과 목소리.
만.
떠다.
니며.
없이.
만.

크러크러.
크크러.
러러.
거리.
고만.

있고.
없고.

윤슬

　당신은 기다리고 있군요.—반짝이고 있어요.—회피하고 있습니까?—반짝임 속에 있어요.—물비늘이 돋는군요. 이제 곧 어둠이 오겠군요.—반짝임은 위태롭네요.—당신은 어둠을 기다립니까?—아니요, 여기 반짝이는 시간에 머물고 싶어요. 반과 짝 사이에 어느 것이 빛나는 쪽이고 어느 것이 어두운 쪽인가요?—곧 모두 어둠이 될 겁니다.—나는 다만 여기 이 시간의 어두운 쪽에 있고 싶어요. 빛과 어둠이 끝없이 몸을 바꾸는 이곳. 끝없이 어두운 쪽으로만 몸을 옮기며.—당신은 기다립니까?—나는 분주하고, 지연시키고 있어요.—기다림이 끝났습니까?—반과 짝 사이가 한없이 길어지면 좋겠어요. 어두운 쪽으로 몸을 옮겨 다니기엔 사이가 너무 짧아요.—초조하군요?—반짝이고 있어요.—어두운 쪽은 반짝임 안입니까, 반짝임 바깥입니까?—한 사람이 죽음을 맞이하려 하고 있어요.—그 사람은 죽음을 기다립니까?—그 사람은 아무것도 기다리지 않아요.—확신합니까?—그 사람이 그렇게 말했어요.—기다림은 언제나 아무것도 기다립니다.—이 물가를 떠나고 싶지 않아요.—왜 당신입니까?—의사가 말했어요. 곧 죽음이 찾아올 것입니다. 대기하세요.—왜 기다립니까?—내겐 선택권이 없어요. 의사는 내게 선택하라고 했죠. 그 사람의 목숨을 연명

할지 말지.―당신은 선택했나요?―내겐 선택권이 없어요. ―당신이 연명을 선택하지 않은 건 확실하군요.―다른 쪽을 선택했더라도 나는 대기했을 거예요.―그랬다면 아무것도 기다리지 않는 시간이 그 사람 안에서 연명했겠습니다?―죽음만이 기다림을 끝냈을 수 있어요.―누가 기다립니까?―그 사람은 아닙니다.―죽음은 당신에게 오지 않습니다.―죽음은 그 사람을 끝낼 겁니다.―죽음이 기다림의 의지가 없는 사람의 기다림을 끝낼 수 있습니까?―나는 이 물가를 떠나고 싶지 않아요.―죽음이 당신에게 오지 않아도 당신의 기다림은 끝납니까?―눈이 부시군요.―밤이 당신의 눈을 덮칠 겁니다.―반과 짝 사이 반짝과 반짝 사이 거기 있고 싶을 뿐.―사라지고 싶은 겁니까?―반짝임 속에서 다만 내가 보이지 않고 싶을 뿐.―사라지진 못합니까?―내겐 선택권이 없어요.

*＊＊

당신은 기다리고 있군요.―양손에 짐을 들고 공중전화부스 앞에서 붙박이로 서서.―지루하진 않은가요. 얼굴이 일그러져 있군요.―나한텐 기다림밖엔 남지 않은 것 같아요.

―그는 오지 않습니까?―적어도 여섯 시간 동안은.―왜 여섯 시간입니까?―몰라요. 왜 여섯 시간인지는.―그럼 한 시간이어도 상관없고 일 분이어도 상관없지 않습니까?―이건 실제니까요. 이건 내가 임의로 바꿀 수는 없어요.―당신은 과거입니까?―현재입니다. 여섯 시간 안에서.―여섯 시간은 여섯 시간이어야 하는군요. 하지만.―나는 여섯 시간 동안만 기다립니다. 여섯 시간 동안만은 여섯 시간 동안 끝나지 않아요. 여섯 시간 동안 안에 갇혀서 영원히 기다림을 반복하는 것만 같이.―기다리는 그는 왜 오지 않습니까?―모릅니다. 알아도.―그가 다른 사람과 있다는 사실을 모른다는 겁니까?―모를 겁니다. 알아도.―그가 다른 사람과 육체를 맞대고 있다는 사실을 모른 척하는 겁니까?―모른다는 것도 내 의지는 아닙니다. 그저 여섯 시간 동안 그가 없음을 견디고 있는 겁니다. 그가 여기 없다는 사실만을 나는 알 겁니다. 여기 이 시간 바깥에서 일어나는 일은 나는 몰라요. 아직. 줄곧 아직이기만 할 겁니다.―그가 다른 사람과 육체를 맞대고 있는 동안 당신을 잊었습니까?―영원히 그를 알 길은 내게 주어지지 않아요. 알아도.―그에게 육체만 남은 시간은 여섯 시간인가요?―모릅니다. 내 여섯 시간만 놓여 있어요. 공중전화부스 앞이며. 그에게 닿지

않아요. 사람들은 지나가고. 나는 양손이 무거워요. 무겁다는 느낌만 있지 내 양손에 무엇이 들렸는지는 잊었어요.―그가 마침내 오겠습니까?―그런 생각이 지워집니다. 기다리는 이유가 희미해지고 그의 얼굴이 희미해지고.―그와 당신은 어떤 관계입니까?―몰라요. 모르게 되었어요. 모를 거예요. 그것만은 확실히 알 수 있어요.―그는 당신의 아들입니까?―몰라요. 나는 엄마인가요? 아빠인가요?―당신의 얼굴이 벌겋게 달아오르고 있습니다. 오전의 햇빛이 오후의 햇빛으로 바뀌는 동안 얼굴은 흘러내리고.―내 얼굴도 기억나지 않아요. 당신은 여기 있나요? 여기 이 여섯 시간 동안?―내겐 질문만 있습니다. 내 대답은 당신에게만은 가지 못합니다.―당신은 오고 있나요?―나는 오지 않습니다. 여섯 시간 동안. 끝내 오지 않는 자입니다.―당신이 어쩌면 그인지 모르겠군요. 언젠가는 올 건가요?―아니요. 나는 가지 못합니다. 당신은 없거든요. 이미. 처음부터 이미인 채.―여섯 시간만 남겠군요.―여섯 시간만. 내가 끝내 없더라도.―그러니까 당신은 기다리고 있군요.―내가 기다리는 사람에게 영영 없었다는 사실과 나를 기다리는 사람이 영영 없다는 사실.―기다리다니.―나는 여섯 시간에 감염되었습니다.―여섯 시간 속엔 당신이 있나요?―여섯 시간

에게서 에게로 153

이후에 당신은 있습니까?―결국 승리할 겁니다. 기다림만 이.―기다립니다.

＊＊＊

당신은 기다리고 있군요.―나는 기다리고 있지 않아요. ―잊어버렸습니까?―잊은 적도 없어요.―잊었다는 것도 잊었군요.―기다리고 있었다는 사실을 잊었다면 나는 기다린 것도, 잊은 것도 아니네요.―그가 왔습니까?―왔었어요.―그가 와서 당신의 기다림은 끝이 났습니까?―나는 그를 기다리지 않았어요.―왜 왔습니까, 그는? 당신이 기다리지도 않는데.―몰라요. 나는 그를 신랑이라고 불렀어요.―당신은 신랑을 기다렸습니까?―나는 아무도 기다리지 않았어요.―왜 그를 신랑이라고 지칭했습니까?―내겐 아무도 없으니까요. 그런 느낌이었어요. 신랑 말고는.―그가 당신의 신랑 모습을 하고 있었습니까?―기다리지 않아서 얼굴을 간절하게 떠올리긴 힘들군요.―신랑 같았군요.―그는 내게 엄마라고 부르더군요.―그를 낳았습니까? ―나는 아무도 낳지 않았어요.―아무도 낳지 않았다는 것을 기억하는 겁니까?―낳지 않았다는 것을 기억하는 것은 아니에요. 잊지 않은 것뿐이지요. 나는 잊지 않아요. ─당신은 과거가 없습니까? 잊지 않은 것은 과거가 아닙니까? ─그것은 현재일 뿐이지요. ─왜 당신의 현재는 내 현재에서 먼 것입니까? ─당신의 현재는 어디인가요? ……여하튼 과거는 아니에요. ─느낌이 꼭 과거와 연루되는 것은 아닙니다. ─느낌은 그럼 미래인가요? ─어쨌거나 아무도 낳지 않았다는 사실을 기억하지 않은 게 아니라 잊지 않은 거라고 말하고 있습니다. ─맞아요. 아, 맞아요, 그가 슬픈 표정을 짓더군요. 그러자 순식간에 신랑이 사라졌어요. ─신랑이 잊혀졌습니까? ─아니요. 신랑이 없어진 자리에 그가 나타났어요. ─그렇게 불쑥, 어디로부터 그는 나타납니까? ─나타남 이전에 그가 어디 있었는지 알 수 없어요. 불쑥은, 모르기 때문에 불쑥이겠지요. ……그가 내 밑을 닦아 줬다더라고 요양보호사가 말해줬어요. ─그건 요양보호사의 기억입니까? ─아니요, 요양보호사는 전해 들은 얘길 내게 전할 뿐이었죠. ─당신의 기억일지 모르겠군요. 당황했습니까? ─느낌이 남아 있지 않아요. 내 기억일 리 없어요. ─그가 당혹스러워했나요? ─당혹은 이미 지나간 듯 보이더군요. ─그걸 어떻게 압니까? ─그의 표정이 당혹 이후의 표정 같았어요. ─그는 슬퍼합니까? ─아마도…… 그가 신랑이 아니어서?—슬픈가요?—아니요. 예감은 있어요.—예감은 슬픔과 관계하나요?—몰라요. 하지만…… 눈이 푸지게 내리는 날이 떠올라요. 눈이 너무 많이 내려 무궁화 울타리가 쓰러질 듯 하얀. 무궁화 울타리인 줄도 모르게. 길은 지워지고. 날 어둡고. 그런 무서운 오후.—왜 무섭다고 표현합니까?—그냥 그럴 것 같은 예감.—내 어머니에서 들은 기억이 납니다.—당신 어머니의 기억인가요?—확실치 않습니다.—내 몸에서 무엇이 빠져나갈 것만 같은 날씨. ……그날 당신은 당신 어머니의 몸을 빠져나왔나요?—확실치 않습니다. 중요한 것은 내가 어머니의 미래를 탯줄처럼 달고 여기로 내쫓겼다는 것입니다.—중요한 것은 아무것도 없어요. 예감 속에서 나는 누군가를 낳을까요?—확실치 않습니다.—그럼 그는 신랑일 수도 있겠군요.—확실치 않습니다. 내 어머니에게로 어머니로서의 시간이 돌아오지 않는다는 사실만이 지금 여기서 유일하게 확실합니다만.—유일하게 당신은 잊혀졌나요?—확실치 않습니다.—당신은 왜 내게 거짓말을 하고 있는 거죠?—확실치 않습니다.—그는 누구인가요?—확실치 않습니다.

***

내겐 선택권이 없어요. 의사로부터 곧 소식이 올 거예요.
—의사의 소식은 지연되는군요.—나는 이 물가를 떠나고
싶지 않아요.—그 사람의 죽음을 허락한 건 당신입니까?—
내가 기다리는 건 죽음도 아니에요.—목적어가 탈각되었군
요.—내겐 선택권이 없어요.—결국 아무것도 끝나지 않을
거라는 사실이 당신을 이 초조함 속에 가두었습니까?—그
사람은 기다림을 잊었어요.—당신도 잊힌 모양이더군요.—
나는 아무도 아닙니다. 그 사람에겐.—그 사람은 그 아무도
아닌 자를 기다렸다는 사실을 잊었습니까?—그 사람은 아
무도 기다리지 않았습니다.—기다리지 않았다는 사실에서
아무도 잊혀집니까?—그 사람의 바깥에 나는 아직 있고,
있기만 할 거예요.—반짝일 겁니다.—반짝과 반짝 사이에
무슨 기억이 있을까요?—반짝은 늘 새로운 반짝입니까?—
나는 이 물가를 떠나고 싶지 않아요. 내겐 선택권이 없어
요.—당신이 기다리는 것은 오는 중일 겁니다. 끝까지. 끝
나지 않은 채로.—동이 틀까요?—눈부시겠지요.—눈이 멀
겁니다.—소식이 오는군요.—어떻게 알죠?—여섯 시간이
지났거든요.—나는 여태 여섯 시간 속에 있었던 겁니까?—
당신에겐 선택권이 없습니다.—나를 잊을 수 있을까요?—

당신은 잊힙니다.―누가 잊죠?―잊은 사람이 사라져도 당신은 계속 잊혀집니다.―나는 계속 잊혀지는 중인가요?―잊히고 잊혔다는 사실도 잊히고. 다시 또다시. 잊히고.―잊은 사람이 잊었다는 사실을 잊어버려도? 잊은 사람도 잊힌 사람도 없이? 잊혀지는 일만 남아서?―당신은 결코 당신의 이 기다림을 끝내지 못할 겁니다.―눈이 멀어도?―여섯 시간이 지났습니다. 여섯 시간 속에 당신은 이미 없었고. 없기만 했었고.―소식이 오는군요. 너무 일러요.―너무 늦습니다.―한없이 늘어지며 도착하지는 못하며.―당신의 기다림은 끝나가기만 할 뿐입니다. 영원히 지연되며.―윤슬이 도는군요.―눈부시군요.―눈이 멀어요.―반짝임과 반짝임 사이 어둠 속으로.―기다림 속으로.―눈부시군요.―눈이 멀어요.

어디에고 | 부재에 대하여 | 뒷모습 | 아름답고 무서운 | 끝나지 않는, 끝낼 수 없는, | 폐허라는, | 두 물 사이 | 기억에 대해 이야기해 보랴?

2부

**몸이 말이고
노래이기까지**

시의 바깥

어디에고*

이곳에 들어서면 늘 허기가 지는군. 20년이 지나도 변하지 않아. 마치 20년 내내 배를 곯은 느낌이야. 나는 청년에게 말했다. 즐비한 생선구잇집과 식당들, 술집들 때문이겠죠. 그는 어딘지 촌스러워 보이는 외모에, 작고 깡마른 체구를 지녔다. 그보다는 이 골목들을 채우고 있는 금속성의 소리들이 저는 무서워요. 영영 규칙적인 소리들을 벗어나지 못할 것만 같아요. 이따금 내가 이곳에 통째로 인쇄되어버리는 꿈을 꾸지요. 청년은 자못 심각한 표정이었다. 하지만 지금은 문 닫은 집들이 많은걸. 소리들도 전보다는 훨씬 간헐적으로 들리는군. 이미 소리들이 자넬 내 쪽으로 밀어낸 거 아닌가? 청년은 퀭한 눈으로 나를 똑바로 쳐다보았다. 뭐, 무거운 인쇄지를 잔뜩 실은 삼발이 오토바이를 피해 언제나 벽에 붙어야 하는 건 이 골목을 지나는 사람들의 피할 수 없는 숙명이죠. 이를테면 전 살짝 피한 걸 거예요. 시간은

---

* 이 글을 고쳐 시 〈사이사이〉를 썼다.

늘 어떤 얼룩 같은 걸 남기거든요. 당신은 내가 피한 벽의 얼룩 같은 걸지도 모르죠. 그가 말한 두 번째 얼룩쯤에서 나는 당황했다. 하긴 나도 당신도 이 미로의 주인공은 아니니까. 우리는 이 골목의 늘 타자인 셈이니까 이 골목을 함부로 규정하는 건 주인공들에 대한 예의가 아니죠. 우리는 그저 지나가는 사람들이고 지나가다 살짝 피한 사람들이란 걸 명심해요. 하면 그는 '나'라는 얼룩의 주인 같은 건가. 이런 생각도 불현듯 들었다. 해도 난 이곳의 출구가 어디인지 아직 찾지 못했어요. 당신이 들어온 입구는 어느 쪽이죠? 그곳이 혹시 출구인가요? 나는 말을 돌렸다. 여긴 꼭 창자 속 같군. 내 허기는 그 때문인가. 지금 우리는 창자의 구부러진 주름 어디쯤에서 부지런히 소화되는 중인가. 그가 얼굴을 찌푸렸다. 내가 들어온 입구로는 나갈 수 없을 거야. 그것이 규칙이지. 아니 자네와 나 사이만의 규칙일지 모르지만, 그건. 누구도 서로에게 출구나 입구가 될 수 없는 규칙 같은 거 아니겠어? 청년이 별안간 피식피식 웃었다. 무슨 개뿅 같은 소리야? 출구니 입구니 하는 말은 내가 꾸며낸 수사에 불과하다고. 다시 허기가 밀려왔다. 골목에서 간간히 들리던 소리들이 들리지 않았다. 오래된 영화의 벽보는 주인공이 누구인지 알아보기 어려울 정도로 빛바래 있었다. 난 이 근처 진양상가 사무실에서 매일 야근을 밥 먹듯이 하는 말단 직원일 뿐이에요. 나는 이곳을 지나 매일 명보극장 근처 출력소엘 가고 야근이 끝나면 이 골목 어느 술집에 기어들어 꾸역꾸역 술을 먹죠. 술 먹다 지하철 막차를 타고 성내까지 가서 버스로 갈아타고 내가 얹혀사는 길동 선배네 오피스텔에 가야 하는데 술이 너무 취한 날은 그만 잠실까지 가기도 하죠. 잠실에서 길동까지 걸어 봤어요? 비틀거리며 주저앉아 자다가 걷다가 다시 주저앉았다가 새벽 동틀 무렵에야 길동에 도착한 적도 있어요. 이봐요, 아저씨. 이게 현실이야. 청년의 얼굴이 조금씩 붉어졌다. 하지만, 하지만 말이야. 넌 아직 여기 있잖아. 여전히. 그 시간 속에. 이방인인 채로. 지금은 사라진 으슥한 동시 상영관이나 기웃거리며. 안 그래? 그래, 동시 상영관. 나는 생각했다. 집회 시간이 남아 친구와 나는 담배연기 자욱한 동시 상영관에 숨어들어 영화 한 편을 다 보고 두 편째가 막 시작할 즈음 서둘러 거리로 나온 적이 있다. 그때 햇빛이 너무 밝아 잠시 눈을 못 떴던 것도 같고. 대체 당신은 왜 이곳에 나타난 거죠? 가장 빛나는 시절을 그가 살고 있는 거라고 말해 주고 싶었지만, 네가 말했듯이 난 얼룩이야, 아직 도래하지 않은 시간의, 말을 맺지 못했다. 뭐야, 설마 당신, 내가 당신의 과거라도 된다는 얘길 하고 싶은 거야? 나는 대답하지 않았다. 그저 그의 마른 어깨에 살며시 손을 올려놓으려고 팔을 뻗었는데, 그의 뿌리침은 단호하고 완강했다. 나는 그 앞에서 쩔쩔매는 표정으로 서 있을 수밖에 없었다. 분명히 말하는데, 난 당신의 과거가 아니야. 당신도 내 미래가 아니야. 그게 가당키나 해? 난 당신과 결코 같지 않아. 슬픔이 밀려왔다. 아니, 이 골목들의 미래와 난 그리 멀지 않다고. 이 허기, 이 창자 속 같은 미로⋯⋯ 이 금속성의 소리들, 저기 모퉁이를 도는 삽

발이와 좁은 길과 담장과 벽들. 그래? 그럼 어디 얘기해 보시지? 내가 이 지긋지긋한 골목에서 어떻게 해야 벗어나게 되는지. 하지만 이봐. 우린 같은 신세야. 당신도 나도 이 골목에서 입구를 잊어버린 채 출구도 찾지 못한 채 배회만 하고 있을 뿐이잖아. 여긴 아까 왔던 곳이야, 아님 비슷한 곳이야? 제길. 그리고 당신은 아까 그 사람이 확실한 거야? 아니, 난 당신이 방금 봤던 내가 확실한 거야? 우리가 또 다른 미로 속으로 들어와 버린 걸 문득 깨달았다. 그와 헤어지지도 못했고 그와 만나지도 못했다. 그도 나도 인쇄되지는, 더더욱. 다만 얼룩처럼, 그저 번져, 번지다 희미해지기만, 영영 그럴 것이었다. 허기질 것이다.

《악스트》 2017년 1월호

부재에 대하여

 이를 테면, 그런 날이 있다. 어느 날 버스를 타고 가다가 차창을 통과한 햇빛이 반소매의 팔에 닿은 순간, 당신에 대한 모든 기억이 문득 불러일으켜지는 순간 같은 때 말이다. 당신의 이름은 떠오르지 않아도, 몸과 마음에 새겨진 햇빛과 바람과 기후와 체취의 기억이 소름 돋듯 갑작스럽게 불러일으켜지는 때 말이다. 부재하는 것들은 이따금 부재의 감각으로 나를 일깨운다. 내 삶이 마치 존재보다는 더 많은 부재들로 이루어진 것이라고 스스로 증명이라도 하는 듯.
 10여 년 동안 알고 지내온 후배 하나가 사라진 적이 있다. 그와 친한 몇몇에게 전화를 걸어보았다. 그들도 그의 소식을 알지 못했다. 메일을 보냈지만 답장이 없었다. 그에게 가는 모든 연락이 두절됐다. 업데이트가 멈춘 그의 블로그에도 들어가 봤다. 그의 블로그에 의하면, 그는 황학동, 삼청동, 봉천동 등지로 사진을 찍으러 다녔고, 밴드의 객원 보컬로 공연에 참가하기도 했다. 블로그에 남겨진 글로 봐선 그가 당시 시계에 집착했던 것으로 보였다. 시계에 관한 논문 여러 개를 번역해 블로그에 올려놓기까지 했다. 시계, 라니. 제가 사라진 시간이 그 시계들 속에 들어 있기라도 한 듯 그의 블로그에는 더 이상 가지 않는 시계 사진이 잔뜩 올라와 있었다.

거기까지만 알아보고 나는 그를 찾으려는 노력은 더 이상 하지 않았다. 고장 난 시계처럼, 그의 부재를 내 삶 한편에 놓아두고 방치하려는 것인지 몰랐다. 그는 전에도 한 번 사라진 적이 있다. 그렇지만 그건 나한테서만 사라진 거였다. 그는 전화번호를 바꿨고 내게도 알려줬다. 나는 그 전화번호를 잊은 것도 모른 채, 그가 내게 바뀐 전화번호를 알려주지도 않고 사라져버렸다고 멋대로 생각했다. 몇 달 뒤 그는 깔깔깔 웃으며 나타났다.

사라지기 며칠 전 그는 내게 전화를 걸어 내 집으로 오겠다고 했다. 그날 우리는 만나기로 되어 있었다. 그날 나는 소파에서 겨우 잠이 깨어 집도 어수선하고 몸도 어수선하니 다음에 보자고 그에게 말했다. 그걸로 끝이었다. 그는 나를 만나서 무슨 얘길 하려던 것이었을까. 형, 나 이제 사라질 거야, 이런 얘기? 내가 어떻게 증발하는지 잘 봐, 이런 얘기? 이번엔 어쩐지 그의 부재가 영원할 것이라는 생각이 들었다. 며칠 동안이나 나는 된통 그의 부재를 앓았다.

깔깔깔 웃으며, 는 아니었지만, 그는 몇 개월 만에 다시 나타났다. 나타났다기보다는, 그의 입장에서 보면 내게로 향해 멈춰 있는 시계에 다시 밥을 주었을 뿐이다. 그는 전화기를 잃어버렸고, 이러저러한 사정이 있었다고 털어놓았다.

그러나 그의 부재는 내 안에서 다시 쉽게 존재로 회복되지 않았다. 똑딱똑딱, 더 이상 그의 시간이 내게서 제대로 흘러가지 않았다. 그와는 그 뒤로 서먹서먹해졌다. 고장 난 시계의 바늘이 가리키는 시각이 과거도 현재도 미래도 넘어 어떤 영원한 순간으로 기억되는 것처럼, 부재가 그라는 흔적을 내 안에 너무 강렬하게 새겨놓았던 탓이다. 그는 이제 수많은 부재들 사이에 놓인, 없는 채로만 비로소 있는, 어떤 시간의 얼룩으로만 남을지 모른다. 그럼에도, 내 온몸에 불이 켜지듯, 종종 부재로 더욱 강렬해진 그라는 존재가 미친 듯이 불러일으켜질 것이란 사실을 물론 알고 있다.

  후배의 부재를 겪으며, 내 삶 주변에 존재하는 것들도, 사람도, 나도 그 많은 부재 때문에 더욱 또렷이 존재하는 것인지도 모른다는 사실을 아프게 깨달았다. 나도 누군가의 삶에서는 증발하며 사라지며 살아왔을 것이다. 결국 그 불 켜지는 부재들을 견디며, 당신도 나도 살아갈 것이다. 그러다가 언젠가 아름답게 부재하기를, 누군가에게는 온몸에 불 켜지는 부재이기를 바랄 뿐 아니겠는가, 당신도 나도.

월간 《에세이》 2011년 8월호

뒷모습

1.

계절이 언제였는지 기억나지 않는다. 우리는 꼭두새벽부터 차비를 했다. 어머니는 아직 잠투정하는 막내를 포대기에 싸 들쳐 업고 한 손은 어린 누이동생의 손을 잡고 다른 한 손에 가방을 들었다. 나는 조그만 옷 보따리를 들고 어머니를 따랐다. 아버지가 내 손을 잡았다. 아버지의 다른 쪽 손에도 커다란 짐이 들려 있었다. 안개가 심한 날이었다. 겨울은 아니었는데, 이상하게 나는 그날이 무척 스산한 날씨였다고 기억한다. 우리가 향한 곳은 서울역이었다. 우리 가족에게 그곳은 서울 생활의 종착역이었다. 여섯 번이나 이사를 다녔던 5년간의 서울 생활이 끝나는 날이었다. 분명 서울 생활의 출발도 서울역이었을 텐데, 출발은 기억나지 않는다. 너무 어렸다. 안개 속에서 서서히 모습을 드러내는 플랫폼은 거대한 괴물의 아가리 같았다. 우린 그 아가리 속을 들어갔다가 다시 나오는 길일까. 왜 자꾸 눈물이 났을까.

아버지는 진청색 회사 점퍼를 입고 있었다. 그가 어렵게 모은 돈을 투자했던 회사는 부도가 났다. 우리는 기차에 올랐다. 차창엔 허옇게 김이 서려 있었다. 아버지는 우리 좌석을 찾아 주고 일어났다. 어머니는 아버지는 조금 늦게 귀향할 거라고 말했다. 아버지가 무슨 말을 남겼을 리 없다. 나는 아버지의 뒷모습을 바라보았다. 코끝이 찡해지며 눈에 눈물이 맺혔다. 기차를 내려 플랫폼을 걷는 그의 뒷모습은 유난히 추워 보였다. 나는 얼른 기차의 출입문 쪽으로 달려가 난간에 매달렸다. 아버지를 부르지는 못했다. 그는 내게 뒷모습을 보이며 아침 안개 속으로 사라져가고 있었다. 그럴 리는 없었는데, 나는 그가 영영 우리 곁으로 돌아오지 못할 것 같은 생각이 들었다. 기차가 출발했다. 그가 보이지 않았다.

그 뒤로 아버지를 볼 때마다 그때의 아버지의 뒷모습이 자꾸 겹쳐 보였다. 내가 최초로 느낀 상실감은 아버지의 뒷모습에서 비롯되었다. 가끔은 완고하기도 했던 그의 뒷모습에서 그러나 나는 여전히 어떤 뼈저린 이별을 느끼곤 한다. 이제는 너무 작아져 버린 아버지의 뒷모습을 볼 때마다 마음이 복잡하다.

2.

나는 늘 그를 기다렸다. 그는 항상 늦게 왔다. 그를 기다리느라 한 거리의 보도블록의 개수를 다 세 본 적이 있다. 그는 학교 선배다. 이상하게 그는 늘 늦게 왔다. 또 이상하게 나는 늘 군소리 없이 기다렸다. 그를 기다리는 그 많은 날들의 풍경들은 아직도 선명하다. 찌는 듯한 더위 속에서 매미들이 시끄럽게 우는가 하면, 살을 에는 듯한 바람이 불기도 했다. 깊어가는 밤거리에 탐스런 함박눈이 내리기도 했고, 사람들이 너무 밝게 웃으며 나를 스쳐지나가기도 했다. 보도블록을 일일이 발로 밟은 날은 가을이었다. 거리에는 어스름이 깔리기 시작했다. 바람이 조금 불었던가. 커다란 플라타너스 잎들이 발밑을 굴러다녔다. 으스스 몸에 한기가 들었다. 그날도 그는 무척이나 늦게 도착했다.

기다림에 대해서 얘기하려고 하는 게 아니다. 그날 그와 헤어질 때, 나는 그가 도시의 휘황한 불빛을 지나 사라질 때까지 그의 뒷모습을 바라보았다. 왜 그랬는지 기억나지 않는다. 그의 뒷모습이 유난히 쓸쓸해 보였기 때문일까. 사라지는 그의 뒷모습을 보고 있자니, 그는 거기 그대로 서 있는데, 내가 마치 그에게서 점점 멀어지고 있는 것처럼 느껴지는 착각에 빠져들었다. 그를 기다리는 일은 그게 마지막이었다.

이듬해 나는 그가 사고로 죽었다는 소식을 들었다. 갑작스러운 소식에 서둘러 그의 장례식장으로 향했다. 이상하게 그의 얼굴이 떠오르지 않았다. 가는 동안 내내 그의 얼굴을 떠올려보려 해도 도무지 그의 얼굴이 머릿속에 그려지지가 않았다. 그날 내가 마지막으로 보았던 그의 뒷모습만이 선명하게 떠올랐다.

3.
나는 어떤 뒷모습일까. 거울을 앞뒤로 배치해 나의 뒤태를 볼 수 있어도, 내 사라져가는 뒷모습은 정작 나 자신은 볼 수 없다. 그건 영원히 볼 수 없는 것은 아닐까. 삶의 진부한 반성 따위를 하려는 게 아니다. 다만, 내 뒷모습이 누군가에게는 선명한 뒷모습이길 바랄 뿐이다. 이 계절도 자꾸 뒷모습을 보이며 사라지려 하고 있다.

(2008)

아름답고 무서운

이따금 나는 내 나이를 실감하지 못한다. 어느 시인이 썼듯이 "병원을 나와서도 병명을 받아들일 수 없는 사람처럼"(황지우, 〈11월의 나무〉), 나이를 생각하면 벌써 이만큼이나 많은 세월을 내가 나로서 살았나, 믿기지 않는다. 그러면서 종종 아직 10대 후반에서 조금도 변화하지 않은 것 같은 착각에 빠지곤 한다. 육체는 그때보다 느리고 늙은 피를 지니고 있지만 어쩐지 영혼은 강렬하게 여전히 그때인 것처럼만 느껴진다. 인생이라고 할 만한 것이 시작되던 그때의 격정을 생각할 때야 비로소 내가 살아 있다고 느끼기 때문은 아닌가 한다. 성장의 출발이 이제 그만 나라고 상상되던 내면의 테두리에서 나와 외부의 세계를 감지하기 시작하는 것이라면, 나는 그때 성장하기 시작했다.

중학교 때는 조용하고 내성적인 아이였다. 온갖 고민은 혼자 다 싸안은 듯한 표정으로 어깨를 축 늘어뜨리고 걷는, 감수성만으로 똘똘 뭉친 소년이었다. 한번은 내가 등교하는 것을 보고 어느 선생님이 나를 불러, 무슨 열다섯 살짜리가 표정은 그리 어둡고 등을 구부정하게 한 채 걷느냐며 혼을 낸 적도 있다. 그는 나중에 내가 은사로 모신 국어 선생님이었다. 지금 생각해 보면 혼내는 선생님이나 꾸중을 듣는 나도 어색했을 거라는 생각이 든다. 그도 나도 내 고민이 뭔지 몰랐다. 어두운 표정과 구부정한 등은 어쩌면 포즈에 불과했는지 모른다. 아직 삶은 구체적이지 않았고 그러니 고민도 구체적이지 않았을 것이다.

스무 살 넘어 당신 때문에 이렇게 삶이 고통스러워졌다고, 그 선생님께는 가끔 투정을 부리기도 했다. 그때, 선생님은 열다섯 살 소년에게 문학을 보여 주었다. 아마도 우울한 포즈 때문이었겠지만, 그는 내가 보지 못한 나의 다른 면을 보았을지도 모른다. 내게 시를 써 보라고 권하기도 했고, 방학이면 고맙게도 소읍에서 구하기 힘든 책들을 선물해 주었다. 윤동주와 한용운, 김현승의 시집, 헤르만 헤세와 A. J. 크로닌의 소설들, 호머의 고전들을 읽으며 틈날 때마다 나는 시를 쓰기 시작했다. 아직 구체적인 세계의 대상을 만나지 못한 시어들은 추상적이었고 감상적이었지만, 어쨌든 나는 그 덕분으로 문학의 영토에 조금씩 발을 들여놓기 시작했다.

본격적으로 시를 쓰기 시작한 건 고등학교 들어가서다. 본격적으로, 라는 말은 이제 시가 문학소년의 포즈나 취미가 아니게 되었다는 말이다. 중학교 3학년 때가 1987년이다. 그해 6월 항쟁이 있었고, 대통령 선거가 있었다. 이 격동의 역사를 남도의 소읍에 살고 있던 소년이 제대로 실감하기란 쉬운 일은 아니었다. 그저 TV를 통해 전해지는 뉴스에서 세상이 심상치 않게 돌아가고 있다는 사실만 어렴풋이 느끼는 정도였다. 대선이 끝나고 그해 겨울 그런데, 나는 이 세계가 내가 상상하던 세계가 결코 아니라는 생각에 사로잡혔다. 그 생각은 나로 하여금 나 자신도 알 수 없는 언어로 미친 듯이 시를 쓰게 했다. 지금 생각해 보면 괴발개발 써 내려간 언어이지만, 내게는 세계를 향한 첫 관심이었고 첫 절망이었다. 상상할 수조차 없이 거대한 세계가 내게로 밀려왔던 것이다. 그해 겨울 이후 나는 하루라도 시를 쓰지 않으면 못 견디는 소년이 되었다.

고등학교에 올라가서 나는 매일매일 시를 썼다. 그렇다고 학교 공부를 하지 않았다는 얘기는 아니다. 그런데 어쩐지 학교라는 제도가 규정한 나보다는 혼자서 밤새 시를 쓰는 내가 나는 더 마음에 들었다. 트리나 폴러스의 《꽃들에게 희망을》이라는 동화가 있다. 무한경쟁의 허무함을 깨닫고 자신만의 고치를 지어 나비가 되는 노란 애벌레의 이야기다. 시 쓰기가 어쩌면 나 자신만의 고치가 되어줄 것이라고 그때 막연하게나마 짐작하고 있었는지 모른다.

중학교 때와는 달리 주변의 구체적인 삶에 대해 쓰기 시작했다. "어머니는/날 낳으시기 전에/세 번이나 유산을 하셨다"로 시작되는 〈고추〉라는 시는 아직도 기억에 생생하다. 내 주변의 구체적인 삶에서부터 실감한 세계는 조금씩 내 시에서 영토를 넓혀갔고, 역사에 대한 관심으로까지 옮겨가기도 했다. 시는 어떨 때 내가 알고 실감하는 세계를 훨씬 뛰어넘어 나도 모르는 다른 세계로 나를 데려가기도 했다. 그것이 시적 언어의 고유한 특성인 줄 그때는 알지 못했지만, 그런 황홀한 체험이 더욱 시에 매달리게 하였는지 모른다.

시 쓰기는 이상하게도 내 내성적인 성격을 바꿔놓았다. 책을 구하기 위해 나는 소읍을 벗어나 멀리 떠나기도 했는데, 틈만 나면 광주나 전주, 익산(당시 이리) 같은 도시의 서점들로 혼자 돌아다녔다. 문학회에도 들어갔다. 거기서 좋은 친구들을 만나 어울리며 삶과 문학에 대해 이야기했다. 지금 생각하면 그 이야기들이 풋사과처럼 채 익지 않은 말들이었지만, 그때 우리들은 그 어느 누구보다도 진지하게 삶과 문학을 고민했다. 그러면서 친구들과 나는 무엇보다 열심히 살려고 노력했다. 열심히, 라는 말에 방점을 찍으며 어떻게 하면 열심히, 일까 스스로에게 질문하며 스스로 대답을 만들어가며 그 나름으로는 치열하게 삶을 살았다. 현실에 대해 치열하게 토론하기도 하고 서로의 작품에 대해 밤새 합평하기도 했다. 제 개인사를 들추며 울기도 여러 번이었으며, 사랑도 했고 이별도 했다. 2~3년이라는 짧은 시절 안에 앞으로 겪어야 할 삶의 순간들이 모두 압축되어 있었다고 해도 과언이 아닐 정도로 나는 온몸으로 온 힘으로 살았다.

비 온 뒤 죽순 같은 시절이었다. 대나무는 순이 나서 보통 하루에 5~60센티미터씩 3~40일 동안만 자라고 성장을 멈춘다. 그때 나는 무섭도록 자랐다. 이후의 세월은 성장을 멈춘 대나무처럼 안팎으로 견고해지기 위한 세월이었다. 그때 내게 문학이 없었다면, 내가 이 세계에 어떤 존재가 될지 상상하지도 못했을 것이고, 내가 자라는 줄도 알지 못했을 것이다. 문학이라는 프리즘을 통해 나는 세계를 보는 법을 익혔고, 그 세계에 질문하는 법을 익혔으며, 그러면서 나 자신에 대해 조금씩 알아가기 시작했으니 말이다. 이따금 그 시절의 시간들이 심장처럼 불끈거리며 살아나는 때가 있다. 그 아름답고 무서운 성장의 기억으로 나는 둔해진 내 존재의 긴장을 되찾는다. 육체의 나이야 상관할 바 없다. 다시 인생은 새로 시작된다.

(2011)

끝나지 않는, 끝낼 수 없는,

가난하다. 자발적 가난, 이라고 차마 말할 수 없는 것이, 내가 가난한 것은 생활의 기획이 없기 때문인데, 다만, 그래서, 지금은, 가난하다고밖에는 할 수 없을 뿐이지만, 생활의 대부분이라는 것이 밥벌이의 지난함으로 채워져 온 것이 사실이어서 나는 생활을 생활로 받아들이지 못하고 생활이 있기나 한지 의심하기만 일쑤이고, 하므로 내게 생활은 생활로서 도무지 가능하지가 않다고만 자주자주 생각하고, 생활은, 늘 생활을 잡아먹기는 해도, 생활을 새로 낳아놓지는 않는다고, 이 불연속도 생활이라고 부를 수 있기나 있을지, 연속이라고는 하지만, 그 불연속 이외를 늘 시의 시간이라고는 또한 할 수 없고, 시의 불연속도 역시 생활의 시간만이라고는 굳이 말할 수 없으므로, 생활과 시는 상관없기는 없지만, 생활의 불연속과 시의 불연속 사이에 거의, 언제나, 게으르고 무기력하고 멍한 시간들이 있는지라, 그건, 그러나, 생각하기로는, 생활도 시도 아니어서 내 생활도 내 시도 가난한 것인지도 모르긴 모르겠는데,

내 생활의 대부분이 밥벌이의 지난함으로 채워져 있다면, 밥벌이 얘기를 안 할 수 없는 것이, 지금껏 단 한 번도 밥벌이를 놓아본 적 없는 나여서, 가난하다고는 하지만 그렇게까지는 궁핍한 적도 없고, 그것은 내가 가난해 보이지 않으려고 애쓰는 부분도 없지 않아서 그렇게 가난해 보이지는 않기야 않지만, 한편, 극단적으로 가난해지기 전에 언제나 일이, 밥벌이가 이어지곤 하던 거여서도 그렇기도 그런 것이니, 내 본격적인 밥벌이의 시작은 스물다섯까지 거슬러 올라가야 하는데, 이상하게도 그때가 여태까지도 안 잊히는 것이, 밥벌이의 지난함으로 치면 아니 삶의 지난함으로 쳐도, 그때가 가장 지독한 황홀한, 지독한과 황홀한 사이의 시차를 감안하더라도, 그런 시간이었을 것이 분명한, 오직 생활이 생활뿐인 그때였기 때문이긴 한데, 그때 나는 대학생이었고, 가난한 대학생이었고, 가난해서 휴학한 대학생이었고, 그때 등록금은 100만 원 조금 넘는 돈이어서, 남학생들이 대관령 가서 배추 한 열흘 나르면 채워질 금액이거나 공사현장에서 막노동 한 달만 해도 가뿐히 마련할 수 있는 금액이어서, 가난은 어쩌면 핑계에 불과할지도 또한 모르고, 나는 그런 육체적인 노동에는 영 소질이 없다는 것 또한 핑계이긴 하겠지만, 어쨌든 가난했다고 치고,

이, 가난했다고 치고, 는 그 뒤로도 여러 번 내 핑계가 되어 주었으니, 내가 서른 살 때 다니던 출판사를 일 년 만에 때려치우고 퇴직금 받아서 오랜 꿈이었던 인도로 떠났다가 돌아와 보니 통장에 잔고가 0원으로 말라붙어 있어서, 실은

가기 전에 잠깐 선배가 하는 잡지에 합류해 사진도 찍고 취재도 하고 그랬었더랬는데, 인도에서 돌아와서 잔고 0원이 막막하던 차에 선배가 다시 나와서 일해 달라고 했는데도, 가난했다고 치고, 이번에는 전혀 다르게, 일하지 않고 버텨볼 수 있는 있는 핑계로 삼을 만도 했는데, 얼마 후 당시 〈출판저널〉의 수석기자로 있던 시인 최갑수가 연락이 와서, 얼른 또, 가난했다고 치고, 를 발동시켜 두말 않고 이력서 넣고 면접 보고, 그다음 주부터인가 바로 출근하기 시작했더라는, 그 가난했다고 치고, 〈출판저널〉 잘리고, 그 잘리고, 는 좀 고려해봐야 할 것이 그때가 2002년 월드컵 때였고 해고 통보를 받은 날이 폴란드전 하는 날이었는데 거리에는 붉은 인파가 삼삼오오 광화문으로 모여들고 있었고 나는 종로서적 최종 부도 소식을 접하고 종로서적 뒷골목에서 줄담배만 줄창 피워대던 출판사 영업자들을 취재하고 늦은 오후에야 터벅터벅 이물스럽게 그 붉은 인파들에 끼여서 광화문을 거쳐 미문화원을 지나 사무실로 향하고 있었으니, 터벅터벅, 딱 그 앞쯤에서, 출판계 원로들이 반대 성명을 내고 보도도 되었으니 월드컵 때문에 다 묻혀버리고, 결국 〈출판저널〉의 운영주체가 재단법인에서 사단법인으로 넘어가게 되었다는, 즉 그래서 거기에 저항하던 기자들은 모두 해고될 것이라는 통보를 받은 것이었으니, 나중에 해고기자들끼리 〈출판저널〉 특집 단행본을 만들게 되는 것은 또 나중 이야기이긴 해도, 잘리고, 퇴직금 모아, 또 오랜 꿈이었던 티베트로 향했다가 돌아와 보니 또 0원이었던 통장 잔고, 전

세금 대출 받아놓은 것 제때 못 갚아 신용 불량자까지 되고 갚기는 갚았으나 그 일로 이사 갈 때 주인이랑 싸우고, 가난했다고 치고,

휴학한 나는 충무로 진양상가에 있는 학번이 10년 가까이 차이 나는 학과 선배네 기획사에서 일하게 되었는데, 일하기 전에 우선 다급한 것이, 당시 나는 안성에서 자취하며 학교에 다니는 처지였던 터라, 서울에 집 한 칸 구하는 일이었으나, 당분간 지내기로 한 서울 연신내 외삼촌네서 서울 올라가기 사흘 전에 안 되겠다고 통보를 받은 것인데, 이유인즉슨, 그 집 큰아들이 고삼이어서 공부에 방해가 된다는 것이었던바, 어떻게 내가 방해했을지는 나도 모르겠고 외사촌인 그 녀석도 제 부모도 몰랐을 것인데, 아무튼 그는 내 방해 없이 공부해서 지방대에 겨우 갔기는 갔고 결혼도 안 한 고모 집에서 졸업하기까지 지냈다는 이야기는 그 뒤로도 한참 나중의 이야기이긴 하지만, 서도 그때 서러움이 없지는 않았으니, 그럴 것이 시골 아버지가 그 일로 두고두고 술만 먹으면 눈물 바람을 한 것도 원인이라면 원인이었겠으나 그것 또한 한참 후의 이야기여서, 급한 대로 내가 가기로 한 기획사에 취직해 있는 한 학번 위인 여자 선배로부터 소개를 받아 길동에 있는 졸업한 선배네 오피스텔로 들어가게 되었기는 되었는데, 그 오피스텔 바닥이 시멘트 바닥이라 선배는 침대에서 자고 나는 스티로폼 깔고 바닥에서 자는 주먹구구 생활을 하게 되는 것이 내 첫 서울 생활의 시작이었고,

충무로에서 길동까지 가려면 지하철 한 번 갈아타고 성수역에서 내려 버스를 타야 했는데 술 먹고 지하철 막차를 타고 잠실운동장까지 갔다가 선배에게 전화해 보니 가까워서 슬슬 걸어오면 될 거라는 말을 듣고 잠실에서 길동까지 밤새 취해 비틀거리며 걸어갔던 이야기 같은 이야기 따위야 많지만 다 할 수도 없이, 직장에서 클라이언트를 상대해야 하는 만큼 피곤도 스트레스도 이만저만 아닌 데다 야근을 밥 먹듯 하고 선배들끼리의 이상야릇한 공기도 또한 감내해야 했고, 문제는 오피스텔 주인이던 선배의 연애가 너무 아름다워서, 길동까지 걸어가면서 그 새벽에 수없이 뱉었던 그 "씨발"은 허공에 흩어지고, 나는 또 다른 잠자리를 알아봐야 했고, 그래서 구한 집이 왕십리의 변소 방이었는데, 이 방은 서울에서 연극하는 고향 친구의 방이었는데, 떡볶이집을 지나 좁은 골목의 가장 안쪽으로 들어가면 있는, 방이라고는 하지만, 방이라고 할 수도 없는, 야외변소 위에 방 하나를 올린 데다가 한 벽은 축대여서 기울어진 축대의 모양이 그대로 벽지 위에 도드라져 보였는데, 연탄을 때는 방이었지만 내가 거기 머무는 동안 한 번도 연탄을 때 본 적은 없고 전기담요와 두꺼운 솜이불에 의지해 그해 겨울을 났는데, 친구는 자주 집을 비웠고 방 안에 허옇게 입김이 날고 마실 물은 자주 얼었는데, 김광석이 죽었고, 나는 그곳에 머물고 있었는데, 김광석이 죽었고, 머물렀지만, 머물 데가 없었고, 시는 영원히 안 될 것만 같았는데,

기획사 사장인 선배의 도움으로 보증금 200만 원짜리 월

세방을 얻은 건 다행한 일이었으나, 그 집은 이제 막 새 건물들이 지어지는 한남동 입구에 섬처럼 존재하는 낡은 건물 한 채였으니, 왜 그랬는지는 함경도 사투리를 쓰는 그 집 주인 부부의 딱 수전노 인상을 보고 알기는 알았고, 그 한 집에 여러 가구가 세 들어 사는 형편이었는데 다른 집은 몰라도 옆집에 살던 애 딸린 부부는 오지랖 넓게 자주 저희 저녁식사에 초대해 자꾸 내게 맥주를 먹였으나 난 그 또 너무 남성다움과 허세에 절은 남편의 웃음이 보기도 무척이나 싫어서 내 쪽에서 슬슬 피할 수밖에 없었던 그 집, 군대 갔다 와서 복학 준비하는 동기 놈들 시 모임 핑계로, 돈 버는 자가 나밖에 없었던 탓에 늘 내가 술값을 감당해야 했지만 나 또한 기꺼이 겨우 그들과 시 이야기를 할 수 있었던 것을 고맙게 여기며 술 취해서 들어오던 그 집, 그 집에서 나는 오래 침묵하고, 새벽 일 나가는 세입자들의 웅성거림이 들릴 때까지 책 읽고, 시라는 걸 그것이 시인 줄도 모르는 채로 비로소 써갈겼더랬는데, 그때 그 집에서 쓴 시들이 내 시의 기반이 될 시들이었으니, 얼마 안 있다 나는 복학했고, 또 얼마 안 있다 등단했고,

였으나, 내 생활이라는 것이 등단하고도 크게 달라질 것은 없었다는 게 내 생각인데, 그 시절보다야 생활의 불편함을 덜기는 조금 덜었지만, 생각해 보면, 내 생활은 늘 기획 없이 떠도는 일이었으니, 출판사와 인도와 잡지사와 〈출판저널〉과 티베트와 프리랜서와 안양예고 강사 시절에 나는 내 첫 시집의 시들을 발표했고, 한국문화예술위원회 문학나

눔 동안 내 두 번째 시집의 시를 발표했고, 대학원과 한겨레와 중앙대와 동덕여대 강사와 한국작가회의 사무처장 동안 내 세 번째 시집의 시들을 썼더랬는데, 늘 숙제하듯이 쓰지 말아야지, 하는 생각이 쓸 때마다 들었던 것도 사실이고, 생활과 시는 상관없기는 해도, 시 쓰는 과정에서는 생활과 시는 늘 반목과 긴장과 길항을 반복했으니, 아주 상관없다고는 또 할 수 없어, 기실 생활 없이는 또 기이하게도 적어도 내게는 시가 도무지 가능하지 않은 것이 이미 되어 버린 터라, 지금 생활에 덜 긴장하고 밥벌이에 덜 적극적이어서 가난한 것이 번연한, 나를 또 탓하면서, 자주 찾아오긴 하지만 이즈음엔 시로 좀처럼 연결되지 않는 그 멍한 시간에, 시가 잘 안 써지는 이유를 찾아보고는 있는 중인데, 중이긴 중인데, 이유야 다른 데 있다는 것 또한 알 뿐더러 생활도 시도 결코는 끝낼 수는 없다는 사실 또한 무척 잘 알고 있는 중이지만, 불연속 중이고 생활의 불연속인지 시의 불연속인지 알 수는 없는 중이어도,

계간 《리토피아》 2016년 가을호

폐허라는,

1.

어디 있습니까, 라고 당신에게 물을 수 있습니까? 폐허, 라고 나는 오로지 대답할 수 있습니다. 당신은 어디 살고 있습니까, 라고 묻는다면? 폐허, 라고 오로지 대답할 수 없습니다. 장소는 모두 폐허입니까? 오로지, 폐허, 라고. 거기 있습니까? 폐, 하고 파열음을 발음하고 나면 무언가 몸에서 빠져나가는 느낌입니다. 몸이 장소입니까? 허, 하고, 아직 입술이 다물어지지 않은 상태에서 다시 발음하면 더 이상 빠져나갈 게 없는데도 더 더 더 빠져나가는 느낌이 듭니다.
 몸이 시간입니까? 아무것도 남지 않습니다. 무엇이 있었습니까? 아무것도. 아무것도 없는데 무엇이 빠져나갑니까? 아무것도 없었다는 사실이 있었습니다. 부재입니까? 무언가 있었다는 사실이 아무것도 없었다는 사실 속에는 남아 있습니다. 시간입니까? 문장 속에 시간이 처해 있습니다. 바람입니까? 바람입니다. 흔적입니까? 잔해입니다. 살아 있습니까, 라고 당신에게 물을 수 있습니까? 그저 있습니다.

폐허는. 사라지지는 아직 않은 채. 확실히 당신입니까? 폐허, 라고 오로지.

2.
갔니?

 못 갔어. 시인 레온이 그 사진을 보여 주었을 때 나는 조금씩 사진 속으로 부서져 내리는 것 같았어. 마모되는 것 같았지. 눈부시게 푸른 하늘을 배경으로 사구의 아름다운 곡선들이 사진에는 흘러다니고 있었어. 그리고 멕시코의 사막 모래 언덕 아래 반이나 묻혀버린 건물의 잔해들이 선명하게 모습을 드러내고 있었지. 모래폭풍이 마을을 덮쳤다고 했어. 기묘했어. 다른 시인이 점심 초대를 하는 바람에 우리는 거기 가는 걸 포기했어. 지구 반대편에서 날아온 우리를 위해 마련한 특별한 자리여서 거절하기 어려웠지.

 점심 식사는 여섯 시간 동안 계속되었어. 요리사가 뒷마당에서 끊임없이 요리를 내왔어. 우리는 여섯 시간 동안 그 음식들에 곁들여 데킬라와 메스칼을 마셨지. 즐겁고도 기묘했어. 사막에 갔더라면 어땠을까? 폐허에 갔더라면 나는 좀 더 강렬한 폐허의 이미지를 떠올려볼 수 있을까?

 갔니?

 못 갔어. 못 가고도 나는 사막에 관한 시를 썼지. 그 시에서 사막은 먼 곳이었고 닿을 수 없는 누군가 있는 곳이었어. 사막에 도달하기란 불가능한 거였는지도 몰라. 나중에 그 사막의 이미지를 내가 사는 도시로 가져와 도시를 폐허로 그려 보기도 했지. 어쩌면, 말이야. 레온이 보여 주었던 사진을 나는 벌써 내 시들을 통해 예감했는지 몰라.

사막이 무시간적이라면 폐허는 아직 실제적 시간을 간직하고 있지. 레온이 보여 준 사진도 내가 오래전에 쓴 시도 무시간성이 실제적 시간을 잠식해 가는 광경을 보여 주는 거였다고 생각해. 사막은 아예 다른 시간이지. 바깥이야. 거긴 상상할 수 없어. 상상력조차 광대한 무無 속에 마모된 채 섞여 버리는지 모르지.

갔니?

못 갔다니까. 해서, 말인데, 나는 폐허에 집착해. 완전히 사막에 묻혀버리기 전까지 그 시간의 모습. 폐허 역시 다른 시간임이 분명해. 폐허는 폐허가 되는 순간부터 그때까지 집적되어 있던 시간으로부터 달아나기 시작하지. 달아나면서 아직 오지 않은 시간이 실제적 시간을 대체하는 모양으로, 있지. 우리는 망각이 시나브로 그리고 생각보다 부지런히 기억과 몸을 바꾸는 모습을 지켜보게 되는 거야. 그저 망연히. 망각은 한데, 기묘한 시간을 우리 앞에 부려놓지. 폐허 앞에서 우리가 마주하는 것은 실제적 시간에 속한 인간과 세계의 무상함이 아니라, 거기 불쑥 얼굴을 내민 우리가 한 번도 경험해보지 못한 낯선 시간의 얼굴이야. 그 낯섦이 현재를 아래서부터 조금씩 부식시키고 마모시킬 것이라는 불길한 예감과 함께. 그게 아니라면 내가 무엇 하러 폐허에 집착하겠어?

갔지?

갔긴 갔는데, 갔다기보단 발견했다고 하는 게 맞겠지. 아니, 내가 발견되었나. 거기가 날 찾았는지 내가 거기를 찾았는지 아직도 헷갈리긴 해. 전에도 말했지만, 내 고향 마을의 저수지 말이야. 그 물 아래 잠긴 마을 말이야. 열여덟 살 여름 내가 물 빠진 저수지를 헤매고 다닐 때, 그 폐허는 비로소 내 눈에 들어왔어. 알고는 있었지만 새삼 다시 발견하게 된 거야. 그 마을은 전쟁 이후까지 출몰했던 빨치산과 연루되어 있지. 토벌이 끝나고 마을을 수몰시키려 일부러 저수지를 막았다는 흉흉한 말도 돌았어. 한 번도 본 적 없는 호랑이의 소문도 거기 어슬렁거리고 있었지. 실제로 호랑이 똥닥지가 존재하기도 했으니까. 무엇보다 거긴 내 아버지와 할아버지가 태어난 곳이었지. 이제 물속이 그들의 고향이야.

갔지?

다시는 가지 않아. 갈 수가 없지. 이제는. 물을 벗어난 마을의 이름이 윗마을의 이름을 잡아먹고 본래 마을인 양 행세하는 마을에서 나는 태어났어. 그 덕에 내 아버지와 할아버지와 나는, 장소는 달라도 같은 이름의 고향을 지니게 되었지. 기묘해. 내가 태어난 집은 고속도로 공사로 흙에 묻혔지. 이제 내 고향은 흙더미 속이야.

폐허에서 시작되어, 계속 생겨나는, 생겨나기만 하는, 기억을 넘어서는 무수한 부재들, 기묘해. 폐허를 벗어나고도 마치 뱀처럼 움직여 가는 그 부재들로부터 내 시가 시작되었다고 오래전부터 생각해 왔어. 한데, 나는 왜 거기를 발견하게 되었을까? 폐허가 날 발견한 게 아닐지, 폐허가 날 선택한 게 아닐지. 나는, 열여덟의 소년은 장맛비가 잠시 그친 사이 다만 저수지 건너편에서 일렁이는 붉은빛을 따라갔을 뿐인데, 뿐이지, 뿐이었을 뿐이야. 그때 폐허가 내 몸에 옮겨온 게 아닌가 해. 옮겨와 수십 년 동안이나 나를 숙주 삼아 내게 기생하며 나를 잠식하며 몸집을 키워온 게 아닌가, 말이야. 마침내 온통 나를 차지해버린 게 아닌가, 말이야. 그렇지 않다면 내가 왜 폐허에 이토록 집착하겠어?

3.
지탱하던 모든 믿음은 무너졌어요. 내면입니까? 세계입니다. 모순들이 바이러스처럼 창궐합니다. 과장입니까. 현재입니다. 어떻게 있습니까? 미련하게도 숨은 붙어 있습니다. 소멸입니까? 가치들의 마지막 남은 기둥을 붙들고 겨우 목숨을 연명하고 있습니다. 멸망입니까? 그럼에도 불구하고, 입니다. 희망입니까? 지독하게 풍겨 나오는 악취입니다. 뒤섞입니까? 사이입니다. 이미와 아직의. 어디에도 속하지 못한 시간들이 폐허가 됩니다. 무수히 증식하면서 전염되는. 시간입니까? 혼돈입니다. 도래합니까? 슬픔입니다. 장담합니까? 죽어서 숨을 쉴 수 있었다*, 입니다. 나타납니까? 흘

---

*   파울 첼란, 〈프랑스에 대한 회상〉.

어집니다. 결국엔. 나도. 세계도. 어디서 다른 시간은 새로 지어지고 있을까요? 어디서 새로 태어나고 있을까요? 언어는. 살아남니까? 폐허입니다.

《끝을 시작하기》(2021)

두 물 사이

한 물

우물이 하나 있었더랬는데, 어린아이 팔로 한 아름이나 될 만큼만 뚫려 뒤란의 손바닥만 한 하늘은 더 조그맣게 일렁거리며 고요하며 검은 채로 혹은 맑은 채로 비치고 있었다. 항아리가 하나 묻혀 만들어진 우물의 안쪽은 항아리 속이었는데 밑구멍이 조금 깨어진 틈으로 뽀글뽀글 물이 솟아 나왔다. 장마든 가뭄이든 아랑곳없이 좀 많이 퍼내거나 내버려두거나에도 관계없이 보타들거나 넘치지도 않고 항상 그 자리에서 찰랑찰랑거리기만 했다. 한 번 맛보고는 다시 맛보지 않을 수 없어 수십 리 밖에서도 물을 푸러 오는 이들도 종종 있어 물에 무슨 아편가루라도 섞였나 삼 이파리라도 빠뜨려졌나 갸웃거리기는 최근 일이다. 그런가 하면 동지선달에는 김이 모락모락 올라오고 오뉴월 땡볕에는 잠시 잠깐이라도 손을 담가둘라치면 손에 얼음이 박이는 것처럼 차가워 재빨리 손을 빼기가 일쑤였다. 우물의 속내가 못내 궁금했다 해도 항아리를 들어내고 밑바닥의 내력까지 파헤칠 수는 없는 노릇이었으니, 예닐곱 살짜리 키만도 안 되는 우물의 깊이가 도무지 알 수 없는 깊이로 되어 고걸 퍼내고 마시고 바라보는 자의 눈 속에도 똑 그만큼의 깊이를 만들어주었는지 어쨌는지는 알 길 없다. 집이 지어지고 우물이 생겼는지 우물이 생긴 연후에야 집이 지어졌는지 그 또한 알 수 없어, 어린 나는 동그랗게 파문이 이는 물결에나 제 일그러지는 얼굴을 비추고나 있었더랬다.

사실 우물이 비춘 것은 내 못생긴 얼굴만은 아니었는데, 봄이면 때까치들을 불러 모으는 앵두며 포리똥의 그 다글다글한 붉은 열매들을 비추었고 혹은 몇 알을 받아들이기로 했을 뿐더러 기억도 안 나는 시절 더 어린 내가 산에서 꺾어다 심어 놓았는데 글쎄 죽지도 않고 해마다 탐스럽게 징그럽게 하얀 꽃을 토해내던 박태기꽃나무도 비추었다. 언제부터 묵었는지도 모를 장과 젓갈이 한가득씩 들어 있는 항아리들과, 그 장독대 한 곁에 아버지보다 나이 어린 막내 종조부가 수십 년 전에 심어놓았다는 할머니가 해마다 베어도 베어도 다시 싱싱하고 푸른 줄기를 쑥쑥 내밀어 장독대에 그늘을 만들던 새끼단풍의 끝텅과, 뒤란으로 벽을 잇대어 만들어놓은 외양간 슬레이트 지붕에 돋아나던 여리여리한 이름도 알 수 없는 버섯 무더기와, 그 외양간 벽 아래 축축한 흙자리 징글징글하게 제 푸르딩한 영역을 넓히던 우산이끼들과, 뒤란 너머 비탈진 산을 오르면 여름 아침 이슬을 날개에 달고 온 숲 이파리마다 붙어 있던 새빨간 고추잠자리들과, 어느 날 할아버지가 산에 나무하러 갔다가 잡아 와 푹푹 고아서 싹싹 발라먹고 난 뒤 그 껍질을 소에 한번 밟아 보라고 던져주었던 남생이 한 마리와, 또 어느 날 아버지가 어디선가 지게 작대기로 몰고 와 바구니 안에 가둬 뒀다가 또 언제 도망쳤는지도 모르게 사라져버린 고슴도치 한 마리와, 겨울마다 잡긴 잡아도 또 다음 겨울이 되기 전까지 온전히 집에 붙잡아두지 못했던 산토끼 몇 마리와, 이따금 찾아들어 우물가에서 고개를 앞뒤로 흔들거리며 물을 먹던 할미새와, 아침잠을 깨우던 다 셀 수도 없이 시끄럽게 떠들어대며 뒤란 이 나무 저 나무 그물치듯 옮겨 다니던 참새 떼와, 어스름 녘이면 서까래 틈에서 빠져나와 푸르스름한 저녁 하늘을 시커멓고 어지럽게 날아다니던 박쥐들도 비추긴 비추었다. 우물은 내가 서른이 다 되도록 비추고 비추고 비추더니 느닷없이 집과 함께 자취를 감춰버렸다. 마치 처음부터 아예 존재하지도 않았던 것처럼. 하니 그때까지 우물에 비치던 내 삶이 살았던 삶인지 아닌지 알지 못하게 되어버렸다.

한데, 그 어떤 삶 몇 개는 거기 비치지 못해 사는 것이었는지 혹은 죽은 것이었는지 혹은 꿈에서나 사는 것이었는지도 모르게 되어버린 시간의 한 술기도 있으니, 이를테면, 나는 꽤 말을 제법 나부릴 때까지, 어머니가 내 전에도 내 뒤에도 유산을 많이 해서 항상 젖이 돌았던 탓인지도 알 수 없이 하여간, 젖을 빨았더랬는데, 그 젖을 빨 무렵에도 어머니는 가끔 집에서 사라지는 일이 잦았더랬다. 그러다 아무 소식 없이 느닷없이 우물 쪽에 나타나 빨래를 하고 있었더니, 잠에 잠에 잠만 자던, 이제 막 걸음마나 겨우 하던 나는 부엌문을 넘어 우물가에서 꽉꽉 빨래를 주무르는 어머니 커다란 등을 발견하고는, 엄마 젖 좀, 젖 좀, 하고 엎드려 잠이 솔솔 아직도 내려앉아 떠나지 않은 눈꺼풀을 열고 말을 했더랬는데, 그때 어머니는 무서운 눈으로 나를 일별하고 다시 빨래를 주무르기에 열중만 하던 오후, 그런 때 같은 건 짐작하기로 우물이 비추지 않았을 것이라는 것이다.

또 한 물

내가 태어난 마을 이름이 조산이었고 아버지가 태어난 마을도 조산이었으나 내가 태어난 조산과 아버지가 태어난 조산의 터는 전혀 달랐다. 원래 조산은 저수지에 수몰되고 이름만 물 밖으로 올라와 본래 하말치라고 불리던 마을의 이름을 먹어치워 버리고 조산으로 불리게 되었다.(그 바람에 상말치는 '상' 자를 떼어버리고 그냥 말치가 되었다. 말치란 어림으로 짐작해보건대 '마을'의 다른 이름일 텐데, 일테면 그래서 '상말치', '하말치'는 윗말, 아랫말 정도로 번역되어 들리게 되었던 것이었으나, '상' 자를 떼어버린 말치는 그러므로 고유명사라기보다는 그저 보통명사화해서 이름의 맛이 영 심심해져버렸다는 또 다른 내력도 있다. 그 주변엔 희한하고 신기한 마을과 골짜기 이름이 있었는데, 열거하자면, 돌모랭이, 까창골, 안꾸서기, 옹달, 서당매, 애기테, 배남쟁이 등이다. 이 중 몇몇은 마을 이름이고 몇몇은 이름에서도 대충은 알 수 있듯이 골짜기 이름이고 또 몇몇은 집이 한 채나 두 채 겨우 있는 마을의 한 부분을 일러 부르는 이름이기도 하다. 몇몇은 뜻을 알 수 없지만 짐작해 볼 수 있는 것도 있으나 그 연원이 도대체 어디서부터 왔는지 도무지 알 수 없는 것이 거의 다여서, 뭐 뜻을 따지고 어쩌고 하기 전부터 이미 입에 익어온 것이라, 실은 그런 연원 따위는 생각해보지도 않고 불렀을 따름인데, 딱 한 번 이름에 대한 논쟁이 있었던 때가 있었다. 안꾸서기에 과부 하나가 서씨 제각을 지키며 살고 있었더랬는데, 웬 늙수그레한 사내 하나가 서씨 며느리 그 과부와 살러 그 조산 '안 구석'까지 들어왔던 때가 있었다. 뭐 그 과부 아들이 몇 년 만에 어머니를 보러 왔다가 그 사내 얘기를 듣고 안꾸서기 올라가는 길 초입에서 발길을 돌려 그 길로 다시 떠나버렸단 얘기는 할 것까지는 없고, 그 중늙은이 사내가 까닭도 모르게 까창골을 자꾸 까치골이라고 부르곤 하였는데, 마을 사람들은 그 서울식 지명 변경에 적잖이 반발심을 가지고는 있었지만, 그렇다고 그 속내를 내발기시는 못하고 있던 티였다가, 한번 동네 어른 하나가 울컥하며 소리치길, 까치골이 아니라 까창골이여. 어디 근본도 없는 이름을 갖다가는 까창골에 붙여대는 것이여? 했으나, 그 중늙은이 사내가 이름의 연원을 묻자 쭈뼛쭈뼛 대답을 못 하고 헹 하고 옷자락 퍼드덕이며 어물쩍 돌아서 버리는 바람에 그 이름 논쟁은 유야무야되고 말았는데, 그런 일은 드물고 드문 일이었다.) 조산이 수몰된 때는 1950년대 말이었다. 사람들은 그 공사에 동원되어 몇이 죽었다고 아이들 몰래 수군거렸는데, 그 수군거림에는 알 수 없는 비밀들이 숨겨져 있을 거라고 어릴 적에는 생각하다가 금세 말았다. 조산 마을 입구에는 비석이 하나 세워져 있었으니, 이름하여 토벌대장 비석이었다. 시멘트로 얼기설기 급하게 찍어낸 그 비석은 왠지 모르게 사람을 주눅 들게 하는 구석이 있었으나 새마을 깃발을 들고 등교하는 아이들에게 거기는 그저 입간판 같은 역할이나 하고 말게 된 지 오래였더랬다.

그 이름이 어기적어기적 기어 올라와, 하말치란 이름을 먹어버린 조산은 세 물길이 만나는 비옥한 땅이었다고 어른들은 전하곤 하였다. 물이 차고 조산 사람들이 다 물 밖으로 올라왔는지 어쨌는지는 알 수 없었는데, 그래서였는지는 몰라도, 저수지는 신비했더랬는데, 여름 아침, 다 허물어져 가는 봉분 몇 개 품고 있는 언덕 오솔길로 등교하다 보면, 물안개가 너른 수면의 여기저기서 피어올라, 그 물의 몸은 신령스러운 어떤 것이 되어 감춰지곤 하였는데, 그 물안개 틈 사이로 얼핏 보이는 검푸른 빛, 그 안으로 나는 자꾸 빨려만 들어가고 싶어졌더랬는데, 실은 할아버지와 아버지의 불화로 잦았던 집안싸움의 한 아침에는, 내가 죽어야지, 중얼거렸더랬는데, 내가 죽으면 그 모든 싸움의 고리를 끊어버릴 것 같아 그 검푸른 빛 안으로 뛰어들까도 몇 번이나 생각에 생각을 하곤 했었으나, 예의 그 언덕에서 그 심연을 알 수 없을 것 같은 물안개까지는 너무 멀어, 꿈 속 같으면 훌쩍 뛰어 거기까지 닿았겠지만서도(꿈은 자주 꾸어졌다. 마을에서도 맨 윗부분에 자리 잡은, 물론 안꾸서기는 우리 집보다는 훨씬 위였지만 거기는 그 서씨네 제각과 과부가 사는 집 한 채였는 데다 그 집은 저수지를 바라고 있는 것이 아니라 산 쪽 대숲을 향해 문이 나 있었으므로 저수지를 바라고 있는 집 중에는 가장 위쪽에 위치하고 있는, 우리 집 툇마루에서 뛰어오르면 마을의 집들과 논들을 낮게 미끄러지듯이 활공해 저수지 수면까지 닿는, 닿았다가는 그 검푸른 물이 가슴에 닿기 전에 마치 날개라도 되는 듯이 팔을 흔들어 활개를 치며 점점 위쪽으로 떠오르곤 하던 꿈 말이다.), 그러지는 못하고 힘겨운 발걸음을 옮겨 학교로 가곤 했었다.

여름이 되어 갈 무렵이면 저수지 한가운데 섬이 하나 생기기 시작했는바, 처음에는 결코 알아볼 수 없는 한 점이었다가 차츰 고목의 그루터기라는 걸 알게 되는 순간이 지나면 고목을 가운데 두고 섬이, 동그랗게 떠오르기 시작하는 것이었다. 노령산맥의 끝자락, 다 늙은 산이 검은 그림자를 드리우고서도 여름 섬이 생겨나는 것을 막지는 못하였다. 물이 빠지기 시작하면서 방학을 맞은 아이들은 물가 물풀들 사이를 쪽대 하나 들고 헤집고 다니면서 새우를 잡곤 하였는데, 토하젓을 담그고도 남을 만큼의 새우가 파닥파닥파닥 파닥파다닥 잡혔다. 저물 무렵 물풀들과 둑의 돌 틈 사이에 손을 넣어보면 우렁이가 한 부대에 담길 만큼 많이 잡히기도 했거니와, 장마 지나고 둑 뒤편 할미꽃과 패랭이꽃이 지천으로 흐드러지면 아이들은 수풀에 작대기짓을 해 개구리를 또 한 반 부대 정도 잡아 허리를 비틀어 윗몸은 떼어낸 뒤에 다리 쪽만 남겨 껍질을 벗긴 뒤 꼬챙이에 걸쳐 구이를 해 먹기도 했었다. 그때 아이들이 노래를 불렀는지, 저수지에 버려진 개구리들의 수많은 반만 남은 몸들이 어떻게 홀연 안 보이게 되었는지는 알 수 없게 되어버렸다.

 어느 장마 가운데, 잊을 수 없는 산빛, 코밑에 수염이 거뭇거뭇 나기 시작한 것은 이미 오래였고 수음쯤은 질리도록 할 나이가 되었을 무렵, 거짓말같이 비가 그치고, 황톳물은 개울을 따라 따라 빨래터도 허물어뜨리며 무섭게시리 저수지 쪽으로 흘러를 가고 있었더랬는 여름, 반짝 햇빛이 늙은 산 위에 비처 들고 보일 듯 말 듯 한 붉은빛이 저 건너에서부터 나를 향해 쏘아를 오고 있었더랬는데, 그 붉은빛 때문이었는지 나는 신들린 듯 저수지로 뛰어 들어갔다. 그렇다고는 해도 물속으로 뛰어든 것은 결코 아니어서, 물은 빠질 대로 빠져 섬은 언덕이 되고 언덕 아래 있었던 마을의 겨우 남은 형체들이 이미 드러나 있을 즈음인 데다가, 빠질 대로 빠진 물이 수문 근처에 고여 있었더래서 마을 어른들이 그 좁은 물속에서 파닥파닥 미처 젖은 바닥이나 돌 틈으로 숨어들지 못하고 겨우 숨이나 연명하고 있는 물고기들을 주워 건져간 지도 꽤 시간이 흘렀을 즈음이어서, 다만, 끌고 나온 슬리퍼에 잡아끌듯이 들러붙는 진흙쯤이나 그것이 저수지인지 알려 주는 그런 순간, 나는 물속에서도 물이 흘러간 자국을 따라 없는 마을로 달려가고만 있었으나, 그건 마치 제비 몰러 나간다 제비 후리러 나간다, 에서처럼 제법 박자를 갖춘 발걸음이어서 생각건대 얼굴은 신에 들리고 발걸음이 또한 그러하니 오묘하고 기묘한 모양으로 가고 있었던 모양이다. 본 것은, 유년에도 이후에도 결코 눈여겨보지 결코 않앉던 것이었으니, 여직도 물이 똑 퍼내기 좋을 만큼만 고여 있는 공동우물과, 마을의 나이를 짐작도 못 하게 맹글어버리고 마는 고인돌과, 수십 년 물에 잠긴 것치고는 꽤 멀쩡한 담장과 장독대와 깨어진, 심지어 아직 반이나마 남아 장독대에 기대서 있는 항아리와 절구통과 토방과 주춧돌과 툇마루의 잔해와 그릇들과 상처 하나 없는 요강과 무엇보다 아직 선명한 길과 다 쓸려가지 못한 세간들과 마을 위를 둥둥 떠 날아다녔을 기왓장들과 논과 밭과 같은 것이었더랬다.

죽어 수장된 마을이 내게 무슨 신호를 보내었는지는 알 바 아니었지만, 미친 듯이 샅샅이 밥도 굶고 마을 훑고 다닌 시간이 하루가 다 되어 해가 뉘엿뉘엿 안산으로 지고 땅거미가 깔리기까지였다는 것이, 순간, 신기했더랬다는. 돌아와서는 방바닥에 엎드려 종이에 술술 무엇을 쓰는지도 모르게 써재껴 내려갔는데, 나중에 그건 몇 편의 시가 되었는지 어쨌는지 알 수 없고, 그건 내가 쓰는 것이 아니라 누군가에게 몸을 빌려주어 누군가의 생각과 말을 나도 모르게 받아적고 있는 것인지나 아닌지 생각할 정도로 넋이 저만치 달아나 좀체 돌아오지 않던 날이었더랬다. 그날 수음을 했는지 안 했는지는 알 길 없고 수음 끝에 다시 큰비가 내려 마당에 깊은 웅덩이를 만들었는지 어쨌는지도 또한 알 길 없고. 도시 사람이 와서 저수지 물이 이상하게 분 날, 그때만 해도 귀했던 튜브를 타고 저수지로 들어갔다가 빠져 죽을 뻔한 것을 마을 사람 하나가 들어가 구해 와서는 가슴을 짓이겼더니 꼴락꼴락 물을 토해내며 겨우 살아나서는, 누군가 아래로 끌어 잡아당기더라는 얘기를 허허로이 눈동자를 잃어버리고 해서 사람들이 거기 물귀신이라도 사는 게 아닌가, 하고 두려운 눈으로 물을 바라보았던 어리고 어린 시절의 어렴풋한 기억을 떠올린 건 한참 뒤였더랬다.

 그곳은 또한 어머니가 저수지 둑 옆으로 난 길까지 어두워지며 따라와 매달렸는데도 여린 내 손을 뿌리치며 하얀 치마 휘날리며 꽉 조여 묶은 새까만 머리를 찰랑거리며 그, 대낮에도 도깨비가 나온다는 대산 모퉁이를 돌아 뒤도 안 돌아보고 집을 나가던 어머니를 따라온 할아버지 손에 붙들려 울며불며 부르고 부르던 내력도 숨어 있었던 것인데, 그때 노을은 살모사 새끼처럼이나 하늘의 한 귀퉁이 살을 베어먹고 베어 먹고나 있더라는, 그런 어둠도 조금쯤은 스며들고 드는 것이어서.

그 사이
주저리주저리 늘어뜨려 본 것은, 본래 간명한 논리로 설명을 하기도 어려운 사람이려니와 말이 한번 흘러나오면 자의로 쉽게 멈춰지지를 않아서 여름날 엿가락 늘어나듯 늘어나 본 것인 이것 말씀인데, 시론도 뭣도 아닌바, 그저 내 시가 처음 태어날 무렵의 이미지들의 마구잡이로 섞인 혼돈스럽기 짝이 없는 한 덩어리 혹은 시가 태어나 그 스스로가 내게 제 근본을 물을 때 대답해줄 요량으로 마련한 대답 같은 것이다. 기실 내 시는 지금 와 저 두 물로 미뤄보아 또한 마련해 보건대, 저 두 물 사이에 있는 듯이 보인다.

  시인 안상학이 사주를 보아 주었는데, 내 사주는 을목이라 하여 오월 잔디 같다고 해서 물이 그리운 사주라고도 했거니와, 사실로 저 두 물은 나뿐 아니라 내 조상의 조상의 조상의 삶에서부터도 흘러를 오거나 넘치거나 스며들어 온 것이어서, 굳이 따져 붙이자면 나를 이뤄왔던 원형들의 총체라거나 같은 그럴듯한 말로 포장할 수도 있을 것도 같은데, 그 시간성을 지워버리고 나면 그들 또한 나를 살고 나 또한 그들을 살며 또 또한 태어나지 못한 또 다른 나들의 삶을 미리 대신 살아버리기도 할 것도 같고 지금 여기는 그들의 거기를 거쳐서 여기 또 거듭 어찌 태어나는가도 면밀히 관찰해볼 일이다.

  사이사이로 나는 간다. 무엇이 될지도 모르게, 그런 것조차 괘념치 않고 종래에는 그만 사이로만 남을지언정, 가긴 간다. 말이 불러 말에 손목을 잡혀 말에 이끌려 허위허위 그 말 노래처럼 몸에 붙어 잘 안 떨어지도록, 몸이 말이고 노래이기까지, 노래가 다시 몸이고 말이기까지, 다만,

계간 《서정시학》 2006년 가을호

기억에 대해 이야기해 보랴?

기억에 대해 이야기해 보랴? 어떤 놈은 양 눈이 제대로 붙었으나 눈꺼풀이 없고 어떤 놈은 한쪽 눈이 곪아 애꾸눈이고 어떤 놈은 느자구 없이 머리 가운데도 아니고 가운데서도 외악 쪽으로 비켜 뿔이 솟았고 거참 볼썽사납고 어떤 놈은 아예 머리 한쪽이 무너져 있고 어떤 놈은 그나마 팔다리가 무사히 붙어 덜렁거리나 어떤 놈은 팔다리 성기도 없이 몸으로 온 바닥을 쓸고 닦고 기어오고 생김생김이 이러하여 오오 나는 무서워서 눈도 못 뜨나 눈꺼풀 안쪽으로도 그놈들은 절뚝거리며 비칠거리며 겨우 몸을 가누며 비집고 들어오는 것인데, 그놈들은 나를 기어이 잡아먹으려는가 잡아먹었다가 소화액까지는 아니고 끈적끈적 타액을 온몸에 묻혀 나를 토해놓으려는가 그것도 아니면 쪽쪽 내 체액만을 빨아먹고만 말 것인가 하는, 그래서 그놈들은 나더러 어쩌라고 저러는 것인가 하는, 하필 기억이 그렇게 밀어닥칠 때 그 싸가지 없는 시간이란 놈은 또 어디를 가서 계집질에나 골몰하는가 하는, 그런 싶기도 하고 안 싶기도 한, 헤헤헤 웃다

흑흑 끄윽 울다 불다 하는 밤은 말이지, 쓸데도 하나 없이, 이렇게 말만, 영양가라고는 찾아볼 수도 없이 주루룩 설사병에나 걸린 듯이, 몸도 정신도 소진해가며 말이지, 그 말만에 더해 심상까지를 소비하고 소비하고 있는 밤이라는 말씀인데, 지금 이 순간도 분명 그럴 것이라 믿어 의심치 않고 있다는, 고로코롬 되게 되어버린, 이제는 어찌할 수 없는 기억에 대해 허 참, 이야기해 보랴? 하라니 또 한 번 '주책없이'를 무릅쓰고 이야기해 볼작시면,

아들은 염병에 걸려 고열에 시달리며 방 한구석에 누웠는데, 아버지란 사람은 몇 년 한데를 떠돌다 돌아와 그냥 멀쩡히는 당연히 아니고 등에 온통 등창이 난 채로 돌아와 돈푼깨나 모아왔는지, 왔으나 그런 돈은 지어미나 얼굴도 잘 모르는 자식들한테는 소용될 리는 없고, 마을 아이들을 죄다 모은 것도 모자라 옆말 윗말 아랫말은 말할 것도 없고 집이 두서너 채밖에 안 되는 서당매 응달 아이들까지 모조리 모아 세워놓고는 눈을 부리리며 뻿센 수염을 쓰다듬으며 등창은 감추고 아무렇지도 않은 듯이 하는 말이, 온 동네 까치집을 모아오면 돈을 주마, 호통도 아니고 부탁도 아니고 그렇다고 거스를 수도 없는 그런 말이렸다.

아이들은 흩어져 온 마을 온 길 온 산의 까치집이란 까치집은 죄다 모아왔는데, 까치에 쪼여 피딱지 이마에 피딱지 앉은 아이도 있고 우듬지에 오르다 팔 부러진 아이도 있고 그 모양이 가관이었것다. 까치집의 모양을 온전히 갖춰 온 아이는 드물고 두 동강은 일쑤고 세 동강 네 동강 낸 까치집

을 들고 온 아이에 마른 나뭇가지에 진흙을 버무려온 것이나 다름없는 조각 하나를 들고 까치집이라고 우기는 녀석에, 척 보기에도 할미새 둥지로나 보일 것을 들고 와서 손을 벌리는 놈까지 마당은 땟국 줄줄 흐르는 아이들로 가득 찼더라. 돈을 얼마를 주고 얼마를 깎고 또 얼마를 안 주었는지는 몰라도 그 아비는 까치집이라고 생긴 걸 죄 모아 한 솥에 붓고 그걸 고아 마시고 마시고 했더라는데, 그것 때문인지는 확인할 길 전혀 없으나 등창이 나았다나 어쨌다나.

헌데, 그와 동시에 착한 딸 하나는 아버지야 법석에 야단을 떨든 말든 제 오라비만 걱정이어서 어디서 주워들었는지는 몰라도 돌나물 물김칫국물이 염병에 좋다는 말을 흘려만 듣지 않고 와서는 들에, 길에, 담 틈에 난, 이제 봄도 늦봄이라 다 쇠어 가고 있는 돌나물을 뜯어다가 어미 몰래, 어미가 무엇을 경계하였는지는 알 수는 없으나 그 어미 또한 집 앞에서 몇 발자국 걸어간 뒤 등 뒤로 도끼를 던지는 일 따위의 비손에는 일가견이 있었더라는 이야기를 들은 것은 후일의 일이라 그때는 그때대로 사정이 있었다는 것만 짐작할 뿐이지만, 아무튼 항아리에 물 붓고 돌나물 물김치를 담아 땅에 묻어 익혔다가 몸도 이제는 못 가누는 제 오라비에게 떠먹여 주었더라는데, 아 글쎄, 어미 몰래 먹인 그것 때문인지는 또한 전혀 알 수는 없으나, 오라비도 그예 기운을 차렸더라는 이야기.

이를테면 이런 기억. 이건 고모할머니의 기억이다. 허나 이 기억이 나로 하여 무슨 이야기를 지껄이게 할는지는 모른다. 시절도 시대도 까마득하여 정말로 그런 일이 벌어졌는지, 그게 수몰된 마을 안쪽에서 일어난 일이었는지 바깥쪽에서 일어난 일이었는지 안 물어봤다. 하긴 고모할머니가 최초로 내게 그 이야기를 했을 때도 이미 몇십 년 전 — 설마 몇백 년 전 일이기는 하겠는가마는 나는 꼭 그것이 몇백 년 전쯤의 이야기로 자주 들리곤 하는데 — 에 있었던 일이었는지라 과장되고 조작된 기억이기도 하려니와 내가 시방 내 입으로 얘기하는 이 모양도 고모할머니한테서 들을 때와는 똑같지는 않게 빠지고 더해지고 했을 것이니 그걸 기억이라고 말해야 하나 꾸며낸 거짓부렁이라고 지껄여야 하나도 여간 헷갈리는 게 아니지만, 그건 어쨌든 제가 기억이라고 우기는 모양이니 그렇다고 해 줄 수밖에. 하, 그런데, 내가 태어나기도 내 아버지가 태어나기도 훨씬 전의 남의 기억이 내게서 이렇게 생생한 건 또 무슨 조화일 거나.

기억은, 생김은 그러하여도 새끼 치는 일에는 능하여, 좀 전의 기억 속의 그 아버지가 또 훨씬 선에 또 한데를 떠돌다 돌아와 보니 빈집 마당에서 흙장난하며 하다 지치면 그 흙을 주워 먹고도 하면서 여름 한낮 햇살 아래 조용히도 혼자 놀고 있어서 말 붙여볼 양으로 네 어미 어디 갔냐 하니 아이 멀뚱거리며 밭매고 있다 해서 앞장서라 하니 그 조그만 아이 맨발로 고개 하나 넘어가 제 어미에게 어매, 어떤 아자씨가 어매를 찾네, 하더라는, 해서 어미가 보니 네 살 난 아들 앞세우고 지아비가 비렁뱅이 꼴을 하고 한 오 년 만에 실실 웃으며 걸어오더라는 이야기는, 우리 증조할머니에게서 우리 고모할머니에게 전해져서, 또 이 나에게 전해진 사정이 있는 기억이다. 꿈에 길가 담장 너머로 뻗어 나온 감나무에 감이 실하게 달려서 그 감 따려고 발돋움을 했는데, 오직 감 하나만 따지더라는 이야기는 우리 할아버지의 기억이다. 그 뒤로 우리 아버지밖에는 자식을 보지 못했다는 기이한 태몽이다. 머리 곱게 땋고 어느 봄날 툇마루에 앉아 엄마 배가 아프네 배가 아프네 했다가 해 저물기 전에 죽었다는 여동생의 이야기는 우리 어머니의 기억이다. 첫째 부인이 하도 사나워 쫓아내고 어디서 어여쁜 처자 하나 데리고 왔는데 밥상머리에서 찬도 제대로 구별 못 하여 보니 소경에 가깝게 눈이 나빴고 그때 안경이 있을 리 만무하여 그 길로 친정에 쫓아버린 내력이 있는 시동생은 국군으로 참전해 시체도 못 찾게 되어버렸다는 이야기는 우리 할머니의 기억이다. 아침나절에 우리 증조할아버지 주렁 짚고 한길을 따라 나가 영 안 돌아와 찾아보니 길섶에 외상 막걸리 자시고 쓰러져 계셔서 우리 할아버지하고 고모할머니하고 부축해 모셔오던 이야기는 우리 할아버지의 기억인지 우리 고모할머니의 기억인지 내 기억인지 확실치 않다.

이놈의, 이 기억이란 놈의 새끼들, 그래서 날더러 어쩌란 말인가. 그렇다고는 해도 이 기억이란 놈의 새끼들을 죄다 죽여버리고 나면 내 몸은, 내 말은 무엇이 남을까. 빈 껍질만 늘어져 질질 끌고 다니지나 않을까 하는 불안에 떨쳐버리지도 못하고 나는 잡아먹히고 또 토해지고 끈적끈적 침이 나 몸에 말에 묻혀 가지고 그러기를 삼십몇 년 하고 있질 않은가.

얼마 전 이와이 슌지의 〈하나와 앨리스〉라는 영화를 보았는데, 영화를 이끌어가는 풍경은 순정만화 같더라만, 곰곰 들여다보니 그건 기억에 관한, 두 주인공이 기억을 조작하고 만들고 부풀리고 하는 기억의 한 놀음이더라. 멀쩡한 학교 선배를 부분기억상실증으로 꾸며, '하나'는 지금 사랑하는 사람이 되고 '앨리스'는 예전에 사랑했던 사람이 되어 미묘한 감정을 불러일으키는데, 실은 사랑은커녕 '하나'와 학교 선배는 말도 제대로 섞어본 적 없는 사이였더라. 희한한 건 끊임없이 의심하면서도 그 꾸며진 기억을 자기 기억으로 서서히 믿어버리게 되더라는 것인데, 〈하나와 앨리스〉는 조각 기억을 맞추며 기억의 불완전성을 드러내던 영화 〈메멘토〉와는 또 다르게, 기억이란 결국 꾸미는 게 아닌가, 그것이 자신에게서든 타인에게서든 꾸미지 않은 기억이란 있는가, 그것이 불완전한 말을 입어 밖으로 뱉어져 나오는 데는 더 말해 무엇 하겠는가, 하는 그러한 생각에 골몰하게 하더라는 말이지.

나도 내 기억을 꾸며본 적이 있는데, 그건 도시에서다. 이따금 내가 공중전화부스에서 전화를 기다린다는 걸 꾸며내, 그렇게 나도 모르는 사이 믿어져 버린 기억인데 말씀이야, 스물대여섯 살 무렵이었댔나, 하루는 친구들과 술을 먹으며 내가 술 먹으면 그런다는 이야기를 했는데 글쎄 정신을 차리고 보니 나 혼자 공중전화부스에서 깨어났지 뭔가. 깨어났다 잠들고 깨어났다가는 잠들고, 그사이 누군가로부터 올

전화를 기다리고 그랬다가는 마침내는 그 비좁은 유리문 안쪽에서 한겨울 밤 덜덜 떨며 잠들었더니, 지나가던 택시기사가 착하게도 나를 깨워 집까지 태워다 주었더라는 그래서 그 겨울 얼어 죽지도 않고 살아서 이렇게 씨부렁거리고 있다는 기억은 물론 내 것이지. 내 것이고말고. 아 내 것 맞다니까 그래쌌네 그려. 내 것이 아니면 그럼 누구 것이여? 말해 보랑게. 자네 것이라고? 허허, 참 참 별 희한한 일도 다 있네. 뭔 기억이 돈 주고 사고파는 것도 아닐진대 그래서 내가 자네한테 돈 주고 산 기억도 아닐진대 혹은 뺏어 올 수 있어서 내가 뺏어 온 것은 더더욱 아닐진대 어찌 이것이 자네 것이라고 우긴단가? 응? 에이 그려, 정 그러면 자네 거 하소. 까짓 거 대신 이 머리 한쪽 무너진 놈이 자넬 괴롭혀도 난 책임 못 지네. 뭐? 내가 왜 책을 져? 네 것이람서? 히힛, 이런 말놀음도 하고 논다는데, 쯔쯔쯔.

  이야기는 더더욱 그렇거니와 시에서도 기억은 분해되고 재구성되고 조작되고 하는 법이라 어떤 놈은 양 눈이 제대로 붙었으나 눈꺼풀이 없고 어떤 놈은 한쪽 눈이 곪아 애꾸눈이고 어떤 놈은 느자구 없이 머리 가운데도 아니고 가운데서도 외악 쪽으로 비켜 뿔이 솟았고 거참 볼썽사납고 어떤 놈은 아예 머리 한쪽이 무너져 있고 어떤 놈은 그나마 팔다리가 무사히 붙어 덜렁거리나 어떤 놈은 팔다리 성기도 없이 몸으로 온 바닥을 쓸고 닦고 기어 오고 하는 생김생김을 실은 내가 그렇게 해놓은 것이어서, 이쯤 되면 기억들이 나에게 죄를 물을 법도 하지만, 내 무슨 조물주도 아니지만,

여태까지는 내가 손(말)에 의해 다시 만들어지는, 그래서 새로 태어나는 제 생김의 입성을 그리 탐탁히 여기는 놈은 없는 듯하여, 그것들을 떼고 붙이고 조몰락거리고 하는 것이렷다.

한데 문제는 그 꾸며진 기억들로 정작 나는 갈수록 없어져버리더란 말이지. 나는 아예 없었나 하고 의심하는 순간이 늘어갈수록 더더욱 그렇더란 말이지. 또 어떤 때부터는 내 의지보다는 그놈들의 의지가 제 새로운 모양을 만들어버리는 그런 낌새도 가끔 있었더랬는데, 그런 낌새는 낌새로나 끝나지 않고 낌새에 낌새가 합쳐져 이젠 대놓고 제놈들이 내 손을 움직거려 제 모양을 만들고 있더란 말이지.

어느새 나는 그놈들로부터 감시받고 추궁당하고 조리돌림 당하고 이제 빠져나올 수 없게 되어버린 것이어서, 헤헤헤, 나는 그놈들을 한곳에 모아 죄 태워 없애버릴 궁리를 몰래 아주 조금씩 하고 있는데, 그놈들은 여간 눈치가 빠른 놈들이 아니어서, 어떨 때는 이렇게 설사병에나 걸린 듯이 질질질 흘러나오게 하기도 하지만 어떤 때는 오래 묵은 변비처럼이나 똥구멍이 찢어져도 안 나오기도 하는 것인바, 놈들의 계략은 말이지, 설사와 변비를 불규칙적으로 부정기적으로 내게 들씌워 나를 혼란에 빠뜨리려는 수작이지만, 클클클 내가 그리 쉽게 당할 리 있겠는가. 나도 나름으로 지사제와 설사약을 구하려고 백방으로 수소문하고 있다 이 말이시……

아, 아니, 그런 일은 절대 없을 것이구만요. 감히 내가 어떻게 태울…… 수…… 저는…… 그저…… 없는 것이나……
어흐흑,

　(꿀꺽!)

　또 기억에 대해 이야길 해 보랴? <u>ㅎㅎㅎㅎㅎ</u>.

계간《한국문학》2007년 여름호

혼돈과 실재의 복원
정동의 리듬 리듬의 정동

3부

쓰기의
망각
속으로

시론

혼돈과 실재의 복원*
환상적 알레고리의 시학

첫 시집에 나는 〈시를 위한 흐물거리는 각주〉를 '시인의 말'로 실었다. 원래는 시론으로 문예지에 발표했던 글이다. 그 글에서 나는 내 시의 기원적 감각과 문제의식을 풀어냈다. 이른바 2000년대 시에 가해지는 비판에 대해 나름의 해명이 필요했다. 확실히 〈시를 위한 흐물거리는 각주〉 이후 발표한 시론들을 쓰게 된 것은 외부의 압력 때문이다. 그러나 이 글에는 내적 압력이 작용했다. 시론을 예비하거나 시론을 의식하고 시를 쓰지는 않았지만, 두 번째 시집을 출간하고 나서 첫 시집부터 견지해 온 언어적 태도가 어떻게 창작 방법론으로 내 시에 자리 잡아 왔는지 들여다봐야겠다고 생각했다. 지금껏 써온 시들을 사후적으로 분석하고 정리할 필요를 느꼈다. 그 흐름을 살펴본 뒤에 이르게 된 명명이 '환상적 알레고리'이다.

---

*   이 글은 필자의 석사학위논문 〈환상적 알레고리의 표현 양상 연구〉(중앙대 대학원, 2012)를 수정해 시론으로 재구성한 것이다.

1.

'환상적 알레고리'는 환상을 표층으로 한 알레고리를 가리킨다.(홍순애, 2009) 다른 알레고리가 사실적 대상을 표층으로 삼는 데 비해, 환상적 알레고리는 비사실적 대상을 알레고리의 표층으로 삼으면서 세계의 실재를 드러낸다.

> 그리 깊지도 않은 내 몸 속 어딘가에 현악기가 하나 들었나 봅니다 밤이 되면 텅 빈 내 몸은 커다란 울림통이 되고, 차고 딱딱한 어둠으로 가득 채워지지요 좀처럼 들여다볼 수 없는 어둠들은 늘 따로따로 제 울음이 깃들 현들을 더듬거린답니다 소리를 찾지 못한 어둠들은 가끔 눈이 되어 내리기도 하구요
> 　　　　　　　　　　　　　　—〈이월〉부분

> 사내는 어느 밤 길을 잃었다 길이 한 번 그를 뱉어내자 골목도 가로등도 보이지 않게 되었다 그를 뱉어낸 것이 길의 주둥이인지 길의 똥구멍인지 사내는 알지 못했다 길을 벗어나자 그는 축축해지고 금세 짓물러졌다 모든 단단한 것들은 길 위에 있다 […] 사내는 배를 움켜잡았다 멈추지 않는 웃음소리는 그러나 사내의 입 밖으로 흘러나오지는 않은 채 사내의 몸 곳곳으로 퍼져나갔다 웃음소리 때문이었는지 사내의 몸이 길고 가늘어졌다 사내는 덩굴이 되었다 푸른 비늘 같은 이파리들이 사내의 몸을 덮었다
> 　　　　　　　　　　　　　—〈푸른사내덩굴〉부분

앞의 시는 나의 등단작이다. 다소 감상적인 면을 지니고 있긴 하지만, 뒤의 시와는 방법론적으로 차이를 보인다. 〈이월〉은 '이월'로 상징되는 화자의 내면에 자리 잡은 우울을 현악기라는 은유적 사물을 통해 풀어낸 시이다. 이 시의 "웅크린 악기의 둔중한 떨림"이나 "불협화음으로 솟구치는 새 떼들의 날갯짓" 같은 표현 역시 화자의 감정에 대한 은유이다. 제목과 시의 본문이 은유적 관계를 형성하면서 젊음의 내면에 자리한 우울을 형상적으로, 재현적으로 드러내고 있다.

반면 〈푸른사내덩굴〉은 하나의 이야기 구조를 가지고 있다. 거칠게 요약하면, 한 사내가 길을 잃고 덩굴식물이 된다는 이야기이다. 이 시의 '상황'*은 전혀 현실적이지 않다. 이 이야기는 '불가능한' 이야기이다. 사실적 대상의 재현적 형상화가 전혀 이루어지지 않고 있다는 면에서 이 이야기는 환상이다. 그렇다면, 이 이야기는 무엇을 드러내는가.

이 시의 이야기는 이야기 그 자체로 아무런 의미가 없다. 이야기는 이야기 뒤에 숨겨진 또 다른 이야기를 지시한다. 길에서 추방된 자의 파국적 운명이 드러내려고 하는 것은 결국 견고한 세계의 위선과 불완전성이다. 이처럼 이 환상

---

* "알레고리의 상위 영역에서는 대개 의인화되어 운동하는 관념이 움직이기 때문에, 문학적 알레고리에서는 상황이 결정적인 요소가 된다. … 가시적인 것이 알레고리의 일차적인 지평을 지배하는데 이때 상황은 복잡성과 역동성이라는 의미에서 가시적인 것의 확대이자 활성화를 이루게 된다."(Vera Calin, 1975; 김누리, 2003 재인용)

적인 이야기가 그 자체를 지시하지 않고 또 다른 이야기를 지시한다는 점에서 이 시를 알레고리로 볼 수 있다. 환상을 표면으로 삼은 환상적 알레고리 시이다.

　나의 모든 시가 환상적 알레고리를 고수하고 있는 것은 아니지만, 등단 이후 창작한 많은 시에서 환상적 알레고리는 하나의 방법론으로 자리 잡고 있다. 위에 인용한 두 편의 확연한 방법론적 차이에서도 알 수 있듯이, 내 시는 은유보다는 환상과 알레고리에 골몰해온 것도 사실이다. 첫 시집과 두 번째 시집을 거치면서 의도적이든 그렇지 않든 내 시 세계의 환상적 알레고리의 양상도 조금씩 변모하고 있다.

　그러나 나의 시에 대한 '환상적 알레고리'라는 명명은 어디까지나 사후적인 것이다. "시인은 제가 쓰는 것이 알레고리라는 것을 알지 못한다".(황현산, 2010) 그동안 나는 세계의 매끈하고 완벽한 피부를 시 속에 재현해 '아름다운' 유토피아적 가상을 만드는 데는 관심이 없었다. 세계의 틈새에서, 겨우 얼굴을 보여 주는 환상의 조각들을 모아 또 다른 조각난 얼굴로 이어 붙여 시를 창작해 왔다. 그리고 그것이 이 세계의 실재는 아닌가, 하고 거듭 질문할 뿐이다. 따라서 '환상적 알레고리'라는 규정은 그 질문들이 있고 난 뒤에 그 질문의 방식에 붙이는 '이름하기'(진중권, 2003)와 다름없다.

　'환상적 알레고리'라는 명명이 사후적이라는 것은 또한 시의 창작 과정과도 연관이 있다. 시 창작은 그 과정에서 시론을 기획하지 않는다. 보들레르가 "모더니티는 일시적인 것, 우발적인 것, 즉흥적인 것으로 예술의 반이며 나머지 반은 영원적인 것과 불변적인 것"이라고 말했을 때, 일시적이고 우발적이고 즉흥적인 것은 미적 근대가 지닌 순간성에 관한 것이기도 했겠지만, 다른 한편으로 근대적 창작 과정의 특성을 드러낸 것이라고도 할 수 있다. 나의 창작 과정 역시 일시적이고 우발적이고 즉흥적인 것에서 자유롭지 못하다. 그러므로 그 '일시'와 '우발'과 '즉흥'에 '환상적 알레고리'라는 방법론이 의식적으로 예비되었다고는 말하기 어렵다.

환상적 알레고리라는 명명은 결국 창작물이 내재한 우연성의 결과라고 할 수 있다. 그리고 이는 얼마든지 다른 이름으로 규정될 가능성을 내포하고 있다.

작품은 언제나 어떤 우연한 계기에 사로잡혀 있게 마련이다. 이런 특수한 우연성을 원칙적으로 필연적인 것으로, 따라서 불가피한 것으로 인정하는 것, 그것을 반성의 엄격한 자기한정을 통해 인정하는 것이 바로 형식의 기능이다. 실제적, 즉 규정적인 반성, 자기 한정이 예술작품의 개별성과 형식을 이룬다. 왜냐하면 [⋯] 비평이 모든 제한의 철폐가 되기 위해서는 작품이 이에 근거하고 있어야 하기 때문이다. 반성이 더 완결적일수록, 작품의 형식이 더 정확하면 정확할수록, 그 형식을 더 다양하고 집중적으로 자신에게서 벗어나게 하며 원래의 반성을 해체하여 더 높은 반성에로 나아가게 하는 방식으로 진행해나가는 과정에서 비평은 자신의 임무를

완성한다.(Walter Benjamin, 1991; 김동훈, 2007 재인용)

'환상적 알레고리'라는 형식은 결국 창작 과정의 특수하고 개별적인 우연성을 원칙적이고 필연적이며 불가피한 것으로 인정하게 만들기도 한다. 따라서 '환상적 알레고리'는 결국 나의 작품이 보이는 '규정적인 반성'이자 '자기 한정'일 것이다. 그러나 "반성이 더 완결적일수록, 작품의 형식이 더 정확하면 정확할수록, 그 형식을 더 다양하고 집중적으로 자신에게서 벗어나게 하며 원래의 반성을 해체하여 더 높은 반성에로 나아가게" 하듯이, '환상적 알레고리'는 결국 나의 작품을 더 높은 반성으로 나아가게 하는 역할을 하는 게 아닐까. 그 반성은 작품에 대한 반성이면서 동시에 세계에 대한 반성이면서, 결국, 그 '환상적 알레고리'라는 '자기 한정'을 넘어서는 일은 또한 아닐 것인가.

2.
알레고리allegory의 어원은 allegoein(다르게 말하다)으로 allos(다르다)+agoreuein(말하다)에서 비롯되었다.(J. Hillis Miller, 1989; 홍순애, 2009 재인용) 알레고리는 구조적·표면적으로는 완결된 하나의 이야기인데, 이것이 다른 의미를 숨기고 있는 경우를 일컫는다.(권혁웅, 2010)

알레고리는 아리스토텔레스의 《시학》에서 시적 표현에 대한 변호로서 이용되었고, 이후 기독교 성서에서는 구약의

사건과 신약의 사건을 연결해 해석하면서 저급한 수사적 방법으로 인식되었다.(홍순애, 2009)

괴테에 따르면, '특수한 것에서 보편적인 것을 찾는' 상징은 시문학의 본령을 이루지만 '보편적인 것으로부터 특수를 찾는' 알레고리는 수사에 불과했다. 즉, 상징에서 특수자는 보편적인 것의 매개가 되지만 알레고리에서 특수자는 보편적인 것의 범례로만 나타난다는 것이다.(발터 베냐민, 2009) 코울리지에 의해 외부세계와 시인의 영혼을 융화시키는 '마술적 힘'으로 재차 격상되면서, 낭만주의 시대에 상징은 그 지위의 정점에 도달한다. 반면, 알레고리는 이후 거의 2세기 동안 "미학적 일탈의 현상이자, 예술과 정반대의 명제"(크레크 오웬스, 1991)로서 부정되어 왔다. 한스 게오르그 가다머에 따르면, 알레고리가 "지시하는 것 signifiant이 지시되는 것 signifié을 그 자체에 담고 있지 않고 단지 규약을 통해서만 의미가 전달되며 '지시하는 것과는 다른 것'을 의미하는 것이기 때문에, 그리고 보편적 의미가 약속된 특정한 형태에 한정되어서만 표현이 가능했으므로"(송승환, 2010) 그처럼 평가절하의 과정을 겪을 수밖에 없었다.

상징에 대한 알레고리의 폄하는 비교적 현대의 이론가에게서까지 보인다. 폴 리쾨르는 "알레고리는 일단 그 역할이 끝난 다음에는 삭제할 수 있는 수사적 절차에 불과하다. 사다리를 오른 다음에는 그 사다리를 내려버릴 수 있는 법이다. 알레고리는 교훈적 절차일 뿐"(폴 리쾨르, 1998)이라고 말했다. 그가 보기에 알레고리는 상징의 빈약한 그림자에 지나지 않는다.

알레고리가 "예술적 기법이자 예술적 태도이며, 예술적 생산 과정이자 예술적 수용 과정"(크레크 오웬스, 1991)으로서 중요하게 재검토되기 시작한 것은 발터 베냐민에 의해서이다. 베냐민은 《독일 비애극의 원천》에서 상징 우위의 미학에 담긴 역사적 낙관론과 총체성이라는 거짓된 '가상'에 대한 의존을 동시적으로 비판하며 알레고리에 새로운 위상을 부여한다. 그는 상징이 내적 완결성과 유기적 총체성의 구현에 대한 믿음에 기초한 것이라고 비판하면서, 이와 달리 알레고리는 유기적 세계가 붕괴하는 곳에 생기는 파편들로부터 의미의 연관을 읽어내는 방법이라고 설명한다.

> 예술 상징, 조형적 상징, 유기적 총체성의 상과 더 극단적으로 반대되는 것을 상상할 수 없다. […] 알레고리적 직관의 영역에서 이미지는 파편이고 룬Rune 문자이다. 그 이미지의 상징적 아름다움은 신학의 빛이 그 위에 닿을 때 증발해버린다. 총체성의 거짓가상이 사라지는 것이다. 왜냐하면 그 안에 든 형상Eidos은 꺼져버리고, 비유는 시들며, 우주는 말라버리기 때문이다. 남는 것은 건조한 수수께끼 문자들이고, 그 속에 혼란된 상인 신체, 아름다운 신체에서 부자유, 미완성, 쇠약함을 보는 것은 의고전주의擬古典主義가 할 수 없는 일이었다.(발터 베냐민, 2009)

요컨대 베냐민이 말하는 알레고리는, 상징의 세계에 포섭

된 자유와 완전성, 아름다움으로서의 총체성에서 벗어나 있는 세계의 파편들로 세계를 재구성한다. 즉, 부자유, 미완성, 추로서 역사의 실재를 드러낸다. 그것은 완전한 '가상'이 추구하는 "영원한 삶의 과정이 아니라 끝없는 해체 과정"(진중권, 2003)으로서의 역사이다.

알레고리에 관해서는, 1980년대 이후 한국시에서도 드물지만 꾸준히 논의되어 왔다. 2000년대 들어 한국시에 나타난 알레고리 분석은 좀 더 갱신된 알레고리의 의미로 정교화됐다. 2000년대에는 특히, 2000년대 작품 활동을 시작한 몇몇 젊은 시인들의 알레고리적 창작방법론이 주목받았다. 황현산은 본질주의 시와 2000년대 미래파 시의 갈등은 "상징과 알레고리의 싸움"이라고 진단한 바 있다.

알레고리는 질서 속에 혼란을 창조한다. 문제는 이 혼란인데, 삶의 비극성뿐만 아니라 새로운 가능성도 이 혼란 속에 있기 때문이다. 알레고리는 그 파편적 성질을 이용하여 현실의 고리가 끊어진 자리에서 미래의 한 점을 향해 정신을 투기하고, 논리적으로 현실의 조건이 아직 성숙하지 않은 자리에서 그 현실의 질적 변화를 전망한다. 굳어진 현실이 한 치의 빈틈도 내보이지 않고 말이 바닥나고, 논리가 같은 자리를 맴돌아 모든 토론이 무위로 돌아갈 때, 신비주의자들은 어떤 신화적 세계의 안개 속으로 걸어 들어가겠지만, 현실을 잊어버리지 않는 사람들에게는 이 초라한 현실이 조건을 그대로 간직한 채 더 큰 현실로 연결되는 한 고리가 죽음 뒤에나 볼 수

있을 것 같은 낯선 얼굴로 나타난다.(황현산, 2010)

황현산이 말하는 현실은 유기적 총체성으로 존재하는 현실이 아니다. 아름다운 가상으로서의 상징, 나아가 신화적으로 '굳어진' 현실에 기입되지 않은 세계의 파편을 가리킨다. 상징의 가상이 가려 버린, 세계의 조각으로 다시 구성한 또 다른 현실, 현실의 맨얼굴, 현실의 실재를 알레고리가 비로소 드러낸다고 할 수 있다.

2000년대에 등단한 몇몇 젊은 시인들의 시에서 알레고리는 주요한 창작방법론이다. 이들 시의 알레고리는 현실의 고통과 비극성을 환기시키면서 현실 너머의 유토피아에 대한 전망을 제시하지 않는다. 그들은 현대 사회와 현실 세계 내부에 갇힌 폐쇄된 세계의 서사만을 제시한다. (송승환, 2010)

이들과 구분하여 내 시에서 두드러지는 알레고리는 환상적 이미지를 표면으로 구성해 혼돈을 가속화하며, 폐허의 세계(실재)를 드러내는 '환상적 알레고리'라고 할 수 있다. 다른 알레고리의 비유적이거나 우화적으로 제시되는 표면(대상)이 현실의 재현적 이미지(가시적 세계의 모방)를 보여주는* 데 반해, 환상적 알레고리는 환상적 이미지(불가시적 세계)를 표면의 이야기로 삼아 현실의 파편적 실재를 드러

---

* 예를 들어, 김기택의 시집 《태아의 잠》에 수록된 우화적인 시들은 동물과 현실의 치밀한 묘사를 알레고리의 대상으로 내세웠다.

낸다. 나는 등단 초기부터 그로테스크한 환상의 세계를 대상으로 삼아 시를 써 왔고, 이를 알레고리라는 형식으로 구현해 왔다.

3.
시인은 제가 쓰는 것이 알레고리인 것을 알지 못한다. 내가 쓰는 시의 언어에 대해서 확고한 알레고리적 기획이 있었다고 말할 수는 없다. 다만, "실재와의 만남을 가능케 하는 문들"을 열 "창조적 의지"(옥타비오 파스, 1998)가 있었던 것은 사실이다. 이 창조적 의지가 향한 곳은 '유기적 총체성'으로 무장한 상징의 세계나 자연이 아닌 것만은 분명하다.

> 자연으로 옛날로 돌아갈 수 있다고 믿는 자들이 있는 모양이다. 그들이야말로 세계가 아직 견고하다고 믿는 자들일 것이다. 어느 틈에 부드러운 피부에 싸여 있는 세계가 제 피부에 생채기를 내어 시뻘건 속살을 보여줄 때 그들은 기절초풍하고만 말 것인가. 어미에게 돌아간들 이미 쭈글쭈글 천만 개 주름을 단 자궁일밖에. 어하리 넘차 어어허.
> ―〈노래를 위한 흐물거리는 각주〉 부분

위의 글은 첫 시집 《뱀소년의 외출》에 게재된 '시인의 말'의 일부이다. 이 글은 "세계가 견고하다고 믿는 자들"의 시와 나의 시를 엄격하게 구분하고 있다. '견고한 세계'는 황현산이 말하는 "굳어진 현실"로서, 상징의 세계로 해석해볼 수 있다. 나는 그 당시 "자연으로 옛날로 돌아갈 수 있다고 믿는 자들", 즉 "자연의 매트릭스"에 사로잡힌 시인들의 시에 대한 문제의식에 천착했다. 자연, 고향(과거) 등이 파라다이스적인 현실로서 시인과 '아름답게' 화해하는 곳과는 차별화된 자리에서 내 시가 출발하기를 바랐던 것인지 모른다.

아무도 뒤란에 가는 것이 허락되지 않았다 그것은 오래된 금기여서 항아리들 주변에 축축하고 번들거리는 우산이끼들만 도마뱀 비늘처럼 무성하게 자라났다 늙은 어미는 항아리들을 하나하나 온 팔에 쓸어안곤 했지만 좀처럼 항아리들의 꽉 다문 주둥이를 열어보지는 않았다 [⋯] 서둘러 늙은 어미는 항아리들의 뚜껑을 열었다 곰삭은 몇백 년 시간들이 걸쭉하게 흘러넘쳤다 항아리 바깥으로 아기들이 쭉 말라붙은 목을 뽑아올렸다 눈꺼풀은 굳고 구멍만 남은 코를 벌름거리며 입술도 없이 이만 달각거리고 귀도 짜부라져 눌어붙고 머리칼만 수십 발 자란 아기들, 아기들의 몸 없는 머리를 늙은 어미는 하나씩 뽑아 들었다 헤헤 헤헤헤헤, 끝없이 아기들의 입술 없는 이가 늙은 어미를 향해 웃어댔다 아기들의 머리에 대고 어미가 말했다 언제 다 죽을래? 아기들의 머리가 어미에게 대답했다 헤헤 헤헤헤헤,

— 〈헤헤 헤헤헤헤,〉 부분

'뒤란'은 전통적인 농촌 가옥의 공간이다. 한국시에서는 모성의 공간이자, "한국적인 근대의 내면이자 무의식"으로 받아들여지고 있다. 그 공간은 회귀의 장소이자, 서정적 화해의 장소로 상징화된다. 그러나 위의 시에 나타난 '뒤란'은 그러한 "화해적 가상"*과는 거리가 멀다. 도리어 그 화해적 가상이 보여 주지 않는 뒤란의 세계이다. 이 세계는 전통적으로 인식되어 왔던 뒤란의 의미를 전복하고 거기에 편입되지 못한 파편들로 이루어진 전혀 다른 세계이다.

이 시의 화자가 뒤란에서 발견하는 것은, "붉은 비명들"뿐이며, "아기들의 몸 없는 머리"와 "어미" 사이의 전통적 모성으로는 해석되지 않는 이상한 관계일 뿐이다. 기실 이 공포스러운 이미지와 장면 들이 드러내고자 하는 것은 이상화된 자연 혹은 모성적 공간의 해체이자 그것으로의 회귀불가능성이라고 할 수 있다.

이 시의 설화적 시간과 공간 연출에 대해서, 옥타비오 파스의 말을 빌려 "원형적 과거를, 다시 말해 현재에 현현할 준비가 되어 있는 잠재적 미래인 과거를 현실화한다"고 말할 수도 있다. 하지만 이 시는 옥타비오 파스가 말하는 원초적 혹은 기원적 시간의 회복은 아예 불가능하다고 말하고 있는 것처럼 보인다. 다만, 상징의 세계에 가려진 현실의 끔찍한 '폐허'를 드러내고 있을 뿐이다.

---

* "새로운 예술은 화해의 가상을 단호히 거부함으로써 화해되지 않는 것 가운데서 화해를 견지한다." (테오도르. W. 아도르노, 2005)

내 시를 처음으로 알레고리 시라고 규정한 것은 평론가 김수이다. 김수이는 시집 《뱀소년의 외출》의 동력이 "그로테스크 리얼리즘과 설화적/우의적 알레고리"라고 전제하면서, 이 시집이 "훼손된 세계에서 살아가는 인간의 기형적이고 부패한 실존"을 드러낸다고 분석한다. 또 다른 글에서는 시집 《뱀소년의 외출》에 드러난 화자의 평생이 "'허물'을 벗거나 '이종'을 낳는 행위 그 자체로서 본래의 얼굴을 부정하는 동시에 끊임없이 만들어내고자 한 시간"이었다고 분석한다.

그가 말한 '본래의 얼굴'이란, '유기적 총체성'의 세계에 의해 주어진 얼굴과 다름없으며, "'허물'을 벗거나 '이종'을 낳는 행위"로 끊임없이 얼굴을 만들어내는 것은 결국 '완전한' 세계에서 벗어나고자 하는 알레고리적 '미완성'의 행위라고 할 수 있다. 그러므로 김수이가 말한 '훼손된 세계'란 당연하게도 '화해적 가상'에 편입되지 못한 채 흩어져 있는 파편을 그러모아 발견해낸 '세계의 실상'일 터이다.

나는 시를 쓸 때 알레고리적 창작방법론을 의식하지는 않았다. 다만, 내 시에 드러난 언어 행위의 무의식 속에는 "예술적 기법이자 예술적 태도이며, 예술적 생산 과정이자 예술적 수용 과정"으로서의 알레고리가 작동했다고 볼 수 있다. 창작 과정에서 구체적으로 알레고리적 태도가 작동한 것은 두 번째 시집 《구름극장에서 만나요》에 실린 〈분서焚書〉 연작이다.

선왕께서 한 날은, 시름에 겨워 짐이 봄! 하면 거짓으로라도 봄일진대

야속코 야속타, 하시며 다시 꽃! 하시매, 다시 꽃! 이라 적었나니,

헤아릴 수도 없는 뱀들만 타래타래로 뻗센 비늘마다 꽃을 피워 궐 안에 창궐했더이다

선왕께서는, 그예 광분하시었나니, 그러기가 삼동 휘몰아치는 눈보라 같았더이다

구중의 담장과 벽들 꽝꽝 얼어붙어 고드름조차 달리잖고 불기운도 없는 냉골의 침소에서

온몸에 동상을 입어 쩍쩍 갈라져 터지는 얼굴로 선왕께서 친히 불러 이르시되,

실록에는 가까스로 봄! 이라고만 라고만 기록하라, 가까스로 하시매,

소신 망극에 망극을 무릅쓰고 그 길로 퇴궐하여 이날 입때껏 필경사로나 떠돌았사온데,

한 이른 봄 들리는 풍문에 실록이야 쓰이기가 부지하세월인데 선왕께서는, 시푸르뎅뎅

산송장으로다만 가까스로 봄! 이라고만 라고만, 얼음 게워내며 지껄이고 지껄이신다 하였더이다

―〈분서 3〉부분

이 연작시는 왕과 사관, 필경사를 주요 화자로 내세워 몰락해 가는 왕조를 그리고 있는 시편들이다. 물론 이 설화적

구조가 처음부터 세세하게 기획된 것은 아니었다. 각 시에 드러나는 구체적인 사건이나 발화 방식이 '우연적 계기'에 의해 창작된 것은 사실이지만, 처음 연작을 기획할 때 '언어로 창작하는 시인의 언어에 대한 자의식을 드러내겠다'는 대략의 의도가 있었다.

  이 의도에 맞게 '왕의 언어와 필경사의 언어의 대립을 통해 몰락해 가는 왕국'의 설화를 그리겠다는 외형적 설정이 이 연작시의 최초 기획이다. 이 같은 창작 의도와 태도는, 비록 알레고리에 대한 면밀한 자각이 없었다고 하더라도, 알레고리 시의 창작 과정임을 부인할 수 없다.

  이 시들이 알레고리로 분석되었던 것은 이러한 창작 과정이 시 전편에 내재되어 있었기 때문일 것이다. 함돈균은 시집 《구름극장에서 만나요》의 해설 〈'실재'가 된 알레고리〉에서 이 시들에서 문제가 되고 있는 것은 '말'의 타락과 관련한 사태라고 지적하면서, "세계의 진상을 담고 있어야 할 '말-책'(실록)과 책 바깥 현실의 괴리이며, 그런 식으로 유통되어 온 공식적 기록으로서의 '역사'의 허구성을 드러낸다"고 분석했다. 그러면서 "말에 대한 억압과 지배를 욕망의 본질로 하는 저 표리부동한 '실록'"이 반알레고리적이라면, "타락한 말의 세계에 도래하는 끔찍한 재앙을 기록하고 예언하는 비기秘記와 참서讖書로서의 '서책書冊'"이야말로 알레고리적이라고 말하고 있다. 결국 이 알레고리적 언어가 드러내려고 하는 것은 "억압될 수도 없고 억압되어서도 안 되는" 세계의 실재라고 분석했다.

두 번째 시집을 거치면서, 여전히 창작 과정에서는 '우연적 계기'들이 더 우세하긴 하지만, 나에겐 어느 정도 알레고리적 창작방법론에 대한 자각이 생겼다.

한때 도시는 커다란 배처럼 둥실 떠올라 어두운 시간을 여행했다네 시간의 파도가 이 도시의 난간에 아슬아슬하게 아름다운 물보라를 일으켰지 그때 도시의 밑바닥에서 수많은 실린더들은 힘찬 피스톤 운동을 멈추지 않았다네 도시의 거대한 보일러 아궁이에 쉼 없이 석탄을 던져 넣을 때 내 구릿빛 근육도 터질 것처럼 뜨겁게 팽창했는데 그때 어둠은 신비로움과 같은 말이었지 싱싱한 어둠을 위해 나는 불을 아끼지 않았어 도시도 나도 젊었을 때야 […]

그날 나는 크고 부리부리한 그의 눈 속으로 나는 순식간에 빨려 들어갈 뻔했다 아직 그의 눈에 불의 기억이 남아 있는지 몸이 조금 뜨겁기도 했는데 내 몸은 결국 안개 쪽인가 의심하면서도 나는 세차게 고개를 흔들었다 실망한 듯 그는 술집을 나갔다 제 몸에 끈질기게 달라붙는 안개를 헤치며 육중한 발걸음을 옮겼다 그가 사라진 뒤 늙은 도시가 잠시 아주 조금 엉덩이를 들었다 놓은 것도 같고

— 〈화부火夫〉 부분

세 번째 시집 《당신이 어두운 세수를 할 때》에 실린 시이다. 이 시에 등장하는 '늙은 도시'는 세계를 가리킨다. 따라

서 '화부'는 인물로 화한 세계를 움직여왔던 담론, 신화, 혹은 상상력이 퇴락한 모습을 보여 준다. 그것들이 사라진 세계는 "온전히 어둡지도 밝지도 않은 시간"만이 배회하는 곳으로 변해 버렸다. '불'은 문명과 관련될 때, 흔히 진보의 상징으로 표현되어 왔다. 그러나 이 시의 '불'은 그와 완전히 반대되는 의미를 만들고 있다. 이 시는 불이 사라진 세계, 그 불을 다루는 영웅이었던 '화부'가 사라진 세계, 더 이상 유토피아를 기대할 수 없는 세계의 실존을 알레고리적 이야기 구조를 통해 드러내고 있다.

한편, 알레고리에 대한 창작방법론의 의도적 자각은 이야기에서 표면과 배후 사이의 관계를 단순화하기도 한다.

> 웃음을 빼앗기고 사람들이 하나둘 사라진 뒤
> 남자는 제 웃음을 짜내어 거푸집을 만들고
> 밤마다 웃음을 찍어냈다네 […]
>
> 웃음의 쓸모에 대해선 정작 오리무중이어서
> 한동안 그는 웃음을 색칠하는 일에 골몰했던 것인데
>
> 어두운 광장에선 자꾸만
> 웃음을 빼앗긴 채 사람들이
> 어디론가 끌려가고
> 끌려가서 좀처럼 돌아오지 않고

결국 그는 웃음의 밀매업자가 되었다네…

　　웃음 사려 웃음 사려
　　간지럼을 타듯 그가 지나간
　　골목의 낡은 벽돌들 틈에서 은밀히
　　그의 목소리가 흘러나오기도 했는데

　　　　　　　　　　　　　―〈웃는 남자〉 부분

　이 시는 그러한 관계의 의도적 단순화에 의해 탄생한 시이다. 다른 시에 비해 표면의 환상적 요소가 덜한 작품인 만큼 환상이 드러내는 의미의 모호성은 많이 제거된 셈이다. 이 시는 "어두운 광장에선 자꾸만/웃음을 빼앗긴 채 사람들이/어디론가 끌려가고"에 드러나듯 즉물적 현실을 이야기에 직접적으로 노출시킨다. 그러면서 '웃음'이라는 상징적 시어를 통해 현실 속 시민들의 처지를 드러낸다.

　사실 이 시는 2008년 촛불집회 이후 쓰였다. 그때의 정치 상황을 우화적으로 단순화해 그려내려고 했다. 이 시는 앞서 말한 대로 알레고리적 창작 의도가 비교적 명확하게 관철된, 전형적인 알레고리 시라고 할 수 있다. 그러나 '환상적 알레고리'가 지니고 있는, '환상적 표면을 통해 세계의 실재를 드러낸다'고 하는 복잡성과 모호성에서는 벗어나 있다.

　세 번째 시집의 시를 쓸 때는 이전의 시집에 주요하게 드러난 설화적 이미지보다는 일상적 이미지로 눈을 돌렸다.

기원적 시간과 공간의 전복보다는 지금-여기 현실의 이면에 숨겨진 실재에 더 많은 관심을 쏟았다는 말이다.

> 너는 멸종했다 너라는 껍질을 뒤집어쓰고
> 너 아닌 것들이 거리를 활보한다 나는
> 실패했다 우리는 더 이상 우리가 아니고
> 어리석은 별들이 순식간에 졌다 우리의
> 어제는 우리와 함께 사라졌다 […]
> 거리는 온통 웅웅거리고 그렇게 혼곤하게 거리는
> 거리가 아닌 채로 있다 있기만 한다 나는
> 내가 아닌 채로 이제 그만 내 껍질을 찢어
> 버린다 한때 나였던 껍질이 내 문 앞에 쌓여
> 간다 껍질과 함께 흘러내리는 울음들은 시나
> 브로 화석으로 굳어가고 우리의 시간은 발굴
> 되지 않을 것이다 그 어느 때고, 끝없이 나는
> 실패하고, 사라지지는 결코 않는 오늘,
> 너라는 것들의 멸종은 멈출 줄을 모른다, 끝도 없이,
> ―〈너의 멸종〉 부분

이는 얼핏 보면 사랑과 관련된 것으로 보인다. '나'는 실패했고, 우리가 공유했던 시간인 '어제'는 사라졌다. "내일은/도착할 기약이 없고 오늘만 영원하다"에서 보이듯이 닫힌 현재만 계속되는 시간 안에서 '너'의 멸종은 계속되고 있다. 그러나 시 중반부에 이어지는 과잉된 재앙의 이미지를

통해 이 시가 단순히 사랑 시가 아니라 '너'로 상징되는 타자가 이 세계에 어떻게 존재하는지를 나타내는 것이라는 사실을 알 수 있다.

'나'는 끝없이 실패하는 존재이지만, 무엇을 실패하는지는 이 시에 밝혀져 있지 않다. 그러나 '나'와 '너'의 실패한 관계가 이 시의 배후에 깔려 있음을 짐작하기는 어렵지 않다. '너'는 끝없이 멸종하고 '나'는 너의 실체를 만날 수 없다. 결국 나도 "내가 아닌 채"로 나의 껍질을 벗어버리고 만다. 자아와 타자가 진정으로 만날 수 없는 세계에서 결국 "거리는/거리가 아닌 채로 있"을 수밖에 없는 것이다. 이 시는 자아도 타자도 '멸종'해가는 폐쇄된 시간으로서 현재의 실상을 파편적으로 드러낸 시라고 할 수 있다.

4.

등단 초기부터 나는 세계의 재현적 이미지보다는 환상적 이미지에 더 관심을 기울여 왔다. 그러나 그 환상이 "현실과 동떨어진 비사실적인 것들의 집적"(권혁웅, 2010)이라고 생각하진 않는다. "환상은 욕망에 관한 문학으로 부재와 상실로 경험되는 것들을 추구하는 것"(로지 잭슨, 2001)이다. 물론 의식보다는 무의식을 통하기는 하지만 분명히 "객관세계의 현실과 상호작용하는 이미지들의 경험"(나병철, 2010)이라고 할 수 있다. 얼핏 보기에 환상과 현실이 대립되는 듯하지만, 단순히 현실과 배치되지만은 않는 리얼리티의 이중

성의 한 측면으로 환상을 파악할 수도 있다. 그렇다면 환상이 지시하고자 하는 리얼리티의 측면은 무엇인가?

우리는 우리가 현실이라고 믿고 설정하고 틀 지운 어떤 영역 내에서만 움직인다. 환상이 부정하는 것은 바로 그런 '구성적' 현실이지 현실 자체가 아니다. 환상은 의식에서 구성되는 앎의 체계(지식의 담론), 무의식에서 작동하는 욕망의 체계(정념의 담론)를 비틀고 거기서 (대상 a라 부르는) 환상적 지시물을 떼어내어 새로운 체계의 동력으로 삼는다. 따라서 환상이 품은 부정성은 실천의 다른 이름이다. […] 환상은 앎의 체계와 욕망의 체계, 지식 담론과 정념의 담론이 위장하고 은폐하는 지점들을 지시한다.(양윤의, 2010)

결국 환상이 표현하는 것은 '구성적 현실'이 아니라 '실재'로서의 현실이다. 그러므로 나의 시에 표현되는 환상적 이미지는 '구성적 현실'이 가리고 있는 세계의 실상을 낯선 방식으로 보여 주는 하나의 매개체다. 그리고 이것은 어떤 의미에선 정치적*이다. "환상적인 것은 '실재'**의 '본질'에 가장 강력한 의문을 제기하고 그것과의 화해를 거부하기 때문"(로지 잭슨, 2010)이다.

시소나 미끄럼틀 정글짐 여기저기 아이들이 널려 있다 나는 간신히 어스름을 붙들고 있다 놀이터 안쪽으로만 향해 있던 음산한 눈들을 플라타너스는 넓은 잎으로 재빨리 감춘다 아이들은 아이들을 벗어놓고 돌아들 갔다 아무것도 보지 못한 듯 플라타너스들은 내일 또 무성하게 푸를 것이다 돌아간 아이들이 버려진 아이들의 이후라고 나는 확신할 수 없다 […] 나를 저 껍질만 남은 아이들의 그림자라고 확신할 수 없다 […] 온종일 어떤 저항도 나는 하지 못했다 이제라도 나는 저 아이들 중 하나로 갈아입어야 한다 아무도 지금은 내 이름을 부르지 않는다

—〈놀이터〉 부분

이를테면 위의 시에 드러나는 구성적 현실은 '아이들이 모두 돌아간 저녁 어스름이 깔리고 있는 놀이터'라는 물리적 시공간이다. 그러나 이 시의 구성적 현실은 환상이 출발하는 하나의 배경에 불과하다. 이 시의 가장 큰 특성은 구성적 현실에 아이들이 "아이들은 아이들을 벗어놓고 돌아들" 간 환상적(비구성적) 시공간이 끼어드는 것이다. 아이들이 돌아간 놀이터에 아이들이 벗어놓고 간 아이들은 아이들 '이후'다. 그러므로 아이들은 "아이들은 아이들을 벗어놓고

---

* 〈분서〉 연작은 몇몇 평자에 의해 현실 정치의 풍자로 해석되기도 했다. 함돈균 역시 《구름극장에서 만나요》 해설에서 "'분서' 연작이 폭로하는 말의 억압과 왜곡 과정이 언어 자체에 내재한 어떤 형이상학이나 기호론적 한계에 말미암은 것이 아니라 말을 억압하고 지배하려는 정치담론의 메커니즘 때문이라는 점이 분명하다는 면에서, 확실히 이는 풍자적인 '정치시'라고 할 만한 여지를 지닌다"라고 하며 정치적 가능성에 대해 언급하고 있다.
** 여기에서 '실재'는 세계의 실상으로서 '실재'가 아니라 비실재의 반대적 의미로 사용되었다. 즉, 실제로 존재하는 세계를 의미한다.

돌아들" 간 현실에서 시간적인 것으로 분리된다.

  문제는 이 시의 화자가 이러한 순차적 시간을 확신하지 못한다는 것이다. "나를 저 껍질만 남은 아이들의 그림자라고 확신할 수 없다"에서 보이듯, 화자는 자기 자신을 분리된 시간 안에 끼워 넣으며 자신의 시간을 확신할 수 없는 존재로 바꿔 버린다.

  이 순차적 시간, 과거와 현재와 미래를 확신할 수 없는 것은 "온종일 어떤 저항도 나는 하지 못했"기 때문이다. 결국, 이 시의 화자가 '놀이터'에서 불러내는 환상적 이미지는, 저항도 하지 못하고 미래에 대해 확신할 수도 없는 이 불안한 현재를 드러낸다고 할 수 있다.

  이 시는 알레고리로 구조화된 시는 아니다. 구성적 현실에 환상적 이미지를 끌어들여 현실의 실재를 보여 주는 시다. 그런데 이 시를 통해서도 알 수 있듯이, 불가능한 것을 가능한 것으로 바꿔버림으로써 실제 현실에 가려진 세계의 실재를 드러내려고 한다는 점에서 환상은 알레고리와 유사한 점이 있다.

  토도로프는 환상과 알레고리에는 두 가지 의미가 병존해 있으며, "명시적 지정성, 제1의미의 소실이라는 두 가지 요인에 입각해서 단계적으로 성립"(츠베탄 토도로프, 1996)되는 공통점이 있다고 설명한다. 앞서 살펴보았듯이 환상과 알레고리가 명시하고 있는 것은 바로 세계의 '실재'이다. 이러한 친연성에도 불구하고 굳이 나의 시를 '환상적 알레고리'라고 명명한 것은 환상적 이미지로 이루어진 삽화나 짧은 서사들이 시의 알레고리적 구조에서 알레고리의 표면(대상)으로 표현되고 있기 때문이다. 앞에서도 말했지만 나의 시는 재현적 현실에는 관심을 두지 않는다. 내 시 안에서 환상성과 알레고리는 서로 결합해 '실재의 현현'이라는 공통의 목표를 지향하고 있는 셈이다.

황현산은 내 시의 환상성에 대해 '고독한 판타지'라고 명명했다.

> 불행은 여전히 하나여도 그 슬픔은 따로따로인 자리에서 그 판타지가 성립하기 때문이다. […] 바로 이 고독감의 표현에 의해 김근의 판타지 시는 벌써 범주류가 된 경박한 문화적 시류를 그 시류로 전복하는 일종의 재귀적 문명 비판이 된다. 그의 시에서 현실이 환상으로 변주되는 자리에는 어김없이 이 시대의 불행에 대한 불행한 의식이 있으며, 그 불행에 대한 인식의 결핍을 촉진하는 문화적 양태가 있다. (황현산, 2005)

황현산은 문화적 관점에서 내 시의 환상성에 접근한다. 현실을 환상으로 변주하며 주류문화를 전복함으로써 문명 비판을 시도한다는 것이다. 그것을 통해 시대의 불행을 드러낸다고 말한다. 그러나 황현산의 이러한 분석은 시집 《뱀소년의 외출》에 실린 〈담벼락 사내〉나 〈어두운 상점들의 거리〉 같은 도시시에 한정된 측면이 있다. 표제작인 〈뱀소년의 외출〉이나 앞부분에서 인용했던 〈헤헤 헤헤헤헤,〉 같은 시에까지 적용하는 것은 무리가 있다.

〈뱀소년의 외출〉과 〈헤헤 헤헤헤헤,〉에서 공통적으로 드러나는 것은 시간에 대한 공포다. 〈뱀소년의 외출〉이 인간의 삶에 주어진 시간에 대한 공포를 통해 현재적 시간에 대한 부정을 드러낸다면, 〈헤헤 헤헤헤헤,〉는 기원적 시간에 대한 공포를 통해 그것으로의 회귀 불가능성을 드러낸다.

특기할 점은 두 편의 시에 등장하는 시간이 일상적 시간이 아니라, 비일상적이며 제의적인 시간이라는 사실이다. 제의적 시간 안에는 당연히 카니발적 혼돈이 존재하기 마련이다. 주목할 만한 사실은 《뱀소년의 외출》뿐 아니라 《구름극장에서 만나요》에 수록된 많은 시들이 판타지(환상)을 통해 이러한 혼돈의 이미지를 보여 준다는 점이다.

저 사나운 아가리에서부터 신성한 똥구녕으로 이어지고 마는 배아지 속으로, 멀쩡히 그가 나를 끌고 들어온다 이 길고 둥근 통로에는 거칠고 반짝이는 비늘은 없으나 보드라운 살이랑 물컹하게 출렁이는 바닥과 벽, 에 달린 어둡고 축축한 문들 미끌미끌한 손잡이가 몇 개씩 달린 그 많은 문들의 주소 알 수 없고 그 문들 열리기가 안으론지 바깥으론지 또한 가늠할 길 없는데 해설라무네 여기는 그의 배아지 속일거나 내 배아지 속일거나 내 먹이일 거나 그가 그의 먹이일 거나 내가 아니면 그와 나는 또 누구의 여태도 소화되지 못하고 썩은 내 풀풀 풍기는 살점이나마 듬성듬성만 붙어 있는 뼈다귀일러나, [...] 온전히 그도 아니고 그 아닌 것도 아닌 그의 얼굴 다시 희미해지고 오살헐 문들 문들의 손잡이들 너무 많다 있었다고 생각했으나 없었던 것인지 모른다, 아예는, 온전히 안도 아니고 바깥도 아닌 채 쉼 없이 꿈틀거리기만 하는 여기 이 혼곤한 배아지 속, 행방마저 그만 묘연해져 버린 나는,

— 〈복도들 1〉 부분

두 번째 시집에 실린 이 시 역시 혼돈의 이미지를 드러낸다. 이 시의 표면에 드러난 공간은 '배아지 속'으로 표현된 내장 기관이지만, 실제 묘사되고 있는 공간은 '복도'이다. 그러나 이 시를 통해 표현되는 복도는 우리가 흔히 생각하는 복도가 아니라 "보드라운 살이랑 물컹하게 출렁이는 바닥과 벽, 에 달린 어둡고 축축한 문들 미끌미끌한 손잡이가 몇 개씩 달린 그 많은 문"이 있는, 내장기관의 성질을 지닌 복도이다. 결국 이 시에 드러난 공간은 복도이기도 하지만, 복도가 아니기도 하다. 내장이기도 하지만, 또 꼭 내장이랄 수도 없다.

이 시의 내장과 복도는 본래 가진 성질을 서로에게 빼앗기거나 서로 빼앗아서, 복도라고도 내장이라고도 확신할 수 없는 공간으로 변해버렸다. 이 경계의 무너짐이 결국 이 시에 혼돈을 가져온다. 또한 어지러운 이미지와 끊어질 듯 이어지는, 쉼표를 통해 리듬을 흐트러뜨리는 시의 문장으로 이 혼돈은 가중되고 있다. 이 혼돈을 통해 나는 "온전히 안도 아니고 바깥도 아닌", 즉 온전히 자아에 속하지 못하며,

타자의 세계로도 편입되지 못하는 인간의 운명에 대해 이야기한 것이다.

　— 형씨, 이곳에서 제발 날 꺼내 가 주시오.
　— 당신은 얼굴을 바꿔 다는군요.
　— 내가 택시기사를 버렸듯이 당신도 승객의 얼굴을 버리쇼.
　— 누구나 여분의 얼굴을 준비해 택시를 타는 건 아니잖아요.
　— 없는 승객이군요.
　— 승객은 아니지만?
　— 차창으로 밀려들어오는 낯선 바람.
　— 이상하게도 이젠 더 이상 풍경이 내게 말을 걸지 않는군요.
　— 택시 안의 공기와 택시 바깥의 공기에 대해 궁금해하는 건 부질없어요.
　— 우리는 어디에 도착하게 되나요?
　— 어디든. […]
　— 나는 조금씩 굳어가요.
　— 형씨, 이곳에서 제발 날 꺼내 가 주시오.
　— 이 마비의 감각으로?
　— 이곳에서 제발 날.
　— 겨우 나는 뒷좌석 시트에 남겨진 몸짓에 불과해요.
　— 꺼내 가 주시오.

— 얼굴도 없는데? […]

— 제길, 차문의 손잡이는 모두 어디에 치워버린 거죠?

— 나는 이제 뒤를 돌아볼 거요.

—〈택시〉부분

세 번째 시집의 이 시는 처음부터 부조리한 상황을 제시한다. 택시기사와 승객인 두 사람의 대화가 오가는 곳이 택시 안이라는 것을 짐작하게 하는 표상들은 룸미러, 뒷좌석, 미터기, 차창 같은 택시의 일부분이지만, 시는 택시나 택시 안의 택시기사와 승객을 지시하지 않았다. 게다가 시의 중반부에 이르면 어떤 목소리가 승객의 것인지, 어떤 목소리가 택시기사의 역할을 맡고 있는지도 혼란스럽게 된다. 결국 이 혼란스러운 대화는 "— 아무데도, 이 길처럼 당신은 영원히 기록되지 않을 거요./ — 나는 조금씩 굳어가요./ — 형씨, 이곳에서 제발 날 꺼내 가 주시오"에 이르러 극단적인 파국을 맞게 된다. "이 길처럼 당신은 영원히 기록되지 않을 거요"에서 짐작할 수 있듯이, 닫힌 택시의 질주는 전망 없는 현재의 시간을 암시한다. 결국 이 시는 전망 없는 시간 안에 갇힌 불안한 인간의 대화와 다름없다.

그렇다면 이 혼돈의 복원을 통해 나의 시가 최종적으로 지향하는 것은 무엇일까?

노래를 빠져나오자 다시 노래였다

어디서 가수도 없이 노래 흘러나오고

나는 노래의 감옥에 갇혔다 […]

노래에게 나는 양분을 빼앗기고
나는 내가 아니고 그만 노래이고

나를 온전히 먹어치우고
거대하고 시뻘건 노래의 덩어리가
사람의 마을로 기어가고 있다

위험하다
— 〈거대하고 시뻘건 노래가〉 부분

  이 시는 《당신이 어두운 세수를 할 때》의 마지막 시인데, 《뱀소년의 외출》의 마지막에 실린 〈입을 다물 수 없는 노래〉의 연장선상에 있다. 〈입을 다물 수 없는 노래〉가 '노래'가 사라져 버린 세계에 대한 일종의 애도를 전할 수밖에 없는 시인의 운명에 대해 이야기했다면 이 시는 이제 그 자신이 노래가 되어 "사람의 마을"(세계) 속으로 들어간다. 그 노래가 유입된 세계는 당연히 "위험하다". 그 노래는 이제까지 사람들이 알던 마을의 모습을 보여 주는 것이 아니라, 마을 뒤에 숨은 실재의 마을을 들추고 까발리기 때문이다. 이제 나의 시는 "노래의 기억"이 지닌 혼돈을 이 세계에 복원함으로써 세계의 '위험'을 가중시킨다. 세계의 위험을 가중시키는 행위는 세계의 파멸을 가져온다.

파멸의 이미지는 그 뒤에 창조가 있기에 의미 있는 것이다. 나의 시가 지향하려는 것은 세계의 재창조이다. 그것이 불가능하다고 해도 시는 불가능을 가능으로 바꾸기 위해 앞으로 나아가는 법이다. 영원히 불가능하다고 해도 걸음을 멈추지는 않을 것이라는 믿음이 시 안에는 있다.

5.
철학자가 이 세계에 관해 끊임없이 정의 내리며 대답하는 존재라면, 시인은 자신의 언어적 행위를 통해 끝없이 세계에 대한 질문을 던지는 존재이다. 이미 그 안에 불가능을 내포하고 있는 절대적 질문을 향해 나아가는 존재가 바로 시인이다. 알레고리는 내 시가 취한 그 어떤 질문의 방식이고, 그 질문이 파헤치고 드러내려고 한 것은 매끈한 세계의 표면이 아니라 그 안에 감춰진 세계의 실재라고 할 수 있다.
 황현산이 말한 것처럼, 내 시의 환상적 알레고리는 실재의 드러냄과 혼돈의 복원을 통해 "그 파편적 성질을 이용하여 현실의 고리가 끊어진 자리에서 미래의 한 점을 향해 정신을 투기하고, 논리적으로 현실의 조건이 아직 성숙하지 않은 자리에서 그 현실의 질적 변화를 전망"하는 것이다. 미르치아 엘리아데는 "존재하고 있는 모든 형태의 파괴와, 새로운 창조에 이어서 등장하는 혼돈으로의 회귀에 따라 우주의 재창조가 가능해"진다고 말한 바 있다. 결국 나의 시의 혼돈은 지금-여기가 아닌 새로운 세계를 향한 열망이

가져온 결과는 아니었을까. 그것이 끝없이 혼돈으로 돌아가게 하는 힘은 아니었을까.

　시론을 자각하고 그 시론에 맞춰 자신의 시를 설명해야 하는 시인은 불행하다. '환상적 알레고리'라는 명명이 사후적이었듯이 시론은 언제나 창작의 뒤에 온다. 시론이 쓰이는 순간, 시는 벌써 저만치 앞서 달아나버린다. 나는 이제 지금까지 서술한 세계를 떠나려는 준비를 해야 한다. 나는 떠나고 시간이 한참 흐른 뒤에, 이곳에 쌓여 있는 시들이 전혀 다른, 갱신된 이론으로 해석되길 바라는 마음은 시인 모두의 꿈일 것이다. 그때 시들이 다시 새로운 모습으로 태어나기를 그저 바랄 뿐이다.

참고문헌

권혁웅(2010), 《시론》, 문학동네.
김누리(2003), 《알레고리와 역사》, 민음사.
김동훈(2007), 〈발터 벤야민의 숭고론〉, 《美學》, 제52집, 12.
김수이(2006), 《서정은 진화한다》, 창비.
나병철(2010), 《환상과 리얼리즘》, 문예출판사.
도미니크 랭세, 김기봉 옮김(1995), 《보들레르와 시의 현대성》, 탐구당.
로지 잭슨, 서강여성문학연구회 옮김(2001), 《환상성》, 문학동네.
발터 베냐민, 김유동 옮김(2009), 《독일 비애극의 원천》, 한길사.
송승환(2010), 《측위의 감각》, 서정시학.
양윤의(2010), 〈환상은 어떻게 정치를 사유하는가〉, 《실천문학》 여름호.
옥타비오 파스, 김은중·김홍근 옮김(1998), 《활과 리라》, 솔.
진중권(2003), 《진중권의 현대미학강의》, 아트북스.
츠베탄 토도로프, 이기우 옮김(1996), 《환상문학 서설》, 한국문학사.
크레크 오웬스, 권택영 편(1991), 〈알레고리적 충동〉, 《포스트모더니즘과 문화》, 문예출판사.
테오도르. W. 아도르노, 홍승룡 옮김(2005), 《미학이론》, 문학과지성사.
폴 리쾨르, 김윤성 외 옮김(1998), 《해석이론》, 서광사.
홍순애(2009), 《한국 근대문학과 알레고리》, 제이앤씨.
황현산(2005), 〈김근의 고독한 판타지〉, 김근, 《뱀소년의 외출》, 문학동네.
_____(2010), 〈불모의 현실과 너그러운 말〉, 웹진 《문장》 1월호.
미르치아 엘리아데, 최원권·임왕준 옮김(2006), 《메피스토펠레스와 양성인》, 문학동네.

정동의 리듬 리듬의 정동*
정동과 리듬의 창작방법론을 위하여

시인이 시를 쓸 때 창작방법론이 예비되어 있다고 할 수는 없다. 창작방법론이란 어디까지나 사후적이며 가정적일 수밖에 없다. 모리스 블랑쇼는 "작가는 결코 자신의 작품을 읽지 않는다"고 말한 바 있다. 하나의 작품이 탄생한 순간 작품의 시간과 작가의 시간은 이미 분리된다. 작품의 시간이 영원한 현재성으로 스스로의 시간을 끊임없이 재창조하고 있다면, 작가의 시간은 거기로부터 멀리 벗어나 물리적 현재 안에서 실존을 경험하고 있다. "그에게 작품은 읽을 수 없는 것. 하나의 비밀. 거기에 마주하여 그가 머무를 수 없는 것"(모리스 블랑쇼, 2010)이다.

  작가를 시인으로, 작품을 시로 바꿔 놓아도 마찬가지다. 발화행위 주체로서 시인 자신이 작품에 관여했던 시간은 시가 완성되는 순간 급격하게 분리되며 그의 발화행위인 시

---

* 이 글은 필자의 박사학위논문 〈정동의 리듬과 리듬의 정동〉(중앙대 대학원, 2024)를 고쳐 시론으로 재구성한 글이다.

쓰기는 망각 속으로 진입한다. 당연하게도 시인과 그가 쓴 시는 떼려야 뗄 수 없는 관계이다. 그럼에도 그의 작품에 대해서 시인은 확고한 주체가 아니다. 하나의 시인은 작품이 세상에서 읽히기 시작하면서부터 사후적으로 구성되고 가정된다.

시인이 "결코 자신의 작품을 읽지 않는" 것은 시인이 자신의 작품과 이별하고 새로운 작품으로 이행해 가는 과정에서 필연적으로 발생하는(발생하지 않는) 일이기도 하지만, 블랑쇼도 얘기했다시피 거기에는 불가능성이 내재돼 있다. 시인은 자신의 시를 모른다. 이 말은 흔한 말이면서 사후적 해석의 과정에서 그가 배제된다는 말이기도 할 것이다. 그것은 현대시의 운명이다. 그 운명은 시인에게서 독자에게로 옮겨간다. 사정이 이렇다면 그가 그 작품의 창작 행위자로 기능했던 시간을 규명하기란 더욱 어려워진다는 말이기도 하다. 결국 그는 망각을 뒤져야 하는 처지에 놓인다. 그는 새로운 행위주체로 탄생하지 않으면 안 된다.

이를테면 그것은 작가의 정체성을 버리고 독자의 운명을 자신의 작품에서 감수해야 하는 일이다. 이는 작품을 다시 쓰는 일만큼이나 어려운 일이지만, 그럼에도 시인이 자신의 창작방법론을 쓰는 이유는, 다분히 주관적인 창작의 과정에 객관적인 시간성을 부여하고 그것을 통해 작품의 현재를 초과할 수 있다는 '불가능한' 믿음 때문이다.

이 글에서 나는 시집《에게서 에게로》에 묶인 시들의 창작방법론을 사후적이고 가정적으로 구성하려 한다. 그러려면 우선 10년 동안의 창작의 여정을 들여다보며 내 시들에 깃들어 있는 망각을 뒤지는 수밖에 없다. 그 망각 속에서 우연들을 끄집어내고 그 우연들을 형식적 질서 아래 정리해야 한다. 우연들은 시편마다 발생했고 우연들이 모여서 하나의 방향을 이루어 왔다. 최근 10년 동안 리듬과 시적 화자에 골몰해왔는데, 그것은 그런 우연들이 이행하면서 만들어낸 하나의 흐름이며, 보이지 않는 의지일 것이다. 흐름 속에서 시는 변화한다. 변화는 의도를 사후적으로 발생시킨다. 이런 변화 과정을 일별하는 일은 사후적 의도를 살피는 일이다. 사후적 의도는 시집으로 묶이면서 확실해진다.

 이와 함께 나는 망각을 뒤져 몇몇 작품의 창작 계기를 밝히고자 한다. 실제적 계기들이 내 시 안에서 어떻게 변형되고 우연과 상호작용하며 한 편의 시로 완성되는지 스스로 돌아보는 기회가 될 것이다.

 창작 과정에 객관적 시간성을 부여하기 위해 나는 앙리 메쇼닉의 리듬 이론과 질 들뢰즈, 브라이언 마수미의 정동情動; affect 이론에 기대려 한다. 리듬과 정동은 시집의 시들이 쓰이는 시기를 기준으로 보면 사후적이지만 또한 동시적이기도 하다. 《에게서 에게로》의 시들이 쓰이는 동안 나는 시 쓰기와 무관하게 이 이론들을 틈틈이 들여다봤다.

 시들이 이론들의 영향을 받았다고 말하긴 힘들다. 내 시가 왜 그렇게 써지는지에 대해 스스로 해명하고 싶었던 마음에서 비롯된 관심이었다. 이 이론들이 내 시의 리듬과 시적 화자의 정체성을 모두 드러낼 수 있으리라고는 확신할 수 없다. 결국 이 글은 창작방법론으로 완성되지 못하고 자기 비평에 머물게 될지도 모른다. 그러나 적어도 시집 한 권에 다각적으로 접근해보려는 한 시도는 될 수 있으리라 생각된다.

네 번째 시집 《끝을 시작하기》의 '시인의 말'에서 "쓰는 동안 흥분과 좌절과 회의와 지연이 반복됐다. 그 속에서도 나는 끝까지 쓰기의 우연과 즉흥을 유지하려 했다. 어쩌면 이 시에는 더 많은 우연과 즉흥이 필요했는지 모른다"라고 창작 과정에서 일어난 일들을 털어놓은 바 있다. 시인 자신이 의식하든 의식하지 않든, 작품에는 창작의 과정과 거기서 형성되어 가는 창작방법론이 비재현적으로 내재되어 있는 것은 아닐까. 나에게 창작방법론의 재구성은 창작 과정의 '흥분과 좌절과 회의와 지연'의 시간을 복기하며 그 과정에서 무수히 발생했던 '우연과 즉흥'을 규명하는 일이다. 이는 들뢰즈가 말한 "어떤 것도 재현하지 않는 사유 양식"(정동)을 드러내는 일이며, 결국 '되어 가는' 과정으로서 시 쓰기를 재규정하는 일이다.

창작의 여정
시집을 낼 때마다 내 언어적 태도는 조금씩 변화해 왔다. 그것은 시적 주체의 세계에 대한 태도의 변화이자 거기서 비롯된 창작방법론의 변화이다.

시적 주체란, 한 편의 시를 완성하거나 읽었을 때에 비로소 떠오르는 목소리의 주인공이다. 주체는 특정한 발화가 만들어내는 수행적인 효과를 이르는 이름이다. 주체는 시적 언술을 산출하는 '실체'가 아니라, 이 언술들의 구조화된 장場에서 생겨나는, '말하는 것으로 가정된' 어떤 지점이다.

나는 첫 시집 《뱀소년의 외출》부터 《당신이 어두운 세수를 할 때》까지 시들의 창작방법론을 '환상적 알레고리'로 정리했다. 《당신이 어두운 세수를 할 때》의 시들에 나타난 알레고리에 대해서는 "설화적 이미지들보다는 일상적 이미지로 눈을 돌리고 있다. 기원적 시간과 공간의 전복보다는 지금-여기 현실의 이면에 숨겨진 실재real에 더 많은 관심을 쏟고 있다"고 정리했다.

송종원이 해설 〈당신의 어둡고 환한 육체〉에서 말한 "기이한 영상"에서 여전히 환상적 알레고리가 작동하고 있음을 확인할 수 있다. 그러나 송종원은 뒤이어 "우리의 호흡을 붙잡는 그 영상에 이끌려 시의 시공간에 잠시 빨려 들어가면 거기서 우리는 혼돈스러운 탄식과 귓속을 파고드는 비명을 듣게 되는데 그 사이 '기이함'은 '그럴듯함'으로 바뀌어 있다"고 말한다. 즉, 수용 과정에서 기이한 영상을 그럴듯하게 인식하게 되는 계기는 "호흡"과 "혼돈스러운 탄식과 귓속을 파고드는 비명"이라는 것이다. 이것은 무엇을 의미하는가. 결과적으로 환상적 알레고리 형태로 우리에게 주어졌지만 그 환상을 실제reality(그럴듯함)로 받아들이는 데는 다른 요소들이 작동하고 있다는 말이다.

따라서 나는 《당신이 어두운 세수를 할 때》에서부터 환상적 알레고리만으로는 내 시의 창작방법론을 모두 규명하기 어렵다는 한계를 짐작했다. 이후의 시들에도 알레고리적 요소들이 여전히 존재하지만 환상성과 알레고리만으로 내 시 전체를 이야기하기는 더욱 어렵게 되었다. 나는 이제 이후의 시들에 대한 창작방법론을 다시 구성할 수밖에 없다. 그렇다면 송종원이 지적한 호흡, 탄식, 비명 들은 어떻게 시창작방법론으로 규명될 수 있을까.

이는 세 번째 시집 이후 나를 둘러싼 경험적 세계의 변화와 이에 따른 시적 태도의 변화를 살펴봄으로써 확인할 수 있으리라 짐작된다. 시집《에게서 에게로》는 2014년 세 번째 시집《당신이 어두운 세수를 할 때》이후 10년 동안 쓰고 발표한 작품들 중에서 골라 묶은 것이다.

> 세 번째 시집을 내고 나서 통 시를 쓸 엄두가 나지 않았다. 세 번째 시집까지의 언어와 어떻게 결별할까 고민했다. 언어와 결별한다는 얘기는 지금까지의 세계와 결별한다는 얘기이기도 했다. 그러나 아직 새로운 세계의 입구를 발견하지는 못했다.(김근, 2015)

"아직 새로운 세계의 입구를 발견하지 못했"던 건 언어적 원인도 있겠지만, 그보다는 시 바깥의 원인이 더 컸다. 그해 초 나는 어머니를 떠나보냈다. 그리고 그해 4월 세월호 참사를 목도했다. "세월호 이후, 모든 세월은 생의 감각을 상실했다. 세월호 이후, 살아 있다는 사실의 실감은 사라져버렸다."(김근, 2015)는 고백에서 알 수 있듯 세월호 참사 이후 한동안 작품을 쓰지 못했다. 두 가지 애도에 맞닥뜨려야 했는데, 사회적 애도가 개인적 애도를 뒤덮어버린 상황이었다. 세월호 참사에 대한 〈장마〉라는 시 한 편을 겨우 완성했을 뿐이었다.

2015년에도 몸부림은 계속되었다. 어머니의 죽음을 내면에서 어떻게든 해결해야 했다. 그것이 "나는 나라는 부피를 잃고/검음만 남아 나만큼만 도려낸/세상의 바탕만 뒷면만 같아서/어미는 없"(〈검은 숲〉)는 세계에서, 나름의 애도였을 것이다. 산문에 "그 젖을 빨 무렵에도 어머니는 가끔 집에서 사라지는 일이 잦았더랬다."라고 쓰기도 했던, 내면에 각인된 유년의 시간 속 어머니와 고향을 재구성해보려 했다. 그것은 첫 번째 시집과는 다른 방식이 되어야 했다. 결과적으로, 그것은 실패의 몸부림에 가까웠다고 할 수 있다.

〈자줏빛 심장에 대고〉, 〈붉은,〉, 〈어슴푸레〉, 〈희끗,〉, 〈서러우니, 아프니,〉, 〈노래, 없는〉 등은 이때 써진 작품들이다. 이 시들은 하나의 장면을 구성하는 데 주력하는 것이 아니라, '자줏빛', '붉은', '어슴푸레', '희끗'과 같은 시각적 감각을 지닌 말들을 과잉 반복하거나 형태소 단위로 해체, 또는 첨어화함으로써 통사적 의미를 변형 또는 전환하는 방식으로 전개된다. 이러한 리듬의 운용은 말들을 본래 의미나 위상에서 벗어나 새로운 의미나 위상으로 거듭나게 하며, 시적 사건이나 이미지들을 파편화해 시 전반으로 흩어지게 만든다. 그러면서 말들은 시 안에서 하나의 음성적 이미지*를 형성한다. 다소 과격해 보이는 이러한 리듬 실험은 더욱 극단적으로 치달아 음성적 이미지만 남다시피 한 〈빛, 재, 빈〉, 〈꽃꿈〉 같은 시에 이르게 된다.

애도에서 시작했는데, 시가 알 수 없는 곳으로 가고 있다. 감정과 리듬만으로 시를 쓴다고 생각했는데, 그것에서 벗어난 소리들이 난무한다. 이미지와 이야기는 버려지고, 종잡을 수 없는 반복을 통해 제 모양과 의미를 잃어버리는 말들과 중첩되고 불어나는 첩어들, 붙잡고 싶었으나 끝내 붙잡히지 않는 감정들뿐이다. 겨우 말인 것들의 군무, 종국에는 그 말도 버리고 흩어지는 소리들. 그 소리로 비명과 신음 같은 것들과 손잡고 싶었는지도 모른다. […] 그건 어쩌면 어머니의 몸과 말의 풍장의 형식일지도 모른다. 해도 어머니라는 시적 계기는 애진작에 벗어나 시 혼자 제 갈 길 간 것이라고밖에는 생각할 수 없다.(김근, 2015)

나는 "이제 됐다. 여기서, 나는 끝내야 한다"고 생각했다. "유년의 시간 안의 어머니와 고향을 재구성해보려"는 시도는 실패로 끝났지만, 이 시들은 내 시에서 리듬이 그 자체로 하나의 창작방법론으로 자리 잡는 계기가 되었다.

---

* 조재룡은 이를 '청감', 즉 "듣는 행위를 조장하는 말의 운용과 그것의 감수성으로의 전환"이라고 설명했다.

그 뒤로도 "새로운 세계의 입구를 발견"하기 위한 방황은 계속되었다. 시는 극단적인 리듬 실험에서 벗어나 시적 화자에 집중하기 시작했다. 시적 화자에 따른 각각의 정서와 그 정서가 불러오는 리듬에 주목하게 되었다. 시 속에서 리듬이 진행되고 그 리듬을 통해 시적 구조가 발생하며 시적 화자의 태도와 위상이 변화하곤 했다. 그런 작품들을 발표하던 사이 창작한 작품이 《끝을 시작하기》이다. 《에게서 에게로》에 포함된 작품들이 《끝을 시작하기》 전후로 쓰인 만큼, 《끝을 시작하기》와 영향을 주고받고 있는 셈이다.

《끝을 시작하기》는 프롤로그와 에필로그를 갖춘 총 3부部의 장시이다. 각 부는 3장章으로 나뉜다. '시인 노트'에 밝힌 바처럼 발상에서 실제로 완성하기까지 5년이 걸렸다. 처음부터 장시의 모든 부와 장에 대한 계획이 있었던 것은 아니다. '시인 노트'에 나는 "어둠 속에서 한 사람이 깨어난 게 그쯤이라는 것이다. 그 사람은 깨어나 여러 장의 종이 위에 휘갈겨졌다"고 썼다. 이처럼 하나의 이미지는 오랫동안 말의 형식을 얻지 못하고 메모 형식으로만 파생되었다.

《끝을 시작하기》 전후로 발표한 시들은 그 파생에서 발전시켜 완성된 시들이 많다. 그 시들의 방향성에서 발견되는 것은 시적 화자와 시적 주체의 위상에 대한 회의였다. 그때 발표한 시들에 영향을 받아 '머리 없이 어둠 속에서 깨어난 한 사람(대상)'과 '몸이 나무에 묶인 한 사람(화자)'의 기묘한 알레고리적 장면이 만들어졌다. 거기에 더해 쓰기에 몰두하는, 쓰기에 실패할 수밖에 없는 발화행위 주체를 추가

했다. 대상과 화자는 장면에 연루되어 있고, 발화행위 주체는 별개의 상황을 펼치고 있다.

《끝을 시작하기》는 이들 각자에게 목소리를 부여해 전개된다. 이들은 각자 말하고 서로 소통하지 않으며 그들 사이의 관계성, 인칭에 따른 위상 변화, 각자의 정체성에 대한 회의 등을 드러낸다. 그들에게 각자의 어조를 부여했고, 그들 나름의 정서를 이행해나가도록 했다. 익숙한 의미화가 목적이 아니었으므로 말의 형식에는 사변과 요설을 적극적으로 활용하고 횡설수설의 형태를 유지하려 애썼다.《끝을 시작하기》의 '시인 노트'에 밝힌 바처럼 시적 전개 안에서 '우연과 즉흥'이 다른 시보다 더 많이 작동되도록 '노력'했다. 프롤로그와 에필로그는 본문에 드러나지 않은 시적 주체를 염두에 두고 썼다.

《에게서 에게로》는 이런 창작의 여정에서 탄생한 시집이다. 방법론적 측면에서 주목할 것은,《끝을 시작하기》를 거치면서 내가 "감정과 리듬만으로 시를" 전개시켜 음성적 이미지를 만들어내기보다는 시적 화자에 집중하고 있다는 점이다.《에게서 에게로》의 시적 화자는 정서를 발생시키며 그 정서와 정서 사이의 이행을 통해 리듬을 운용하고 시적 화자의 위상과 태도를 변화시키고 있다. 이러한 결과로 나타나는 것이 송종원이 말한 호흡, 탄식, 비명이라고 말할 수 있다.

창작의 계기들

쓰인 시기에 따라 서로 다른 창작의 계기를 가진 작품들도 있지만, 시집을 구성하다 보면 시기와 무관하게 유사한 계기들을 지닌 시들이 하나의 부로 묶인다는 사실을 깨닫는다. 《에게서 에게로》는 총 4부로 구성되어 있다. 시집의 부를 구성하고 순서를 배치하는 일은 각 편이 쓰일 때 발생했던 의미를 다시 배열하는 일이다. 재구성된 흐름 속에서 시편들은 각자의 위치를 확보하게 되고 사후적 의미의 생산물이 된다. 그러나 그것은 어디까지나 최초의 독자이자 편집자로서 시인의 시각이다. 의미와 의도는 독자에게 가 얼마든지 달라질 수 있다. 그러므로 몇몇 작품들의 창작의 계기를 밝힌다고 해서 의미의 측면에서 그 작품들이 온전히 시인의 소유가 되는 것은 아니다. 각각의 시편들은 제 자신이 배열된 위치에서 다시금 의미와 위상의 변화를 겪게 된다.

1부는 '난데없는 세계가 펼쳐질 것 같은 기분으로'라는 소제목을 붙였다. 여기에는 주로 '너'와 관련한 시들이 묶였다. 사실 '너'는 사랑하는 사람일 수도 있지만, 사랑이 그렇듯 '너'는 '나'라는 주체를 버리거나 소멸시켜야만 진정으로 만나지는 경우가 많다. 필자의 시에서 '너'는 '나'라는 주체를 주체의 자리에서 끌어내리고 대상화하고 수동화하는 존재로 자주 드러난다.

너는 나를 한 마리 잡았다고 좋아했다

곳곳에 수없이 많은 덫을 설치해둔 번화한
거리 쪽은 아니고 어쩌다 들르곤 했던 허름한
술집에서였다 너는 그곳에도 덫을 놓았다는
사실조차 까맣게 잊어버리고 있었더랬다
술집 주인으로부터 연락을 받고 너는 환호했다

술집에 도착하자 너 한 마리가
덫에 걸려 으슥한 구석에서 버둥거리고 있었어
술집 주인은 그런 너를 며칠째 그냥 방치해둔 채
내가 들르길 기다렸다고 했지
나는 너를 잡았다는 것만으로 기뻤어
너는 구하기가 여간 어려운 게 아니었거든

— 〈너는 너를 잃고〉 부분

이 시에서 '나'는 한 마리 정체 모를 짐승으로 설정되어 있다. 이 시에서 의도한 것은 지칭의 상대성이었다. 왼쪽과 오른쪽 정렬을 교차하여 사용해 '나'의 목소리와 '너'의 목소리를 번갈아 가며 보여 주고 있는데, '나'의 목소리는 '너'를 문장의 주체로 내세워 '너'의 행위를 묘사한다. '너'의 목소리에서 주체는 너이지만, 1인칭 대명사 '나'로 표현된다. 즉 전체 시의 화자 입장에서 '너'는 확실히 목소리와 행위의 주체인 데 비해, '나'는 자신을 나라고 지칭하지만 '너'의 행위 대상이며 수동적 존재이다.

'나'는 '너'에 의해 사육되다 죽어 버려진다. 그리고 그 포획과 유기는 암시적으로 되풀이된다. 그렇게 대상화되고 희미해진 '나'는 1인칭이 될 수 있을까. 1인칭으로서 주체성과 능동성을 지닌다고 할 수 있을까. 그때도 '나'는 나를 나라고 부를 수 있을까, 이런 의문에서 시작한 시이다.

시집의 표제작인 〈에게서 에게로〉에도 그렇게 정체성이 희미해진 주체로서 '나'가 등장한다.

> 하는 수 없이 나는 네 눈꺼풀
> 안쪽에 거처를 마련한다 이물감에
> 눈을 몇 번 깜박였으나 너는 곧
> 눈꺼풀 따위 신경 쓰지 않는다
> 대수롭지 않은 일처럼 […]
>
> 네 입술의 거스러미들이 일어난다
> 네 말은 누구에게도 가닿지 않고
> 나는 끝끝내 말해지지 않는다
> 자리를 잡지 못한 네 말들로 이곳은 범람한다
>
> 기어이 나는 생각되지 않는다
>
> 너에게서 또 다른 너에게로
> 나는 다시 옮아갈 채비를 서두른다
> ―〈에게서 에게로〉 부분

이 시에서 '나'는 희미해진 정도를 넘어 미물에 가깝다. 이 시는 아주 오래전 메모로부터 시작되었다. '네 눈에 비친 나는 어떻게 되었을까' 하는 의문에서 출발하였다. 너의 눈에 잔상으로 남은 나는 그다음에 어디서 살아가나, 하는 의문 말이다. 이 시의 '나'는 능동적으로 말하고 있는 것처럼 보이지만, 실상은 네 눈에 남은 잔상, 즉 이미지에 가깝다. 잠시간의 흐릿한 이미지로 존재하는 그 시간에 의지를 부여하려 했다. 그러나 그런들 너와 말이 통할 리 없다.

해서, '너'는 '너'대로 말하고 '나'는 그런 '너'를 묘사하고 네 신체의 감각과 관여한다. 결국 나는 끝까지 너에게 말해지지 않으며 너에게 생각되지 않는다. '너'의 눈에 비친 잔상이라고는 하지만 너에게서 아무 의미도 얻지 못한 나는 다른 '너'의 신체로 옮아갈 뿐이다. 이 과정에서 '나'도 '너'도 결국 의미를 상실하게 된다. 이 시의 제목이 체언을 생략한 채 어떤 방향성만 지시하는 조사로만 이루어진 것은 그런 이유에서다.

1부가 '너와 나의 관계성'의 전복을 통해 주체와 대상의 확실성에 대한 회의를 보여 준다면 2부는 주로 일상과 장소에서 비롯된 시들로 구성되었다.

2부의 소제목은 '모르는 얼굴을 들고서'이다. 2부의 시들은 이전에 썼던 것과 유사한 도시괴담류의 알레고리적 형식을 취하고 있으면서, 근래에 관심을 두었던 시적 화자의 위치와 위상에 대한 회의를 담은 작품들로 주로 구성되어 있다.

하면, 이 거대한 여자와 왜소한 남자는 어느 밤으로 보낼
까요? 이쪽 밤엔 여자를 저쪽 밤엔 남자를 보내는 게 맞죠?
한데, 담배연기로 가득한 동시 상영관의 저녁 얼굴도 없이
불쑥 내밀어지던 손들과 홍등가를 배회하는 어지러운 치기
어린 망설이던 발자국은 각각 어느 밤에 두어야 할지 영 헷
갈리는데요. 아, 그렇구만요. 손들은 이쪽 밤 앞에 깔아두어
야 하는군요. 발자국은 저쪽 밤 앞이고요. […]

 한데, 당신은 어디 있지? 왜, 모습을 드러내지 않는 거
요? 그렇군, 렇군, 렇군이로군. 당신은 없고, 그 없음으로
밤은 흩어져 부유했던 것이로군, 이로군. 남자도 여자도
제가 있어야 할 자리에 있지 못하고 제가 남자인지 여자인
지도 알지 못하고 늙지도 죽지도 않고, 어느 시간인지도
모르는 시간에 엎어져, 여기 유일하게 없는 당신으로 인해,
허허허, 허허허허허. 한데도, 하므로, 하면, 나는 어쩌다 있
어져 없는 당신의 손아귀에 놀아나고만 있는 것인지, 도통,
알지 못하겠는 것이라는 것인데, 말야.

—〈두 밤 사이〉 부분

이 시의 시적 화자는 어떤 의뢰를 받은 자이다. 이 의뢰는
어떤 사건의 전후의 밤을 구성하는 일이다. 시적 화자에 대
해 관심을 두면서 화자의 여러 위치들을 생각했는데, 이러
한 설정도 거기서부터 비롯되었다. '어떤 사건'이란 젊은 날
의 어떤 경험에 관한 것인데, 시적 화자를 통해 간접적이고
파편적으로 드러나도록 했다.

중요한 것은 사건 자체가 아니라 시적 화자의 위치와 위상의 변화였다. 처음에 시적 화자는 보이지 않는 의뢰인의 지시대로 움직이는 그저 수동적인 일꾼일 뿐이다. 의뢰인에 대해 일말의 의심을 하지 않는다. 그러나 "담배 연기로 가득한 동시 상영관의 저녁 얼굴도 없이 불쑥 내밀어지던 손들과 홍등가를 배회하는 어지러운 치기 어린 망설이던 발자국은 각각 어느 밤에 두어야 할지 영 헷갈리는데요."처럼 정서적 풍경과 맞닥뜨리고 그 정서를 자신에게 이입함으로써 자신이 지금 하는 일에 의문을 품게 된다. 말하자면 시가 전개되는 과정에서 드러나지 않았던 자의식을 지니게 되는 것이다.

이 시의 갈등은 거기서 발생한다. 시적 화자가 눈에 보이지 않는, 오직 자신에게만 목소리로 지시하는 의뢰인에 대해 "당신은 어디 있지? 왜, 모습을 드러내지 않는 거요?" 하고 질문을 던지게 되는 것이다. 그러면서 의뢰인의 '있음'에 대한 근본적 물음으로 향한다. '당신'으로 지칭되는 의뢰인이 존재하지 않는다면 '의뢰를 받은' 화자의 행위들은 무엇으로 남는가? 존재의 '없음'이 생성을 야기하는 모순적 상황 앞에서 시적 화자가 겪는 딜레마에 집중하려 했다.

사실 2부에서 개인적으로 가장 아픈 시는 〈거기, 없는〉이다. 이 시를 쓰기 시작할 때 한남동 이태원 입구에서 살았던 때의 한 에피소드를 떠올렸다. 젊음의 치기로만 가득하던 시절, 삶의 절망만 가득하던 시절의 한 밤을 떠올렸다.

쏘아붙이듯 벽을 향해 누군가 컵을 던졌어 거기
가지런히 쌓여 있던 얼굴들 얼굴들이야 다시 이어
붙일 수 있겠지만 컵은 어쩌지 지나온 거리의 불빛들
집 안까지 흘러왔어 흘러 흘러 몸 안에서 출렁거렸어
불빛들마다 누군가가 하나씩은 서성이고 있었는데
몸은 컵이 아니야 내가 말하자 그중 누군가 나를
쏘아보았어 휘황하게 빛날 거란 생각은 버려 몸은
언젠가 던져져버릴 운명이야 이내 깨져버릴 테지 몸은
— 〈거기, 없는〉 부분

누군가 벽에 컵을 던지는 사건이 이 시기 젊음과 절망의 한 표상 같았다. 시간의 흐름을 잠시 멈추고 그 시간의 형질에 대해서 쓰고 싶었다. 말은 그렇게 흘러나왔고 시의 진행은 순조로웠다. 그런데, 마감에 쫓기고 있었는데, 아직 시를 다 완성하지 못했는데, 이태원 참사가 일어났다. 하필이면 작품의 경험적 배경이 이태원 입구였고, 하필이면 현재의 현실에서 참사가 일어난 것이다. 쓰던 시를 멈췄다. 함부로 사회적 사건의 이미지가 시로 흘러들어올 것 같아 며칠이고 쓰지 않았다. 쓰는 것이 윤리적으로 허락되지 않았다. 며칠 동안 현실의 끔찍함을 목도하는 동시에 쓰지 못하는 괴로움에 몸부림쳤다.

누군가 이어 붙인 얼굴을 뒤집어쓰네 눈도 코도 입도
지우고 누가 누구인지도 모르고 모르는 집 제 무거움

못 이겨 어쩌지 허물어지네 결국 컵은 깨졌을까 잠은
어쩌지 추워 누군가가 아니면 그 누군가도 아닌 누군가
끔찍해 쨍그랑 끔찍한 밤의 행렬 속으로 누군가 어쩌지
어쩌지 휩쓸려가고 던져지지도 못한 채 나 그만 산산이
깨어져버리네 얼굴도 이름도 알아볼 길 없이 흩어지지
못한
   어쩌지 어쩌지 어쩌지들만 남아 떠다니네 추워 어쩌지
─〈거기, 없는〉 부분

  이 시의 마지막 부분은 그런 몸부림 끝에 쓰였다. 그러나 여전히 내 마음속에는 꼭 썼어야 했을까 하는 회의와 반성이 남아 있다. 이 시를 볼 때마다 나는 두고두고 그날을 떠올릴 것이다. 내게 내려진 형벌 같다.
  3부의 시들은 앞서 말했던 "감정과 리듬만으로" 시를 쓰던 시기에 쓰였다. 이 시들은 어머니에 대한 개인적 애도를 계기로 발생했다. 애도라고 했지만, 애도를 비껴간 유년의 어머니에게 받은 상처의 풍경에 집중하고 있다. '희끗으로 그만 사라지지 않으려고'라는 소제목이 붙은 3부의 이 시들이 어지러운 리듬을 구사하는 이유는 어쩌면 그 상처를 회피하고자 하는 필자 내면의 욕망일지도 모른다.
  〈자줏빛 심장에 대고〉, 〈붉은,〉, 〈어슴푸레〉, 〈희끗,〉, 〈서러우니, 아프니,〉, 〈노래, 없는〉 계열의 작품들은 모두 한 편의 작품에서 시작되었다. 산문 〈두 물 사이〉에 "그 젖을 뺄 무렵에도 어머니는 가끔 집에서 사라지는 일이 잦았더랬다"

라고 썼던 장면 말이다. 어머니의 죽음을 통해 필자는 어머니와 필자 사이의 기다림에 집중하고자 했다. 이전 시들이 유년의 이야기와 유년을 둘러싼 타자의 이야기의 설화적 변형을 통해 알레고리 방식으로 시를 끌고 갔다면, 이 시들은 하나의 장면에서 발생한 '붉은', '어슴푸레'와 같은 파편적이고 시각적인 이미지들을 더욱 파편화하여 리듬만을 부각시키고자 했다. 이 점이 이전과 달라진 시적 태도라고 할 수 있다.

 어릴 때 어머니는 시집살이를 못 이기고 자주 집을 나갔다. 어머니가 처음 집을 나갔을 때의 풍경은 내 기억 속에 선연히 각인되어 있다. 해 질 무렵 어머니는 보통이 하나 안고 집을 나섰다. 어린 나는 어떻게든 어머니와 함께 가려고 했지만 어머니는 좀처럼 잰걸음을 늦추지 않았다. 그런 어머니 뒤를 쫓아 따라가다가 넘어지고 일어서기를 반복했다. 무릎은 까지고 사위는 점점 어두워졌다. 할아버지가 무서운 얼굴로 내 손을 잡아채서 더 이상 어머니를 따라갈 수가 없었다. 산과 산 사이로 노을이 지고 있었다. 뱀의 혓바닥이 날름거리는 것 같았다. 징그러웠다. 어머니의 흰옷은 희끗희끗 멀어지고 아무리 울어도, 울음이 산등성이에 부딪쳐 메아리쳐도 어머니는 결코 뒤를 돌아보지 않았다. 그 기다림이 어머니의 죽음을 통해 애증처럼 떠올랐다.

 어머니는 며칠 뒤면 아무 일 없었다는 듯이 돌아와 우물에서 빨래를 하곤 했다. 낮잠에서 깬 어린 나는 눈을 비비며 꿈인지 생시인지도 모르게 어머니를 불렀다. 이런 장면들에서 이 시들의 이미지가 발생했고, 나는 그 이미지 하나하나에 매달렸다. 장면으로 재현하기보다 각인된 기다림의 시간과 내면의 상처들을 리듬의 흐름을 통해 언어화하게 되었다.

> 붉은, 뱀새끼들의 혓바닥, 이라고 썼다가 지운다 하늘엔 온통 붉은, 소리들, 쟁그렁쟁그렁, 이라고 쓰는 것도 이미 늦어, 캄캄해질 밖에, 붉은, 하나만 남고 산도 물도 나무도 풀도 형체를 잃어, 하냥 캄캄해질밖에, 캄캄하게, 붉은, 은 어디서 풀려나왔을까, 썼다가 지운 붉은, 의 남은 기억들 혹은 붉은, 에서 살았을지도 모르는 무섭고 차갑게 흘러 흘러만 가는 하늘, 이려나, 되뇌다 만다 그런 붉은, 쯤에서 노는 일이 마땅찮아, 붉은, 이제는 붉은, 만뿐인 그것을 어떻게 지울까, 궁리 중이다, 만, 그것은 지워나 질까, 여자 혼자 걸어가는 어느 비탈길 어귀로나, 붉은, 지워나 질까, 지지나 않을까, 노닥노닥, 일없다, 일없이 아무리 불러도 붉은, 너머에는 가 닿지 못하는 목소리, 불긋불긋, 이런 것도 아니고, 그저 붉은, 은 무슨 일로, 여기까지 와서 이렇게나 퍼질러만 앉는가 목이 다 쉬어 붉은, 붉은, 으로만, 오직 붉은, 까지만, 퍼질러만, 캄캄하게, 뱀새끼처럼, 쟁그렁쟁그렁, 붉은,
>
> ―〈붉은〉 전문

이 시가 그리는 장면은 어머니가 나를 뿌리치고 떠날 때 노을 지던 풍경에서 연유한다. 그러나 이 시의 시적 화자는 그 시절의 나로 등장하지 않는다. 현재의 나이면서 현재까

지 영향을 미치는 그때의 이미지에 의문을 품는, 짐짓 기억하지 못하는 것처럼 행동하는 나이다.

그러나 "지운 붉은, 의 남은 기억들 혹은 붉은, 에서 살았을지도 모르는 무섭고 차갑게 흘러 흘러만 가는 하늘, 이려나, 되뇌다 만다"에서 드러나듯, 의도적 망각을 넘어서 현재의 글쓰기에 도착하고, "여자 혼자 걸어가는 어느 비탈길 어귀"라는 장소를 환기시킨다. 끝내 떠올리고 싶지 않았던 기억의 한 장면을 떠올리고 마는 것이다. 어머니를 '여자'라고 지칭하는 것은 망각, 회피와 관련이 있다. 이렇게 떠올리는, 떠올리고 싶지 않은, 떠올려지고야 마는 기억들은 내면의 저항에 부딪쳐 부서지고 만 파편적 이미지로 어지러운 리듬의 무늬를 그려내는 것이다.

앞서 나는 "이제 됐다. 여기서, 나는 끝내야 한다"고 고백했다고 말한 바 있다. 리듬만 극단적으로 실현되는 작품들을 스스로 감당하기 어려웠던 것이다. 그러나 그러한 작업이 꼭 나쁜 결과로 귀결된 것만은 아니다. 앞서 말했던 〈빛, 재, 빈〉, 〈꽃꿈〉 등은 비록 표현 방식에 극적인 면이 있다고 생각하지만, 시적 화자는 개인적 애도보다는 사회적 애도의 태도를 취하고 있다. 나는 개인적 애도에서 멀리 떨어져 그 개인적 애도를 뒤덮은 사회적 애도 쪽으로 비로소 나아갈 수 있게 되었다.

  천사는 어떻게 우는가 살았는지
  죽었는지 우리가 쏟아진 얼굴을

> 미처 쓸어담지 못하고 우물만
> 쭈물만 거려 거리고 있을 때
> 금 간 담벼락에나 우리의 심장이
> 가까스로 숨어만 들어 들고 숨이
> 숨이 수숨이 헐떡 헐헐떡 헐떡만
> 대는 개의 혓바닥에서처럼 토해져
> 나올 때 뜨거울 때 뜨거워도
> 마지막 표정은 기억나지 않고
> 마지막 눈빛이 마지막 발음이
> 마지막 목소리가 마지막 풍경이
> 마지막 당신이 발 없는 바람이
> 무수히 발자국을 찍어 바람의 행방
> 도무지 알 수 없고 주름도 없이
>
> ─〈천사는 어떻게〉 부분

〈천사는 어떻게〉는 〈장마〉를 쓴 이후 줄곧 쓰지 못했던, 세월호 참사에 관한 시이다. 이 시는 오래전 메모해 두었던 "천사는 어떻게 우는가"라는 문장으로부터 시작되었다. 시가 쓰일 수 있었던 것은, 개인적 애도로부터 출발한 극단적 리듬의 실험들을 경험하고 그 리듬들을 정리해야겠다고 생각했기 때문이었다. 개인적 애도를 뒤덮어버렸던 사회적 애도와 비로소 제대로 마주하게 된 것이다. 어지러운 말들의 파생을 자제하고 천사의 우는 이미지에만 집중했다. 그렇게 창작된 이 시는 지금껏 실험해온 리듬 실험의 요소들을 어느 정도 드러내면서, 그동안 나의 시에 나타났던 언어적 습관이 어우러졌다. 어쩌면 이 시가 이후에 쓰일 시들의 양상을 예비했을지도 모르겠다.

4부 소제목은 '너를 껴안는 어둠의 형질에 대해'라고 붙였다. 1부에서 '너'가 위상을 달리하며 '나'의 정체성을 위협하는 존재였다면, 4부의 '너'는 1부와 같은 성격을 지니면서도 또 다른 '너'들로 확장하는 모습을 보여 준다. 4부의 '너'들은 1부의 '너'들이 어떤 지향성을 가지고 도달한 자리에 있는 존재들이라 할 수도 있겠다.

한편, 그 '타자'는 어머니이기도 하다. 3부의 시들이 애도의 실패와 어머니와의 관계에서 애증을 드러내고 있는 측면이 없지 않은데, 〈미처 다물지 못한〉이나 〈윤슬〉에 이르러서야 비로소 진정한 애도에 다다랐다는 생각이 들었다. 물론 이 시들은 애도에서 그치지 않고 결과적으로는 새로운 시간성과 그로 인한 새로운 공간성을 만들어내고 있다고 생각하지만, 개인적 창작의 계기는 어머니에 대한 애도로부터 출발했음을 밝혀 둔다. 그리고 그것은 무척 고통스러운 일이었다.

나는 아무도 기다리지 않았어요. ― 왜 그를 신랑이라고 지칭했습니까? ― 내겐 아무도 없으니까요. 그런 느낌이었어요. 신랑 말고는. ― 그가 당신의 신랑 모습을 하고 있었습니까? ― 기다리지 않아서 얼굴을 간절하게 떠올리긴 힘들군요. ― 신랑 같았군요. ― 그는 내게 엄마라고 부르더군요. ― 그를 낳았습니까? ― 나는 아무도 낳지 않았어요. ― 아무도 낳지 않았다는 것을 기억하는 겁니까? ─ 낳지 않았다는 것을 기억하는 것은 아니에요. 잊지 않은 것뿐이지요. 나는 잊지 않아요. ─ 당신은 과거가 없습니까? 잊지 않은 것은 과거가 아닙니까? ─ 그것은 현재일 뿐이지요. ─ 왜 당신의 현재는 내 현재에서 먼 것입니까? ─ 당신의 현재는 어디인가요? …… 여하튼 과거는 아니에요. ─ 느낌이 꼭 과거와 연루되는 것은 아닙니다. ─ 느낌은 그럼 미래인가요? ─ 어쨌거나 아무도 낳지 않았다는 사실을 기억하지 않은 게 아니라 잊지 않은 거라고 말하고 있습니다. ─ 맞아요. 아, 맞아요, 그가 슬픈 표정을 짓더군요. 그러자 순식간에 신랑이 사라졌어요. ─ 신랑이 잊혀졌습니까? ─ 아니요. 신랑이 없어진 자리에 그가 나타났어요.

─〈윤슬〉부분

3부의 시들이 유년 시절 어머니를 기다렸던 기억에 깊이 천착한 작품들이라면, 〈윤슬〉은 어머니가 나를 기다렸던 사건에서 시작된다. 무선호출기만 겨우 존재하던 시절, 어머니는 버스터미널에서 연락이 되지 않는 나를 여섯 시간 동안 기다렸다. 그 죄책감이 그 시간에서 벗어나 있는 시적 화자를 그 시간으로 보내 말하도록 하는 것이라고 짐작한다. 어머니의 부재 속에서 그때의 기다림이 커다란 죄책감으로 떠오른 이유는, 아마도 내가 어머니의 임종을 기다리며 대기했던 마지막 기억 때문이었을 것이다.

어머니는 오래 앓았고 임종 즈음엔 치매 증상까지 보였

다. 어머니가 나를 아버지로 착각했던 일은 두고두고 잊히지 않는다. 마지막엔 심정지가 여러 번 왔다. 결국 인공호흡기에 의지해야 했는데, 연명치료 중단 여부를 장남인 내가 결정해야 했다. 의사는 하룻밤을 못 넘길 거라고, 병원 근처에서 대기하라고 했다. 근처 여관에 대기하던 나는 어머니의 임박한 임종 소식을 듣고 병실로 달려가야 했다. 그 하룻밤의 기다림은 지옥 같았다.

    상여 소리 높았던가. 그날. 곡소리 흥건했던가. 곡기를 끊고 기어이 영감탱이 떠나던 날. 곡우 전이던가. 곡우 후이던가. 비가 왔던가. 땅에 쩍쩍 금이 갔던가. 까마귀 날았던가. 울었던가. 음산했던가. 맴돌았던가. 흩어졌던가. 남았던가. 사라졌던가. 떠돌았던가. 도착했던가. 그 형용이 끔찍했던가. 알아보기는 힘들었던가. 추깃물만 남았던가. 남았다가는 다시 떠났던가. 다시. 떠나는. 다시. 이상한. 말. 도대체. 떠나지지. 않는. 상한. 말. 곡우라는.

—⟨곡우⟩ 부분

이 시 속 '영감탱이'의 모티프는 동네 골목의 어느 노인이었다. 어느 새벽 온 골목이 쩌렁쩌렁 울리도록 가래를 올리는 노인을 목격하게 되는데, 그 광경이 무척 이질적으로 느껴졌다. 이 이질적인 인물의 행위가 오래전 돌아가신 할아버지의 기침 소리를 떠올리게 했다. 그 기침 소리에서 '고오구 고우구' 하는 까마귀 소리, 죽음, '곡우穀雨'라는 절기의 감각이 연상되었다. 이 시는 그렇게 시작되었다.

 창작의 계기와 경험적 기억이라는 것이 시를 쓰면서 겪었던 것과 동일하게 재현되지는 않는다. 경험적 기억은 재현적이든 비재현적이든 시 안에서 다른 시간을 구성한다. 그럼에도 창작의 계기를 되짚어보는 것은 그런 계기들이 쓰는 사람과 상호작용하고 때로는 갈등하며 한 시기의 방법론을 만들어내기 때문이다.

 그러한 방법론의 형성과 변화는 창작의 계기를 대하는 시인의 태도와 관련이 있다. 시인의 태도 변화는 시적 세계의 변화를 가져오고, 방법론의 변화를 가져온다. 시 창작의 방법론은 태도와 인식이 켜켜이 쌓여 시인 본인이 알아채지 못한 상태에서 생성과 변신을 거듭한다. 창작적 계기들과 시 창작방법론의 변화를 통해 필자 시에 자리 잡게 된 리듬과 정동은 《에게서 에게로》의 고유성을 드러낸다. 이것은 어떤 의도로 갑작스럽게 만들어진 것이 아니며 그간의 시적 행보 안에서 조금씩 변화 또는 이행해 온 결과라고 할 수 있다.

리듬과 정동

내 시의 리듬에 대한 비평적 접근은 많지 않다.

 《뱀소년의 외출》의 해설에서 황현산은 "현실을 제치고 떠오르는 말들의 자율적인 힘", "자유롭게 풀어놓은 언어의 변주"로 첫 시집의 언어적 특질을 규정한 바 있다. 시 〈모래바람 속〉을 분석하면서 "대화 같기도 하고 독백 같기도 한 말들은 읽는 사람의 존재를 단조로운 음조로 무너뜨려 나른한 대기 속으로 확산시킨다"고 평가하는가 하면, 시 〈江, 꿈〉에 대해서는 "비슷한 어조로 결코 끝날 것 같지 않은 말들의 어지러운 아라베스크를 그리다가 마침내 내지른 외마디 소리로 중단된다"고 서술했다.

황현산의 서술은 내 시의 언어적 양상에 대한 최초의 지적이다. 시적 전개와 흐름 안에서 말들은 풀어지고 단절되기도 하면서 대기 속으로 흩어진다. 흩어지기 직전의 말들이 내 시의 리듬의 한 형질을 이루는 게 아닐까.

조재룡은 내 시의 리듬에 대해 매우 자세하게 기술했다.

〈조카의 탄생 — 조카의 말〉은 장광설이 아니라, 김근 특유의 말의 가락을 살리는 방식, 구성지게 펼쳐낸 소리의 잔치에 가깝다. 김근은 사투리를 모던한 문장으로, 매우 세련된 방식으로, 특이한 가락으로, 뿜어내는, 거의 유일한, 젊은 시인이다. 그는 무엇보다도 낭송의 묘미를 알고 있는 시인이며, 필자가 아는 한, 가장 리듬을 잘 타는 시인이기도 하다. 조카의 말은 자학도, 풍자도, 비꼼도, 특히 과장도 아니다. 그것은 세상의 모든 발화들을 불러내는 최초의 목소리이자, 세상의 모든 발화들이 터져 나온 이후, 그 사이의 균열을 봉합하고자 솟구쳐 올라온 최후의 목소리이다. 그것은 시를 쓰는 주체와 시 사이의 경계를 허문, 존재 이전의 시가 구연口演할 수 있었을 태초의 가락이며, 시가 행하고자 했던, 시가 행할 수밖에 없는 구술성orality의 구체적인 발현이다. 이 작품은 바로 이

가락을 조카와 나 사이의 교차 서술에 의지하여, "이모"와 "삼촌"이 두 가지 상이한 세계에 토대를 두고서 세상에 선보였던 시적 실천과 나란히 포개고, 서로 상이한 여러 갈래의 가락을 뒤섞어 한군데로 엉키듯 풀어놓은 구술의 산물이며, 시의, 실패할 수밖에 없는, 그리하여 시 쓰는 자의 실패할 수밖에 없는, 필패하는 운명의 저 비밀스러운 구석을 본능적인 감탄과 탄식으로 펼쳐놓은 매우 지적인 언술이자, 항상 다시 착수해야만 하는 시의 생리를 한바탕의 응어리진 말로 읊어낸 힘찬 가락이며, 숨결을 토해내듯, 그러나 조롱에 자기비판을 실어내면서 흐느낌으로 한없이 차오른 아이러니의 절규이자 외침이다.(조재룡, 2013)

그는 시 〈조카의 탄생 — 조카의 말〉에 드러난 리듬의 특성과 의미를 친절하게 보여 준다. 조재룡의 이 같은 설명과 관련해 옥타비오 파스의 리듬론을 참조할 필요가 있다. 파스는 시의 리듬에서 구어, 즉 "말하여지는 말palabra dicha"을 강조한다.

"시인은 문법 이전의 원초적인 언어를 찾기 위하여 흐름을 거슬러 올라간다. 그리고 원시적 핵심인 시간성을 발견한다"고 말하는 것으로 미루어, 시의 리듬을 구성하는 "말하여지는 말"은 원시적 시간성과 관련이 있음을 알 수 있다. 파스가 말하는 시간성은 물리적 세계의 순차적 시간성이 아니다. 그것은 순차적 시간을 벗어난 "영원히 현재"인 타자적 세계, 즉 실재의 시간성이다. 내 시의 리듬이 실재의 언어를 구현하기 위한 한 요소로 작용하고 있음을 확인할 수 있는 대목이다.

　나의 시를 리듬만으로 분석한 비평은 이도연의 글이 유일하다. 이도연은 〈반복의 문제〉라는 글에서 황중하, 황혜경의 시와 함께 졸시 〈변명, 라디오〉의 리듬의 흐름을 자세하게 분석하였다.

　총 27행의 완만한 장거리 문장으로 배열된 이 작품은 매우 보기 드물게 유장悠長한 가락과 함께 어떤 아주 특별한 리듬을 창조해내고 있는데, 이는 전적으로 반복의 기법에 기인한 것으로 보인다. 그것은 마치 판소리 창자와 고수의 주고받는 말처럼 자유자재로 넘나들고 앞뒤의 경계 없이 넘실댄다. 이 작품의 반복은 단어의 잇닿은 연쇄가 빚어내는 미세하고 작은 차이를 기반으로 이루어진다. 단적으로 말해, 그것은 마중말로서 '받아치는 말'의 효과이다. 받아치는 말은 앞선 말을 마중하면서 되돌려준다. 여기에는 시어의 창조적 변용, 의미와 형태를 포괄하는 미묘한 뉘앙스의 의도적인 조작과 변형이 개입한다. 그리고 앞말과 뒷말이 발생하거나 유발시키는 리듬의 효과는 반드시 잇닿은 말의 연쇄 속에서, 말의 순차적 진행 속에서 얻어진다.(이도연, 2014)

　이도연은 이렇게 시 〈변명, 라디오〉가 지닌 리듬의 특질을 분석하면서 "시와 시인과, 시적 화자와, 시의 독자가 함께 이룩한 행복한 감각의 순간적 일치감 속에서, 경이로운 공동의 언어 마을을 일구도록 하는""리듬의 공명"을 창조한다고 말했다.

이도연이 이 글에서 지적한 "유장한 가락", "단어의 잇닿은 연쇄가 빚어내는 미세하고 작은 차이를 기반으로" 한 반복, "'받아치는 말'의 효과", "시어의 창조적 변용, 의미와 형태를 포괄하는 미묘한 뉘앙스의 의도적인 조작과 변형" 등은 시 〈변명, 라디오〉가 지닌 리듬의 특성을 드러내는 것이기도 하지만, 나의 다른 시들에 나타나는 리듬에도 어느 정도 해당되는 말일 것이다. 특히 그가 "리듬은 그 자체로 하나의 시적 의미를 획득하고 있다"고 지적한 부분과 "이화적離化的 이행移行"이라고 규정한 부분은 내 시가 지닌 리듬이 단순히 형식적인 요소로 그치는 것이 아니라 의미와 긴밀하게 연결되며 그 자체로 시적 흐름을 형성한다는 점을 잘 보여 준다.

네 번째 시집인 《끝을 시작하기》에 실린 해설에서 김태선은 "어떤 글쓰기의 과정에서 겪게 되는, 어떤 말하기가 이루어내는 기묘한 발생과 소멸 그리고 이행의 움직임들"이라고 이 시집의 흐름을 설명하면서 이 이행이 "망각에 이르는 움직임들을 이행"하고자 하는 것이라고 평가한다. 이러한 평가는 이 장시長時가 지닌 의미의 차원과 형식의 차원을 동시에 지시한다. 김태선이 말하는 '이행'이라는 형식적 요소가 이 시의 의미를 구성하는 데 중요하게 작동하기 때문이다. 이도연이 말한 "형식(리듬) 자체가 완결된 하나의 의미를 형성"하는 일이 이 장시에서도 일어나고 있는 것이다. 이도연과 김태선이 공통적으로 '이행'을 강조하고 있는데, 이는 이행이 필자 시의 리듬에서 핵심적인 요소라는 사실을 방증한다고 할 수 있다.

'이행'은 정동情動; affect이다. 들뢰즈는 정동을 "이전 상태에서 현대 상태로의 혹은 현재 상태로의 생생한 이행"이라고 정의한다. 내 시의 리듬이 이러한 정동과 서로 상호 작용한다는 점에서, 내 시의 리듬에서 통사를 조직하고 흐름을 관장하는 디스쿠르discours*의 주체는 정동적 주체라고 정의할 수 있다. 그동안 학계에서 간과된 측면이 있지만, 앙리 메쇼닉의 리듬론에서도 정동은 강조된다.

독특한 방식으로 리듬이 무엇이며 리듬이 무엇을 만들어내는가를 사유하는 것. 사전 속 단어들의 의미가 만들어낸 의미론과는 또 다른 의미론을 사유하는 것. 더 이상 철학적 주체도 심리적 주체도 아닌 하나의 특수한 주체를 연루시키는 계열적인 의미론에 관해 사유할 것을 요구합니다.

이는 매 순간 자신의 통일성과 역사성 속에서 인식 가능한 특수한 담화체계를 부여하는 것이기도 합니다. 그리고 이는 우리가 하나의 작품이라고 부르는 것. '삶의 형식에 의한 언어활동의 형식'과 '언어활동의 형식에 의한 삶의 형식' 사이

---

* 디스쿠르는 '언어 활동의 모든 대사'를 의미한다. 뱅베니스트가 '문장'을 디스쿠르의 단위라고 했듯이 디스쿠르는 조직된 말의 조합을 의미하며, 이때 '조직되었다'는 표현 속에는 힘 또는 조직하는 원칙이 존재한다는 뜻이 담겨 있다. (루시 부라사, 2007)

의 상호 발명이라고 부르는 것입니다.(앙리 메쇼닉, 2004)

앙리 메쇼닉의 리듬론의 핵심 테제는 리듬은 '디스쿠르에서의 의미의 조직'이자 '의미-형식의 통합체'라는 것이다. 이런 주장은 국내 리듬 논의에서 널리 받아들여졌다. 그러나 오연경의 말대로 "논자들의 상이한 욕망과 관심에 따라 선택적으로 수용되었다"고 볼 수 있다. 이 논의들은 "프로조디prosodie*나 강세 등 개념의 새로움에 매혹될 때 우리의 눈은 음절, 음운, 음소 등 세부 사항에 매몰되어 기호의 항구성에 사로잡힌" 측면이 있다고 오연경은 비판하였다.

그동안의 국내 학계와 비평계의 리듬 논의는 형식론에 치우쳤던 율격학과 결별하고 리듬 연구의 새로운 전기를 마련했지만, 리듬에 관한 일반론을 구축하는 데는 실패한 것처럼 보인다. 특히, 국내 리듬 논의에서 앙리 메쇼닉이 강조한 '정동성情動性'과 '예측불가능성'이 다소 소극적으로 다뤄진 부분이 있다.

앙리 메쇼닉은 디스쿠르에 토대를 둔 뱅베니스트적 주체를 비판하면서 "고립된 단위들에 대해 사고하였다"고 지적한다. 앙리 메쇼닉을 번역한 조재룡 역시 "글 전체의 조직이 세부의 사항을 결정하는 것이지, 세부 사항이 항구적으로

---

* 시의 리듬으로 구현된 언어의 자음적·모음적 조직과 그것의 계열체를 이르는 말이다.

제 구조를 관철시키는 법은 없다"고 말한다. 즉, 앙리 메쇼닉이 강조한 발화자의 정동성은 글 전체의 조직에 관여한다고 할 수 있다.

리듬이 시 전체에서 "조직을 관장하는 로고스"(조재룡, 2013)임을 전제하면서 시 전체의 통사를 조직하고 리듬을 관장하는 디스쿠르 주체의 성격을 규정하며, 그것이 시 전체의 의미로 이어지는 과정을 분석하려 할 때 앙리 메쇼닉이 강조한 '정동성'과 '예측불가능성'은 주요하게 부각될 수밖에 없는 요소이다. "문법적 차원-언표의 차원에서는 형성되지 않는, 나타날 수 없는, 살펴볼 수 없는 오로지 리듬이 드러내고 밝혀주는 의미의 층위"는 통사적 차원의 고찰을 통해서만 접근할 수 있다고 조재룡은 주장한다. 이러한 주장을 앙리 메쇼닉의 '정동성'과 연결 짓는다면, 디스쿠르 주체가 전체 시에서 통사를 조직하고, 배치하며 리듬의 흐름을 형성해 가는 과정에서 정동적 주체의 성격을 지니게 된다고 말할 수 있다.

정동적 주체는 통사를 조직하고, 배치하며 리듬의 흐름을 형성할 뿐만 아니라 시 안에서 정동적 공간을 창조하고 그것이 시 자체의 개방성으로 이어지도록 한다. 브라이언 마수미는 들뢰즈 식의 "정동되는 연속적인 변이"를 "운동"으로 규정한다. 그에 따르면, "정동은 이미 활발한, 그리고 여전히 열려 있는, 다사다난한 복잡한 관계의 장으로 진입하는 한 지점"이고 "개방하는 공간으로 진입하기"이다.

내 시의 발화 주체가 정동적 주체의 성격을 지닐 때, 마수미의 말대로, 자신이 처한 자기-동일성으로부터 이탈하며 정동되는 연속적인 변이를 통해 시적 공간을 정동적 공간으로 만들어내고 개방성으로 나아간다고 할 수 있겠다.

디스쿠르 주체의 정동성

세 번째 시집 이후 내 시는 리듬을 더욱 강화하는 쪽으로 변모했다.《에게서 에게로》에 드러나는 시적 리듬은 상식적 언어 체계에 교란을 일으키고 혼란을 가중시키는 리듬으로서 작용한다. 단어들이 형태소 단위로 분해되어 음성적 이미지로만 남게 되는 경우도 있고, 제 위치를 벗어나 무의미하게 반복되기도 한다. 환유적으로 미끄러지던 시어들이 역할을 상실하고 흩어지기도 하며, 어근과 어미로 분리된 용언이 문장에서 갈 길을 잃고 본래의 서술의 의미를 휘발시킨 채 연속적인 해체의 과정을 겪기도 한다. 어말이나 어미 다음이 아닌 절이나 구, 단어를 비집고 무차별적으로 생성되는 쉼표나 마침표는 뜻하지 않은 휴지休止와 간격을 만들어 문장의 상식적 의미의 형성을 방해하는 경우도 있다.

어슴푸레 어슴푸레로 어슴푸레이기만 어슴푸레 다시 잠이 깨어 어슴푸레 잠 깨이면 어슴푸레푸레로만 잠인지 아닌지 생시인지 아닌지 어슴푸레, 어슴은 떼어내고 푸레일 것만 같이 해가 뜨는지 해가 지는지 잠 깨어 보면 어슴, 푸레가 떨어진 어슴인 것만처럼 여자 돌아오고 어슴어슴, 푸레 어디서 물소리 아득하고 날 흐려지고 까무룩하고 다시 잠들고 까무룩히 잠 깊어지고 까무룩 까무룩 여자 떠나가고 까마귀 떼 하늘 가득 날아 나는데 날 어두워지고 휘적휘적 치마 퍼드덕이며 날 듯이만 가는데 여자 가서 아주 안 돌아올 것처럼 돌아보지는 전혀 않고 뒷모습으로만 어슴푸레, 어슴푸레 해만 지고 붙들려 손이 나는 손이 붙들려 따라나서지는 아주 못하고 까무룩 까무룩 잠만 들고 잠귀신마냥만 까무룩 까무루룩 잠만 깨면 어슴푸레 눈곱 말라붙어 눈 안 떠지고 여자 돌아오는데 영영인지 아닌지 어디서 빨래 소리 흰 빨래 검어지지 않고 검은 빨래 희어지지는 끝끝내 않고 찰박찰박 빨래 소리 여자 돌아보는데 찰박찰박찰박, 빛도 없이 찰박찰박찰박찰박, 물소리 빨래 소리 까무룩 까무룩 까까무룩 아무리 몸을 뒤집어도 어슴푸레, 어슴푸레만일 뿐 여자 돌아 돌아보는데 무서 무서 무서운데 앞모습으로만 어슴푸레, 깨지나 말걸 깨지나 깨지지나 어슴푸레로 말걸 잠인지 생시인지 깨도 깨도 잠 속이고 아슴아슴 뒷모습인지 앞모습인지 무서 무서 무서운데 어슴푸레 자도 자도 자도 생시라 어슴푸레, 어슴푸레로나만 다시 하릴없이 잠에 들고 잠 깊어 어슴푸레 잠 깊으면 여기인지 거기인지 까무룩 까무까무룩 여기가 거기인지 그때가 지금인지 어슴푸레, 푸레나푸레 푸레푸레일러나
　　　　　　　　　　　　　　　　　　―〈어슴푸레〉 전문

이 시는 '어슴푸레푸레로만', '어슴어슴, 푸레', '푸레나푸레'처럼 '어슴푸레'라는 부사의 비문법적 변용, '휘적휘적',

'찰박찰박' 같은 반복되는 첩어들, '잠귀신마냥만', '어슴푸레로나만'처럼 과잉 생성되는 보조사들에 의해 리듬을 형성한다. 뿐만 아니라 파열음인 'ㅍ', 'ㄲ'과 파찰음인 'ㅊ', 마찰음인 'ㅅ'의 반복을 통해 독특한 음성 이미지를 만들어낸다. 사건과 정황을 서술하는 문장은 종결어미를 지니지 못한 채 이상한 말들 사이로 흩어지고 말들에 연루되고 결국에는 말들이 만들어내는 이상한 무늬에 뒤덮여 버린다. 시가 진행됨에 따라 이러한 리듬의 요소들은 더욱 무질서하게 표출되며 시의 혼란은 가중된다.

이런 시적 전개 과정에서 시적 화자는 사건과 정황을 전달하려는 발화 주체에서 오직 리듬에 의해 표출되는 정서의 주체로만 기능하게 된다. 과거(유년)의 한 장면을 완성하고자 하는 시적 화자의 욕망과 끝내 그 완성을 저지하고자 하는 시적 화자의 욕망이 어지럽게 뒤섞인다.

이와 같은 표현 방식은 후고 프리드리히가 스트라빈스키의 《음악시학》(1948)을 인용*하며 말한 "불협화적인 긴장"을 야기한다. 문제는 불협화음이 의미론적으로만 드러나는 것이 아니라, 이 시에서 하나의 양식으로 자리 잡고 있다는 사실이다. 즉, 불협화음이 리듬을 통해 형식화되고, 이 형식

---

* "우리로 하여금 안정 속에서만 만족을 구하도록 강요하는 것은 아무것도 없다. 불협화가 독자적인 위치를 점하고 있는 양식의 예들은 1세기 전부터 누적되어 왔다. 요컨대 불협화는 물 자체가 되었다. 그러므로 그것은 그 무엇을 준비한다든지 혹은 예고하는 일이 없다. 협화음이 안정에 대한 보장이 아닌 것처럼 불협화는 불안정에 대한 약속이 아니다."(후고 프리드리히, 1996)

을 통해 시적 화자의 두 가지 욕망을 의미화한다는 것이다.

그러나 이처럼 다소 과격하게 리듬을 실험하고 있는 이 시는 사건과 정황이 지닌 내용적 측면에서만 의미를 완성할 수 없다. 사건과 정황의 전개를 방해하고 도리어 혼란 속으로 몰아가는 리듬과 정서의 이행이 이 시의 의미를 더 적극적으로 드러낸다고 할 수 있다. 이 시는 앙리 메쇼닉이 말한 리듬이 '의미-형식의 통합체'라는 사실을 여실히 보여 준다.

시의 리듬과 그로부터 드러나는 의미들은 사건과 정황 너머 어딘가로 우리를 데려간다. "너머 어딘가"는 실재와 관련이 있다. 이 시의 시적 주체의 목적은 현재적 사건이나 정황을 전달하는 것이 아니라 그것들을 통해 '실재'를 드러내는 데 있다. 이 시에서 그 실재를 드러내는 데 주요하게 작동하는 것이 리듬이라고 한다면, 이 시에서 비문법적인 통사의 구성으로 리듬을 구성하고 시적 흐름을 관장하는 '디스쿠르의 주체'를 시적 주체라고 할 수 있을까? 시적 주체가 사후적으로 구성되는 가상의 목소리라면, 실제 시가 전개되는 과정에서 디스쿠르를 조직하는 주체는 발화 주체인 시적 화자로 봐야 할 것이다.

창작 과정에서 리듬은 예비되지 않는다. 나는 시적 화자에 집중할 뿐이다. 시적 화자에게 주어진 여러 조건들이 그의 발화 방식을 결정하고, 그러한 발화 방식에 의해 리듬은 자연스럽게 형성된다.

나는 시적 전개 과정에서 시적 화자가 "우연한 마주침"(질 들뢰즈 외, 2005)을 지속할 때 거기서 발생하는 정서에 관심을 둔다. 정서는 감정과 다르다. '감정'과 '정서'와 '정동'의 차이에 대해 이진경은 다음과 같이 설명한다. 여기에서는 '정동'을 뜻하는 'affect'가 '감응'으로 번역되어 쓰였다.

> '감정'은 하나의 중심 정서를 통해 상이한 정서들을 하나로 통합하는 유기체 내지 주체의 단일성에 상응한다. 반면, '감응'은 하나의 중심 정서는 그것 속에 섞여 들어간 상이한 정서들을 통해 흩고 혼합하는 신체의 복잡성에 상응한다.

신체의 수많은 정서적 반응 중 하나가 주류를 이루어 중심 정서가 되었을 때, 그것을 '감정'이라고 한다는 것이다. 이때, 정동은 단일한 감정에 관한 것이 아니다. 도리어 그 단일성을 변화와 이행으로 끌고 가고, 그 정서들에 자율성을 부여한다.

들뢰즈는 정서를 "한 신체와 다른 신체의 혼합, 즉 내 신체 위에 가해진 다른 신체의 흔적"이라고 정의한다. 신체는 "정동되는 연속적인 변이" 안에서 행동능력이 증대하거나 감소한다. 그런데 "모든 정서는 우리가 그 이행에 도달하는 이행을 봉인한다"(질 들뢰즈 외, 2005). 들뢰즈에 따르면, 정서가 봉인하는 것은 세 개의 '시간'이다. 즉, 현재의 순간적인 정서, 조금 전의 정서, 앞으로 일어날 정서 말이다. 정서가 이행을 봉인한다는 말은 곧, 이행의 세 가지 시간을 잠재한다는 말인 셈이다.

  시 쓰기의 과정에서 시적 화자가 이러한 정서에 집중할 때 디스쿠르의 주체로 거듭나게 된다. 디스쿠르의 주체는 이행의 잠재력을 지니고 있으며, 통사를 조직하고 배치할 때 정동이 일어나게 되는 것이다.

  내 시의 리듬을 분석하면서 실제 시에서 정동이 어떻게 기능하는지, 디스쿠르의 주체가 어떻게 정동적 주체의 성격을 지니는지 직접 살펴보았다.

  ① 멀리서 꽃 졌다는 소식이 오고 네 얼굴 지워질 것 같은 기분으로, ⑤ 미처 가보지 못한 곳에서 꽃들 만개했다 져버리고 빛깔도 이름도 끝내 알지 못하겠는데 멀리서 흐려진 마음이 오고 네게 얼굴이 있었다는 사실도 그만 지워질 것 같은 기분으로, ③ 바람 불고 멀리서 비 몰아오고 얼굴이라는 말 애초에 없었다는 듯이 네가 내 쪽으로 돌아누울 것만 같은 기분으로, ⑥ 이제 너를 어떻게 알아보나 얼굴도 없이 너는 나를 어떻게 알아보나 우리가 아는 사이인가요 물으면 모르는 사이가 비로소 생겨나고 너는 너라는 지칭도 잃고 아득해만 져버릴 것 같은데 그제야 비로소 사랑할 수 있을 것만 같은 기분으로, ⑦ 와락 껴안고 쓰다듬고 키스를 그러나 키스할 얼굴을 끝내 찾지 못하고 내 얼굴도 그만 지워지고 말 것 같은, 모르는, 얼굴 없는 내가, 모르는, 얼굴 없는 너의 볼모가 될 것 같은, 그러다 내쳐지고 그러다 패대기쳐지고 그러다 매달

리고 울고불고 할 것 같은 기분으로, ⑧ 내가 도무지 남아나지 않아도 이 생면부지의 닿을 수 없는 시간의 진창에서 발이 빠지며 도무지 한 발짝도 그쪽으로는 내디딜 수 없는 자세로 이런 막다른 슬픔이 어떤 슬픔인지도 오직 모른 채 너에게 가야 한다는 가서 마주해야 한다는 생각만 남아 허우적거리며 생면부지 이전과 이후의 아득한 경계에서 못 알아본 너를 어쩐지는 알아본 적이 있었을 것만 같다는 가려운 기분으로, ② 아무리 긁어도 긁어도 긁힌 자국에 피가 배어나와도 가려움 좀처럼은 멈추지 않을 것만 같은 기분으로. ④ 우리가 아는 몸인가요 물으면 몸만으로 멀리서 꽃 졌다는 소식이 오고 난데없는 세계가 펼쳐질 것만 같은 기분으로,

— 〈가려진 문장〉 전문(숫자 표시는 필자)

   이 시는 전체 문장의 종결어미 없이 '기분으로'를 쉼표(,)로 연결하면서 여덟 번 반복하는 형태로 구성되어 있다. 각각의 '기분으로'는 '-ㄹ 것(만) 같은'으로 끝나는 관형절을 동반한다. 이 관형절은 '기분'을 수식하는데, '기분'에는 부사격 조사 '으로'가 결합해 전체 어절은 부사절이 된다.

   시 도입부의 "네 얼굴이 지워질 것 같은 기분으로"를 통해 알 수 있듯이 이 시 전체의 주어는 '나는'이라고 할 수 있다. 전체 주어('나는')는 생략되어 있다. 전체 주어 '나는'에 호응하는 서술어 역시 생략되어 있다.

   이 시는 문장의 기본 성분인 주어와 서술어가 생략된 채, '기분으로'로 끝나는 부사절로만 이루어져 있다. 독자가 난

감한 것은 '기분으로' 다음에 생략된 서술어를 특정할 수 없다는 사실이다. 시의 맨 마지막에 붙은 쉼표는 이 부사절의 반복이 아직 끝나지 않고 이후로도 지속되리라는 것을 암시하며, 서술어의 특정을 더욱 지연시키는 역할을 한다.

또 하나의 문제는 '기분으로'로 끝나는 각 부사절 다음에 생략된 서술어가 동일할 것이라고 확신할 수 없다는 것이다. 이것은 시적 화자가 '기분으로' 이후의 상태를 예측하지 못하고 있거나, 이후에 어떤 행동을 할지 결정하지 못했음을 암시한다. 형태적으로 이 시의 리듬을 결정하는 것은 '기분으로'로 끝나는 부사절의 반복이다. 이 반복은 일정한 방향성을 가지고 있고, 실현되는 반복 구조에 중심이나 초점이 있어서 중심이 되는 부분에 새로운 형태가 덧붙는 형식으로 이해할 수 있다.

이경수는 반복을 부가적 반복, 대조적 반복, 나열적 반복으로 분류했다. 이 중에서 부가적 반복은 다시 부연적 반복과 점층적 반복으로 나눌 수 있는데, 부연적 반복이 새로운 요소가 부가되어 의미 영역을 확장하는 방향으로 실현되는 반면, 점층적 반복은 유사성을 강화하는 방향으로 작동한다고 주장했다. 이 분류대로라면 이 반복은 "일정한 방향성을 가지고" 있고 "실현되는 반복 구조에 중심이나 초점이 있어서 중심되는 부분에 새로운 형태가 덧붙는 형식으로 반복이 이루어진다"는 점에서 부가적 반복이며, 그중에서도 부연적 반복이다.

이 시의 실제적인 사건은 "멀리서 꽃 졌다는 소식이 오고"가 유일하다. 그 사건에서 최초로 "네 얼굴 지워질 것 같은 기분"이 촉발되고, 이어지는 부사절들은 이 '기분'을 부연하는 구절들이다.

각각의 부사절은 여러 개의 복문을 형성하며 '-ㄹ 것(만) 같은 기분으로'로 귀결된다. 연쇄적으로 이어지는 부사절을 통해 "네 얼굴 지워질 것 같은 기분"이 사랑의 여러 국면과 그 안에서 발생하는 이상한 관계성을 미리 암시한 구절임을 확인할 수 있다. 부사절의 연쇄적 부연은 기억과 망각이 엎치락뒤치락하는 사태를 전개하고, 결국 사랑의 관계성 안에서 '망각의 역설'이라는 방향성을 획득한다. 그러나 이 방향성은 실제 사건의 방향성이라고 보기는 어렵다.

관형사형 전성어미 '-ㄹ'은 미래시제를 나타낸다. '-ㄹ'은 '것 같은'과 결합함으로써 이 부사절의 내용을 불확실한 예정으로 만들고 있다. 이 부사절들의 진행과 전개는 "꽃 졌다는 소식"이 불러일으킨 시적 화자의 불안을 드러낸 정서-기분*의 흐름을 보여 준다고 할 수 있다.

그러나 부사절의 반복만으로 이 시의 리듬을 설명하기에는 부족한 면이 있다. 부가적 반복이면서 병렬적 반복인 이 시의 진행은 기억과 망각의 부정의 부정을 통해 병렬 자체를 부정한다. 이러한 부정은 '기분으로' 절의 병렬을 재구축

---

* '정서-기분'은 이 시의 정서가 드러내는 불확실한 지향성을 나타낸다. 박유정에 따르면, 기분은 "감정과는 달리 특정한 대상 지향성 없이 희미하게 알려져 있는 세계-내-존재 자체"로 설명된다.

한다. 즉, 반복이 기존 시와는 전혀 다른 양태를 띠게 되는 것이다.

들뢰즈는 "반복은 차이를 생산하는 것 이외에 어떠한 효능도 없으며, 이 차이에 따라서 하나의 환경에서 다른 환경으로의 이동이 일어나는 것이다. 리듬을 갖는 것은 차이이다."라고 말한 바 있다. 리듬의 형성에 관여하는 것은 반복 그 자체가 아니라 각각의 반복 사이의 차이라는 말이다. 이 시에서 다층적으로 일어나는 '부정'의 양상은 이런 '차이'를 담당하고 있다고 할 수 있다.

표면적으로 이 시의 반복에서 또 하나 두드러진 차이는 각 반복절의 길이에서 발견된다. 앞의 인용에서 숫자는 길이를 표시한 것이다. 가장 짧은 첫 번째 부사절을 ①로 표시했다. 길이를 표시한 숫자들을 부사절의 순서대로 나열하면 다음과 같다. ① — ⑤ — ③ — ⑥ — ⑦ — ⑧ — ② — ④. 나열에서 알 수 있듯이 반복절의 길이가 단순히 순차적으로 길어지는 것이 아니다. ①에서 시작해서 ⑤만큼 길어졌다가 ③만큼 줄어들고 다시 ⑥, ⑦, ⑧의 순서로 점층적으로 길어졌다가 ②만큼 급격히 줄어들고 다시 ④만큼 길어진다. 일종의 파동적 흐름을 이루면서 시가 전개되고 있는 양상이다.

필자가 표시한 숫자는 절의 길이만을 지시하지 않는다. 이 시를 읽어나가다 보면 절의 길이가 길수록 정서의 강도가 높게 나타나고, 짧을수록 정서의 강도가 낮게 나타나는 것을 확인할 수 있다. 따라서 높은 숫자 표시는 그만큼 정서의 강도가 높다는 것을 의미한다. 정서의 강도는 앞선 절에서 다음 절로 이행할 때 시적 화자의 대상('너')에 대한 행동 능력의 결과라고 할 수 있다. 앞선 나열에서 숫자와 숫자 사이에 '―' 구간에서 시적 화자는 행동 능력의 차이를 보이는 것이다. 높은 강도로 이행할 때는 대상에 대한 행동 능력이 증대하고 낮은 강도로 이행할 때는 대상에 대한 행동 능력이 감소한다. 이 증대와 감소의 결과가 다음 절의 정서의 강도라고 할 수 있다.

시적 화자는 "멀리서 꽃 졌다는 소식이 오고"와 마주쳐 특정할 수 없는 '기분'에 휩싸이는 정동되는 존재이자, '기분'을 표상하고 이 표상 속에서 망각과 사랑의 관계성을 재정의하고자 이행하는 정동하는 존재이기도 하다.

결과적으로, 이 시에서 리듬을 형성하는 주요한 원인은 각각의 반복절이 발생시키는 정서의 강도의 차이이며 이 시의 리듬-의미를 형성하는 것은 정동적 주체임을 확인할 수 있다. 앞서 나열한 내 시의 리듬의 속성에도 이 같은 사실을 적용할 수 있다. 이러한 디스쿠르의 양상이 비문법적인 통사 배치와 정동의 흐름을 통해 실재를 현시한다고 할 수 있다.

정동적 공간과 개방성
나는 그동안 발화 주체의 성격에도 관심을 기울여 왔다. 《에게서 에게로》 이전부터 내 시의 발화 주체는 동일성과는 거리가 멀었다. 내 시의 리듬의 주체가 정동적 주체임을 감안한다면, 당연한 결과이다.

　관찰자(객체의 상태변화를 가로지르는 동일성을 유지하는 주체)의 단일성이 보증하는 상태들(일어서서 걷는 육체) 간의 하나의 연속성은 오로지 일반성으로만 존재한다고 할 수 있다. 운동-비전 공간의 기초적인 단위는 객체 일반과 짝을 이루는 일반화 주체, 즉 그 객체를 같은 것으로, 서로 다른 운동들에 공통하고 운동과 정지 상태에 공통하는 것으로 인식하는 자기-동일적 관찰자가 아니다.(브라이언 마수미, 2001)

　운동-비전은 들뢰즈식 이행으로 이해할 수 있다. 이에 대립하는 말이 거울-비전이다. 거울-비전은 자기-동일성을 의미한다. 이 글에서 알 수 있다시피 운동-비전, 즉 이행하는 시적 공간 속에서 자기-동일성은 불가능하다. 필자의 시에 드러나는 리듬의 주체가 정동적 주체인 한, 처음부터 자기-동일성은 가능하지 않았던 것이다.

　《에게서 에게로》의 작품들 속 발화 주체의 성격에서 특기할 만한 점은 '비일관성'이다. 대부분의 시에서 시적 화자는 단일하지만, 어떤 시에서는 '발화 주체로서 시적 주체', '발화행위 주체로서 시인'의 개입이 일어나기도 한다. 이는 시적 화자, 시적 주체, 시인 사이의 관계에 대한 회의이며, 이들 사이의 새로운 관계성을 잠재적으로 내포하고 있다고 할 수 있다.

　또한, 어떤 시에서는 파생되는 말들에 의해 화자의 공간적 위상이 수시로 변화하는 양상이 나타나기도 한다. 시의 화자가 자신이 부재한 시간의 잠재태로 존재하며 발화하는 경우도 있다. 화자는 시적 공간 안에서 시공간의 확정성을 획득하지 못하고 부유하며, 시적 주체 역시 정체성의 확신을 가지지 못하는 것이다.

이처럼, 정동적 주체가 만들어내는 시적 공간은 정동의 특성을 고스란히 지니고 있다.

> 좁다란 방. 이라고 <u>말하기</u>. 오후의 빛 무더기 한가득
> 낡은 창문의 살들을 통과해 들어오는 좁다란 방.
> 이라고. 빛들이 어지럽게 쌓여 있는 책들 사이로
> 스멀스멀 숨어 들어가는. 이라고. 빛이 숨어들다
> 들다 책들이 자꾸 소화되지 못한 더러운 빛을 토해.
> 놓는. 이라고는. 그래도. 야야. 야야. 하는 소리 느닷
> 없이. <u>있기</u>. <u>있어버리기</u>. 라고 <u>말하기</u>. 시간은. 이라고.
> 시간은. 시간은. 있다. 라고. 아직. 시간은 있어. 있지.
> 있다마다. 있고말고. 있다니까는. 시간은. 이라고.
> <u>말하도록 하기</u>. 로 <u>있기</u>. <u>있기만 있기</u>. 아직. 야야.
> 아직. 시간은. 이라는 말은 <u>모른 체하기</u>. 로 <u>있기</u>.
> 라고 <u>말하기</u>. 로 <u>있어만</u>. <u>있기</u>. 좁다란 방. 이라고만
> <u>말하기</u>. 로만 <u>있기</u>. 로만 없기. 라고는 말하지 않기.
> ─〈미처 다물지 못한〉 부분 (밑줄은 필자)

인용한 부분의 전체 주어는 시적 화자 자신, 즉 '나'이다. 이 연에 '나'는 숨겨져 있다. 주어에 호응하는 서술어는 '용

언 + 명사형 전성어미(-기)' 형태로 이루어져 있다. 밑줄 친 부분이 숨겨진 '나'에 호응하는 서술어인데, 이 서술어들 앞에는 인용격 조사 '-(이)라고'나 부사격 조사 '-로'로 끝나는 부사절이 위치한다. 이 연의 주요한 묘사는 이 부사절을 통해 안긴문장 형태로 드러난다.

"좁다란 방. 이라고 말하기. 오후의 빛 무더기 한가득/낡은 창문의 살들을 통과해 들어오는 좁다란 방./이라고. 빛들이 어지럽게 쌓여 있는 책들 사이로/스멀스멀 숨어 들어가는. 이라고. 빛이 숨어들다/들다 책들이 자꾸 소화되지 못한 더러운 빛을 토해./놓는. 이라고는."에서 인용격조사를 제외하고 부사절의 내용만 살펴보면, "좁다란 방. 오후의 빛 무더기 한가득/낡은 창문의 살들을 통과해 들어오는 좁다란 방./빛들이 어지럽게 쌓여 있는 책들 사이로/스멀스멀 숨어 들어가는. 빛이 숨어들다/들다 책들이 자꾸 소화되지 못한 더러운 빛을 토해./놓는."이다. 시적 화자가 전달하려는 내용을 '이라고'를 통해 간접화하고 있다.

시적 화자가 이러한 간접화의 태도를 취하게 된 원인은 책들이 자꾸 토해놓는 "소화되지 못한 더러운 빛" 때문이다. 곧바로 이어지는 부연적 상황을 통해 시적 화자의 현재에 "느닷없이" 끼어드는 어떤 목소리가 그 구체적 원인이라는 것을 확인할 수 있다. 문장의 중간에 인용격 조사와 서술어를 제거하면 목소리의 말은 "그래도. 야야. 야야. 시간은. 시간은. 시간은. 있다. 아직. 시간은 있어. 있지. 있다마다. 있고말고. 있다니까는. 시간은. 아직. 야야. 아직. 시간은."

이다.

　목소리의 주체는 불분명하지만, 이 목소리의 주체는 시적 화자에게 '아직 시간은 있다'고 이야기하려 한다. 이 말은 문장 곳곳에 찍힌 마침표와 도치, 반복을 통해 힘겹게, 그리고 파편적으로 화자에게 전달되고 있다. 그럼에도 목소리의 주체는, "있지. 있다마다. 있고말고. 있다니까."처럼 말끝에 서술어를 변형, 반복하면서 화자에게 자신의 의지를 전달하려 부단히 발화를 계속한다.

　이에 비해 시적 화자는, "하는 소리 느닷/없이. 있기. 있어버리기. 라고 말하기.", "라고.", "이라고./말하도록 하기. 로 있기. 있기만 있기." 같은 말들을 문장의 중간과 말미에 무작위적으로 끼워넣음으로써 목소리의 말을 더욱 파편화하고 이 말 자체를 간접화한다. 특히, "이라고./말하도록 하기. 로 있기. 있기만 있기." 부분에서 시적 화자는 '말하다'에 명령을 의도하는 연결어미 '-도록'을 붙임으로써 자신을 객체화하고, 그에 더해 '로 있기'라는 서술어를 파생시킴으로써 '말하다'라는 능동적 행위에서 '있다'라는 수동적 상태로 전락시킨다. '있기만 있기'를 통해 그 수동적 상태를 더욱 강조하기까지 한다.

　시적 화자의 이러한 태도는 목소리의 말이 화자에게 도달하는 것을 지연시킨다. 바꿔 말하면 시적 화자는 목소리의 말이 자신에게 오는 것을 "모른 체하"면서 회피하고 있는 셈이다. 연의 후반부로 오면서 주체성을 상실한 시적 화자의 말은 화자 자신의 통제를 벗어난 것처럼 보인다.

"이라는 말은 모른 체하기. 로 있기./라고 말하기. 로 있어만. 있기. 좁다란 방. 이라고만/말하기. 로만 있기. 로만 없기. 라고는 말하지 않기."에서 보듯이 부사격 조사 '-로'와 인용격 조사 '-(이)라고'를 연이어 파생시키면서 앞선 문장을 뒤이은 문장의 안긴문장으로 만들어버린다.

시적 화자의 위치는 파생되는 문장에 따라 계속 바뀌고, 결국 문장의 종결마저 지연된다. 최종적인 시적 화자의 행위나 상태를 확정하는 일 역시 미뤄진다. 이로써 본래 전하려 했던 묘사나 끼어든 목소리로부터 시적 화자의 위치는 점점 더 멀어지게 된다. 시적 화자의 확정적 현재로부터 멀어지게 되는 셈이다.

이 연을 관통하는 서술어 '말하기'는 마지막에 '말하지 않기'로 변화하지만, 사실 말하거나 말하지 않음이 크게 중요하진 않다. 명사형 전성어미 '-기'는 미완료의 의미를 나타내므로 '말하기'나 '말하지 않기'와 같은 시적 화자의 행위는 지속되는 지연, 회피와 함께 미완료로 남아 있게 된다.

위에서 살펴본 화자의 위상 변화는 객체와의 관계를 '연속적인 변이'로서 재정립하고 정동적 공간을 파생시킴으로써 복잡성을 가중시킨다. 시 전체로 보면 두 가지의 서로 다른 시간성, 즉 시적 화자의 시간(현재)과 여자의 시간(과거)이 중첩되고 서로 이접하며 '운동-비전'을 보여 주고 있는데, 이 시간에 대한 지연과 회피가 발화 주체의 정동적 공간을 만들어낸다고 할 수 있다.

이 공간은 브라이언 마수미의 말대로 "주체와 객체 둘 모두의 실제적 기능을 차단하는 어떤 관점을 포함하는 운동의 특이성"을 드러낸다. 또한 "객체의 객체성은 타인들이 바라보는 대로 그 자신을 바라보는 주체로 인해 약화되고, 그 자신이 있는 지점뿐 아니라 객체가 있는 지점도 점유"하게 되는데, "타인들이 바라보는 대로 그 자신을 바라보는 주체"의 태도가 이 시에서 바로 회피와 지연을 불러일으키는 것이다. 결과적으로 "자신의 지점과 객체의 지점을 동시에 점유하면서, 주체는 그 자신으로부터 일탈한다". 즉, 거울-비전이 깨지는 것이다. 당연하게도 운동-비전은 "대지에서 지각 가능한 운동(화살의 비행 같은)과는 본성적으로 다른 리듬을 가"지는데, 운동-비전이 지닌 개별적 양상이 이 시의 리듬의 특질을 결정하는 중요한 요소인 것이다.

이 시는 이러한 운동-비전에 의해 "비결정의 변주에의 사물의 내재성immanence"을 지니게 된다. 앙리 메쇼닉이 말한 바 있는 '예측불가능성' 안에서 '비인지적 마주침'만을 지속하게 된다. "그것(신체)을 구성하는 관계들의 총화ensemble에 의해, 혹은 정확히 그와 동일한 것이 되는 것에 의해, 정동되는 능력에 의해 규정되는" 신체는 "몸의 영구한 되어감 becomming" 안에 놓인다. 그리고 그것은 아무것도 표상하지 않는다.

두 사람이 있어야 한다. 두 육체가 있어야 한다. 하나의 육체는 앉아 있게 한다. 하나의 육체는 누워 있게 해야 한다. 그는 식어가는 육체 곁에 앉아 있었다. 이런 문장으로 시작한다. 나는 담배를 피운다. 문장을 쓰자마자 나는 문장에 연루된다. 다음 문장이 써지지 않는다. 담배 연기가 문장으로 스며든다. 몸 속 깊은 곳으로부터 담배 연기가 흘러나왔다. 이 탁한 한숨이 육체에 깃들이면 육체가 금방이라도 일어나기라도 한다는 듯이 그는 담배 연기를 점점 더 차가워지는 육체의 얼굴 위에 뱉어냈다. 삼인칭으로 한 사람을 부른다. 일단 남자일 것이다. 한 사람은 육체라고 부른다. 핏기라곤 하나 없는 하얀 얼굴 비로소 그는 그 얼굴이 아름답다고 생각했다. 죽어서야 아름다움을 알아볼 수 있는 얼굴 하나가 그의 곁에 반듯하게 누워 있다. 잘못 써진다. 아름다움은 계산에 없었다. 그의 감정이 아니다. 나의 감정이다. 그는 내가 아니다.

— 〈세 사람이〉 부분

인용한 시는 리듬을 부각한 작품은 아니다. 그러나 이 시에서도 어떤 이행이 구조를 이루며 발생하고 있다는 사실을 알 수 있다. 이 시의 이행은 문장과 문장 사이에서도 일어나지만, 발화자와 발화를 둘러싼 관계들 안에서 일어난다.

이 시의 대상은 시의 처음부터 특정되어 있지 않다. "두 사람이 있어야 한다. 두 육체가 있어야 한다. 하나의 육체는 앉아 있게 한다. 하나의 육체는 누워 있게 해야 한다"처럼 시적 화자의 '지시'와 '지칭'에 의해 배경이 발생하고 대상이 발생한다. 즉, 관계성이 발화자의 발화에 의해 형성된다. 이 시의 시적 화자는 발화행위 주체이기도 한데, 이 시의 시적 화자/발화행위 주체의 문제는 발화 대상의 지배자가 아니라는 점이다.

"문장을 쓰자마자 나는 문장에 연루된다"라는 구절로 보아, 그는 발화 대상에 의해 정동되는 존재이다. 이러한 정동은 발화가 이루어지는 시간과 발화에 의해 구성되는 시간 사이의 경계를 무너뜨린다. "그의 감정이 아니다. 나의 감정이다. 그는 내가 아니"라는 항변은, 그러므로 이미 시적 화자/발화행위 주체가 자신의 발화에 의해 정동되고 있고, 그 정동에 의해 더 이상 시적 화자/발화행위 주체의 확고한 위치를 고수할 수 없게 되었다는 위태로움을 나타낸다.

> 더 잘 잘못 써진다. 비로소 시는 잘 실패한다. 두 사람이 있어야 한다. 아니, 세 사람이 있어야 한다. 두 육체가 있어야 한다. 아니 세 육체가 있어야 한다. 하나의 육체는 앉아 있게 한다. 하나의 육체는 누워 있게 해야 한다. 하나의 육체는 문장을 쓰도록 한다. 그중 나는 누구이게 될지 결정하지 않는다. 그는 식어가는 육체 곁에 앉아 있었다. 이런 문장으로 다시 시작한다. 다시 더 잘 실패한다. 네 사람이 있어야 한다. 아니, 다섯 사람이. 아니 아니, 여섯, 일곱 사람이. 더 더 더 실패한다. 있어야 한다.
> ― 〈세 사람이〉 부분

결국, 발화행위 주체의 쓰기는 실패로 귀결될 수밖에 없다. 대상에 대해 여전히 명명하고 지시하지만, 명명과 지시는 유효성을 상실하게 된다.

그러나 이 실패와 상실은 "다시 시작한다. 다시 더 잘 실패한다"로 전환되며 "네 사람이 있어야 한다. 아니, 다섯 사람이. 아니 아니, 여섯, 일곱 사람이"로 이어진다. 이 구절은 명명이 계속해서 실패하리라는 예감을 보여 주기도 하지만 이 실패한 명명들이 새로운 관계를 무수히 만들어내고, 그 관계들 안에서 시적 화자이자 발화행위 주체가 계속해서 정동되고 "영원히 되어감" 안에 놓게 된다는 것을 보여 준다. 그리고 그 '관계성'은 발화 주체와 발화 대상 사이에 존재할 뿐만 아니라 이 시를 읽는 독자들에게도 열리게 된다.

이처럼 명명되지 않은 감각들이 세계와 조우하는 장으로서의 정동적 공간에서 이행과 변이를 거치며 무수한 관계로 개방된다. 브라이언 마수미가 말하는 가상계는 이러한 예측 불가능한 정동적 공간을 가리키는 말이기도 하지만 몸 자체, 우리 세계 자체를 지시하기도 한다.

이는 정동적 공간이 작품 내에서 한정되지 않는다는 말이다. 시적 공간은 시의 내부와 외부를 아우르고 쓰기와 읽기의 행위가 마주치는 공간으로 정의할 수 있다. 쓰기의 과정에서 정동이 작용했다면 읽기의 과정에서도 역시 정동이 작용하며, 정동의 연속적 변이는 작품을 넘어 독자가 속한 세계의 내적 실재를 향해 있다는 말이기도 하다.

이 글에서 10년 동안의 시간들을 재구성하며 리듬과 정동을 통해 작품의 내밀한 작용을 들여다보았다. 앞에서 말했지만, 이 과정은 쓰기의 망각을 뒤지는 일이다. 그 망각에 새로운 기억을 재생시키기 위한 작업이다. 이어 붙인 기억들은 시 안에서 한동안 망각의 주인 행세를 하려 들겠지만, 그 역시 언젠가 망각으로 스며들고 망각의 부피를 키울 것이다.

나는 이제 그 망각과도 이별하려 한다. 나의 시였던 것들은 거기서 다시 태어남을 반복하겠지만, 나는 거기를 떠나고, 멀어지고, 내 앞에는 이별 이후의 막막한 세계가 펼쳐져 있을 뿐이다. 그러나 나는 아직 이 시간의 향방을 알지 못한다. 가보지 못한 어딘가로부터, 어떤 목소리들이 내게 밀어닥칠지 가늠할 수 없지만, 그것들이 어쩌면 나를 집어삼킬지, 또한 모르지만, 나는 나아갈 수밖에 없다.

거기서 생겨난 불가능한 질문들이 거대한 불가능 쪽으로 나를 이끌리라는 일말의 기대를 품고서. 그 어디쯤에서 당신은 또 만나질 것이다. 기다리라. 기다리라. 이별의 힘으로, 당신에게 육박하는 몸짓으로만, 가고 또 갈 것이다.

참고문헌

권혁웅(2021), 〈시적 주체와 시적 상황〉, 《우리문학연구》 제69집.
김근(2015), 〈그 여름, 세 편의 몸부림 혹은 창작노트〉, 《2015 연희》, (재)서울문화재단 연희문학창작촌.
____(2015), 〈2015년 ○월 ○일〉, 《무크파란 0001 — 우리는 전진한다》, 파란.
김태선(2021), 〈망각의 글쓰기, 망각의 말하기〉, 김근, 《끝을 시작하기》, 아시아.
루시 부라사, 조재룡 옮김(2007), 《앙리 메쇼닉: 리듬의 시학을 위하여》, 인간사랑.
모리스 블랑쇼, 이달승 옮김(2010), 《문학의 공간》, 그린비.
브라이언 마수미, 조성훈 옮김(2011), 《가상계》, 갈무리.
____(2018), 《정동정치》, 갈무리.
브라이언 마수미 외, 멜리사 그레그 외 편, 최성희 외 옮김(2015), 《정동 이론》, 갈무리.
앙리 메쇼닉, 조재룡 옮김(2004), 《시학을 위하여 1》, 새물결.
오연경(2017), 〈한국현대시와 리듬론의 반(反)운율학적 전망〉, 상허학보, 49집.
옥타비오 파스, 김은중 외 옮김(1998), 《활과 리라》, 솔.
이경수(2005), 《한국 현대시와 반복의 미학》, 도서출판 월인.
이도연(2014), 〈반복의 문제〉, 《시인동네》, 봄호.
조강석(2021), 《한국시의 이미지 — 사유와 정동의 시학》, 소명출판.
조재룡(2013), 〈리듬과 의미〉, 《한국시학연구》 36집, 한국시학회.
____(2013), 〈잃어버린 조카를 찾아나선 공동체의 기투 — 시적 이행의 용기에 대하여〉, 《한국문학》, 가을호.
____(2014), 《시는 주사위 놀이를 하지 않는다》, 문학동네.
____(2015), 〈리듬과 통사〉, 《시인수첩》 여름호.
질 들뢰즈·펠릭스 가타리(2001), 김재인 옮김, 《천 개의 고원》, 새물결.
질 들뢰즈 외, 서창현 외 옮김(2005), 《비물질 노동과 다중》, 갈무리.
후고 프리드리히, 장희창 옮김(1996), 《현대시의 구조》, 한길사.

작가론

언어의 이행, 이행의 언어
김근 시의 한 흐름에 대하여

김태선(문학평론가)

첫 시집 《뱀소년의 외출》(문학동네, 2005)의 첫 자리에 놓인 시 〈사랑〉에는 김근 시의 언어가 펼쳐 보일 길을 미리 고지하는 듯한 움직임이 있다. 시의 목소리는 돌과 그 "피를 받아 마시는" 푸른 이끼에 대해 노래한다. 돌의 "그 단단한 피로 인해"서 "결국 돌 빛으로 말라 죽는다"고 함으로써 시의 목소리는 푸른 이끼가 도달하게 된 시간의 끝이 어떠한 것인지를 전한다. 그런데 이때 "비로소/돌의 일부가 되는 것이다"라고 함으로써, 이 움직임이 또한 어떤 목적을 향해 이루어진 것이기도 하다는 사실을 일러 준다.

'푸른 이끼'와 '돌'은 서로 어떠한 공통점도 없어 보일 만큼 각각 다른 존재자들이다. 전자는 유기체이자 생명을 지닌 것이지만 후자는 무기체로 그에 생명이 담겨 있으리라 여겨지지 않는 사물이다. 그러나 시의 목소리가 노래하는 과정에서 둘은 자신을 개체로 만들었던 경계를 벗어나, 불가능하리라 여겼던 소통을 통해 서로를 구분할 수 없는 상태에 이르는 움직임을 그린다. 그렇다, 우리가 김근 시에서 만나는 운동 가운데 주요한 하나를 고른다면 하나에게서 다른 하나에게로의 이행일 터이다. 이렇듯 이행이란 단지 장소를 옮기는 일에 머무르지 않고 자신을 비롯해 관계를 맺게 된 타자의 어떤 변화를 야기한다.

"말라 죽는다"라는 표현에서 드러나듯, 푸른 이끼에게 돌의 일부가 되는 일은 자기 존재의 끝을 의미할 것이다. 그런데 시각을 달리해서 볼 때 이와 같은 움직임은 '푸른 이끼'라는 몸에서 외출하여 '돌의 일부'라는 몸으로 옮겨가는 일, 일종의 변이 또는 전이의 움직임이기도 하다. 물론 한 개체의 관점에서 볼 때 '죽는다'라는 사실은 변하지 않는다. 스피노자의 방식으로 말하자면, 개체로서 존재하는 것들에게 '죽는다'라는 사건은 반드시 역량의 감소를 야기하는 움직임이기에 필연적으로 슬픔의 정서를 불러일으키게 된다.

김근의 시편들에서 우리가 슬픔의 정서와 자주 맞닥뜨리게 되는 까닭은, 이처럼 몸을 입고 이 세상에 나온 것들이 한계 상황과 마주하게 되는 일들을 살피는 세심한 눈길 때문일 터이다. 앞서 슬픔을 일컬어 역량의 감소에 따른 정서의 변용이라 일렀으나, 김근의 시에서 슬픔은 단순히 개체가 처한 무력한 마음의 상태를 표현하는 일에만 머무르지 않는다.

김근의 시에서 슬픔은 또한 자신이 처한 이 세계의 실상을 마주하고 견고한 벽을 무너뜨리는 움직임으로 나타나기도 한다. 첫 시집에 수록된 〈연애편지〉의 결구로 쓰인 "건조한 땅에서도 당신 生이 슬퍼 울어본 적 있나요?"라는 표현을 예로 들 수 있겠다. 시에서 이 물음을 건네받는 상대는 "풍화와 퇴적을 반복하는 당신"이며, 그런 '당신'이 있는 곳은 '사막'으로 표현된 어떤 불모의 시간이자 공간이라 할 수 있다. 이러한 흐름에서 결구에 제시된 저 목소리는, 눈물을 흘림으로써 그와 같은 불모성을 타개하고자 시도한 적 있느냐는 물음으로 다가온다. 여기서 사막의 건조함과 대비되는 눈물이라는 요소는, 단순히 삶의 한계에 다다른 이의 고통이나 체념이라기보다는, 주어진 것과는 다른 시간을 불러오도록 지금 여기에 틈을 내는 차이의 힘을 표현하는 것이라 하겠다.

다른 시간으로 나아가기 위해선 바깥으로 나가야 할 것이다. 그런데 바깥으로 넘어가려면 지금 여기를 이루는 것들과 그 기원에 대한 면밀한 탐색과 성찰이 필요하다. 김근의 시집 첫 두 권, 즉 《뱀소년의 외출》과 《구름극장에서 만나요》(창비, 2008)에서 '신화적 이미지' 혹은 '기원에 대한 탐색'과 같은 모습을 읽어내었던 이들이 있었던 까닭은 시의 목소리가 스스로 발 딛고 있는 곳을 직시하기 위해 수행했던 작업들과 무관하지 않다. 다만 김근의 시에서 신화적인 이미지가 등장한다거나 기원에 대한 탐색의 움직임이 일어나고 있다면, 이는 그러한 것들을 지금 이곳에 다시 복원함으로써 영광스러운 과거를 재현하거나 그리운 그 옛날로 돌아가고자 하는 바람과는 거리가 멀다. 지금 여기에선 잃어버리거나 사라진 것으로 여겨진 바로 그것은, 김근의 시에선 오히려 애초에 '빈 것'으로서 나타난다. 시인의 첫 시집에서 이 같은 '기원' 역할을 주요하게 수행하는 것 가운데 하나가 바로 '항아리'이다.

> 그날 느닷없이 햇빛이 쏟아졌다 햇빛에서 날카로운 쇠 냄새가 났다 열매들이 일제히 살을 터뜨렸다 뒤란에 낭자하게 흩어지는 작고 붉은 비명들 서둘러 늙은 어미는 항아리들의 뚜껑을 열었다 곰삭은 몇백 년 시간들이 걸죽하게 흘러넘쳤다 항아리 바깥으로 아기들이 쭉 말라붙은 목을 뽑아올렸다 눈꺼풀은 굳고 구멍만 남은 코를 벌름거리며 입술도 없이 이만 달각거리고 귀도 짜부라져 눌어붙고 머리칼만 수십 발 자란 아기들, 아기들의 몸 없는 머리를 늙은 어미는 하나씩 뽑아들었다 헤헤 헤헤헤헤, 끝없이 아기들의 입술 없는 이가 늙은 어미를 향해 웃어댔다 아기들의 머리에 대고 어미가 말했다 언제 다 죽을래? 아기들의 머리가 어미에게 대답했다 헤헤 헤헤헤헤, 아기들은 다시 항아리 속에 갇혔다 팔다리 없이 머리도 없이 항아리들은 몸만으로 시커멓고 무서워졌다
>
> ─〈헤헤 헤헤헤헤,〉 부분

《뱀소년의 외출》에 '시인의 말'로 함께 수록된 산문 〈노래를 위한 흐물거리는 각주〉에는 〈헤헤 헤헤헤헤,〉에 등장하는 장면들의 출처 역할을 하는 '태어난 집'에 대한 이야기가 있다. 그 집 뒤란에는 "항아리가 하나 묻혀서 된 우물

이 있었다"고 하며 "우물에는 이따금 뱀이 기어들어가 빠져 있곤 했다"고 하는 전언에서 우리는 〈헤헤 헤헤헤헤,〉와 첫 시집의 표제작이기도 한 〈뱀소년의 외출〉 바탕을 이루는 요소들이 어디에서부터 연원하는지를 어렵지 않게 짐작할 수 있다. 특히 "어머니는 그 집에서 자주 유산을 해댔다. 생겨나지 못하고 죽은 아기들은 어디로 갔나"라는 표현은, 그와 같은 이야기와 의문을 둘러싼 공포의 감정 등에 관한 기억이 〈헤헤 헤헤헤헤,〉에 나타난 그로테스크하고 파편적인 이미지들의 원초적 장면이라는 사실을 일러주는 것이기도 하다.

그런데 〈노래를 위한 흐물거리는 각주〉에서 시의 연원이 된 것으로 보이는 기억의 장면보다 눈길을 끄는 곳이 있다. 이야기를 여는 "태어난 집은 사라졌다"라는 문장이 자리한 대목이다. '태어난 집'으로 새로운 길이 나는 바람에 가족이 "세간도 살았던 모양 그대로 둔 채 오로지 몸만 빠져나와 새로 살 집으로 기어들어갔다"고 함으로써, 삶의 터전뿐만 아니라 자기 존재의 시원 역할을 했던 장소를 상실한 체험에 대해 전한다. 유년기 집에 대한 기억들이 시에 제시된 알레고리적인 이미지들의 원장면 역할을 한다면, '나'에게 있어 존재와 언어의 시원이라 할 수 있는 장소가 지금 여기에 부재하다는 사실은 그와 같은 파편적 이미지들을 한곳으로 불러 모으며 일정한 성격을 부여한다. 마찬가지로 '태어난 집'에서 겪었던 일들에 대한 기억과 그로부터 파생한 의문들 — 즉 '어머니의 유산'에 대한 기억이 불러일으키는 계속

되는 '죽음'에 관한 생각과 미처 '생겨나지 못한' 존재자들의 행방에 대한 의문 등 — 이 중첩되는데, 이처럼 다양한 운동성과 생각들이 모인 것이 바로 '항아리'이다.

〈헤헤 헤헤헤헤,〉에서 시의 목소리는 "늙은 어미의 뒤란에는 팔다리 없이 머리도 없이 항아리들이 살고 있었다"라 하며 '항아리'를 마치 살아 있는 무언가로 묘사한다. 그런데 그 모습 자체에 대해서는 바깥으로부터 받아들이거나 무언가를 행사할 신체 기관이 없는 것으로 표현하고 있기도 하다. 아울러 "시커멓고 무서운 몸을 빛내는 항아리들 속에 무엇이 들었는지 알 수 없었다"고 전하는데, 그 까닭은 "뒤란에 가는 것이 허락되지 않았"으며 "오래된 금기"이기 때문이라고 한다. 한 가지 유념해야 할 것이 있다면 '금기'라는 것은 단순히 무언가에 대한 금지나 그 위반에 대한 처벌만을 의미하지 않는다는 점이다. 금기는 또한 인간의 문명과 그 정신의 출발에서 법을 정초하도록 한 어떤 시원의 존재를 가리키는 동시에, 그 시원 자체가 비어 있거나 부재하는 것으로서 존재한다는 사실을 이르기도 한다.

〈헤헤 헤헤헤헤,〉에서 한 가지 흥미로운 특징은 그러한 시원 역할을 하는 '항아리'가 비어 있는 채로 등장하지 않는다는 점이다. 시에서는 환상에 의해 빚어진 것만 같은 파편적인 이미지들이 빈자리로 남아 있어야 할 그곳을 차지하고 있다. 항아리 자체도 "팔다리 없이 머리도 없이" 다만 "시커멓고 무서운 몸을 빛내는" 것으로 표현되지만, 그 안에는 입술도, 눈꺼풀도 없이 머리만 있는 '아기들'도 있다. 신체의 부분들을 결여한 채로 등장하는 이미지들은 그 자체로 악몽과도 같은 어떤 기억의 단편들과 연동되곤 한다. 이러한 절편들은 "아기들은 다시 항아리 속에 갇혔다"고 하며 전하는 이야기에서 엿볼 수 있듯, 외부로부터 유폐된 채 고여 있는 어떤 시간의 모습을 일러 준다. 이러한 맥락에서 본다면 김근 시에서 펼쳐지는 기원의 이미지는 생산적인 것보다는 죽음을 반복하는 마멸의 운동으로 다가올 터이다. 그러나 시에서 노래하는 장면들은 단지 과거 어느 한때와 그에 대한 공포를 재현하는 일에 머무르지 않는다. 김근 시의 언어는 낡아가고 사라져가는 움직임 가운데에서도 어떤 성장과 나아감을 읽어낸다.

결구에 이르러 시의 목소리는, 은폐된 채 고여 있는 시간의 더께를 비유하는 것만 같았던 '우산이끼'가 "자라고 자라 마침내 커다란 도마뱀이 되었다"고 전한다. 김근 시의 주체에게 '항아리'와 같은 모습으로 '오래된 금기'로서 접근을 가로막았던 그 힘은 표면적으로는 그로테스크하고 두려운 이미지를 불러일으키는 것이었다. 그런데 여기서 김근 시의 언어는 동일한 움직임만을 되풀이하는 유폐된 시간에 대한 공포를 전하는 데에 그치지 않고, 그러한 서술 자체를 표현의 역량으로 전유하는 독특한 역량으로 시선을 옮긴다. 물론 이러한 역량은 단순히 눈길을 바꾸거나 기원적인 요소가 독단적으로 이루어 내는 것은 아니다. "햇빛들이 쇳소리를 내며 슬금슬금 늙은 어미를 따라 나왔다"고 하고 또 "울음도 없는 새들이 날아와 뒤란의 작고 붉은 비명들을 쪼아 먹었는데"라고 표현된 바에서 살필 수 있듯, 갇혀서 고여 있던 시간으로 하여금 바깥과 만나 소통하게 하고 틈을 냄으로써 이루어진 것이다.

　김근의 초기 시에서 이루어지는 신화적 이미지의 탐색은, 동일성만을 반복하는 현재라는 시간의 기원에 담긴 그 마멸적 성격을 폭로함과 동시에 바깥으로 이르는 길을 내는 작업이다. 등단작 중 하나인 〈이월〉에서 "누가 내 몸 속에 악기를 넣어두었을까 의심하는 사이 또 한 켜의 먼지가 내려 쌓이고 먼지에 못 이기는 이월"이라 전한 현상과 의문의 답을 찾는 과정이라고도 할 수 있겠다. 첫 시집의 표제작 〈뱀소년의 외출〉에서는, 그렇게 안에서 바깥으로 나아가는 탄생 또는 독특한 성장담이라 할 수 있는 존재의 이행을 노래하는 목소리와 만날 수 있다.
　〈뱀소년의 외출〉은 다섯 부분으로 이루어져 있다. 1에서는 "누가 어미의 장사를 지내줄 것인가 누가"라고 하며 한 몸에서 다른 몸으로 옮겨가는 일을 죽음과 장사 지내는 일로 표상할 수밖에 없는 존재의 "질긴 슬픔의 끄나풀"과 그것을 끊을 이가 누구인지를 묻는 목소리가 담겨 있다. 2에서는 사라져가는 운명의 슬픔을 애써 아프지 않은 것으로 받아들이려는 일을 오누이의 이야기를 통해 전하며, 3에서는 뱀이 허물을 벗는 과정을 동일성만을 반복하는 삶에 빗대며 노래한다. 4에서는 "늙은 소녀와 내가 아기를 낳으면"

이라는 상황을 가정하며 서로 다른 속성을 지닌 존재가 태어날 수 있지 않을까 묻는다. 그러면서 반복되는 동일성의 시간에 찾아올 차이의 움직임을 기획하는 데에 이른다. 그리고 5에서 시의 목소리는 다음과 같이 노래한다.

> 몸을 벗고 말을 벗고 어미가 누워 있네
> 나는 어미를 모르네
> 모든 사라지는 것들은 다 어미네
>
> 뻣시디뻣신 띠풀을 뽑아내
> 어미를 지고 나는 거기로 미끄러져 들어가네
>
> 여기도 아니고 저기도 아니네 몇천 년 미끄러지네
>
> 누군가 구멍으로 거기를 들여다보네
> 말이 아니라 비로소 그가
> 내 몸에 새겨진 무늬를 읽어 나가네
> ― 〈뱀소년의 외출〉 부분

"몸을 벗고 말을 벗고"라고 노래하며 시의 목소리는 한 몸에서 다른 몸으로 건너가는 과정을, 말에서 말로 넘어가는 소통의 움직임과 같은 존재의 이행으로 펼쳐낸다. 한 몸을 낳게 하고 스스로는 현전의 저편으로 물러나는 움직임을 또한 "모든 사라지는 것들은 다 어미네"라고도 표현한다. 이렇게 사라져가는 과정, 스스로의 존재를 물러나도록 하는 움직임을 통해서 새로운 몸이 현전할 수 있게 된다. 고여 있는 시간에 틈을 내어 바깥으로 열리도록 움직임으로써 죽음만을 반복하는 듯한 마멸의 시간에 삶을 가능케 하는 힘을 불러올 수 있을 터이다. 시의 목소리는 그렇게 "어미를 지고 나는 거기로 미끄러져 들어가네"라고 노래하며, 그 사라져가는 몸, 즉 사라져가는 언어와 함께 시의 운행에 자신을 맡기고자 한다. 허물을 벗는 일은 동일성만을 되풀이하던 상황에서 벗어나는 과정이 된다. '나'라는 한계와 맞닥뜨리며 틈을 열어 길을 내는 일, 즉 '뱀소년의 외출'이 된다. 이렇게 김근 시의 목소리는 몸과 함께 몸에서 벗어나 몸으로 넘어간다.

몸에서 벗어나는 일은 안에서 바깥으로 나아가는 운동으로 표상되기도 한다. 그 때문일까, 두 번째 시집 《구름극장에서 만나요》의 문을 여는 곳에 〈바깥에게〉가 자리해 있다. 첫 시집의 서시 역할을 하였던 〈사랑〉과 마찬가지로, 이 시 역시 경계에 대해 노래하며 이를 무너뜨리고자 하는 시도를 감행한다. 〈바깥에게〉에서 가장 먼저 눈길을 끄는 지점은 노래를 열며 건네는 "너와 헤어지고 나는 다시 안이다 아니다"라는 말이다. 여기서 '너'와 '나'라는 표현은 특정 인물을 이르기보다는 구분을 위한 경계 역할을 하는 이름이라는 점을 염두에 둘 필요가 있다. '나'라든가 '너'라는 표현은 특정한 인격을 가리키는 말이 아니라, 각각 대화 상황에서 발화자와 청자의 위치를 해당 순간에만 가리키는 전환사이기 때문이다. 이러한 맥락에서 이 시에서 노래하는 '안'과 '바깥' 역시 '나' 혹은 '너'라는 이름과 그 성격이 다르지 않다.

노래하는 이가 어떤 장소의 바깥으로 나간다고 할지라도, 그렇게 이르게 된 곳은 그이가 도달하게 된 그 순간부터 단지 바깥일 수만은 없게 된다. 그 때문에 시의 목소리는 스스로가 도달한 그곳을 일러 "다시 안이다"라고 표현한 것이다. 그런데 그곳은 '헤어지고' 난 이후에 다다르게 된 다른 자리이므로, 앞서 떠나온 '안'과는 다른 곳이기도 하다. 따라서 시의 목소리는 "다시 안이다"라는 말에 이어 "아니다"라고 함으로써, '안'이기도 하면서 아니기도 한 이율배반적 상태가 중첩된 기묘한 모습을 다시 전한다. 이는 우리가 경계에서 만나게 되는 독특한 겹침의 존재를 표현하는 것이기도 하다. 사과의 껍질을 예로 들면, 우리는 사과의 겉면을 껍질이라 생각하지만 실상 그 껍질만을 벗겨내는 일은 불가능하다. 사과를 깎을 때 언제나 그 속살이 껍질과 붙어 있기 때문이다. 우리가 경계라 여기는 것들은 어떤 의미에선 각각의 존재자로 여겨진 것들이 서로 겹쳐 있는 영역을 이르는 이름이기도 한 셈이다.

물론 개체로 존재하는 유한자에게 경계는 스스로와 타자를 가르는 심연과도 같은 것으로 표상되곤 한다. 때문에 〈바깥에게〉에서는 "개들이 어슬렁거린다 그 얼굴 하날 꺾어/ 내 얼굴 반대편에 붙인다 안이 아니다"라고 함으로써 타자와 자신을 구분하는 경계를 무너뜨리려 시도한다. 그럼에도 경계라는 것은 없어지지 않고 "앞과 앞의 무서운 경계가 내 몸에 그어진다"고 함으로써 끊임없이 서로 다른 모습으로 나타나게 된다. 바로 이러한 움직임들이 "너와 헤어지고 나는 무서워진다"고 고백하는 까닭이기도 하다. 목소리는 다시 묻는다, "너를 죽이면 나는 네가 될 수 있는가"라고. 이 지점에서 '너'는 바깥을 이르는 다른 이름으로 다가온다. 그러나 '너'를 부정하더라도 '나'가 바깥에 이르는 일은 실패할 수밖에 없다. 그 때문일까, 김근 시의 목소리는 다시 스스로 벗어나고자 했던 그 안으로, 첫 시집의 '뒤란'에서 만나게 되었던 불모와 죽음의 운동들을 하나하나 면밀하게 살핀다.

《구름극장에서 만나요》의 2부와 3부에 자리한 〈이모들〉, 〈가족〉, 〈웃는 봄날〉, 〈거리〉 등을 포함한 여러 시편들은 첫 시집과 마찬가지로 그로테스크하고 파편적인 이미지들을 통해 조화로운 질서로 편입되지 않는 돌출적인 것을 살피며 형상화하고 있다. 가령 〈이모들〉에서는 "이곳은 이모들의 세계 엄마들은 언제 밤봇짐을 쌌을까 낡은 책의 페이지 찢어지는 소리를 지르며 밤새 이모들은 잔뜩 새끼들 낳아 놓네 나는 영원히 이모들의 새끼는 될 수 없네"라고 노래함으로써, 자신이 속한 세계와 화합할 수 없는 한 주체의 세계 인식을 알레고리적인 형태로 제시한다. 특히 '낡은 책의 페이지 찢어지는 소리'를 전함으로써 이 세계 자체가 더는 온전한 것으로서 기능하지 못할뿐더러 망가져 있음을 폭로하기도 한다.

낡고 찢어진 것으로 묘사된 세계의 모습은, 그와 불화하는 주체 자신의 모습과 다르지 않기도 하다. 〈이모들〉에서의 '나'는 "이곳은 이모들의 세계 낡고 눅눅한 책 속의 일이네"라고 함으로써 스스로를 세계와 구분 지으며 노래를 마치지만, 노래를 시작하는 곳에선 "이모들의 젖을 빠네"라고 함으로써 그와 같은 세계의 자양분을 통해 자기 존재가 이루어졌음을 고백하기도 한다. 첫 시집의 〈사랑〉에서 '돌'의 피를 다 받아 마신 '푸른 이끼'가 그 일부가 되었던 것처럼, 〈이모들〉에서의 '나'는 스스로가 경계를 두어 가르고자 했던 그 '이모들의 세계 낡고 눅눅한 책'과 다르지 않은 모습인 것이다. 그런데 이러한 흐름에서 우리는 김근 시의 역설적인 언어의 이행과 만나게 된다. 경계를 이루어 내는 움직임을 제시함으로써 그 경계로 하여금 서로 구분된 존재자들이 겹치는 독특한 장소 역할을 하도록 한다. 특히 "낡고 눅눅한 책 속의 일이네"라며 공간을 장소로 한정하면서도 '책 속'의 세계는 역설적으로 그 바깥의 현실 공간의 거울상 역할을 하며 서로를 가르던 벽이 무너지도록 만드는 놀라운 움직임을 이루어 낸다. 이를 통해 고여서 멈춘 것처럼 보이던 시간성에 틈이 일어나며 미래와 교호할 수 있는 길을 열게 된다. 시간의 흐름을 가두던 벽에 균열을 내며 바깥의 다른 시간이 도래할 수 있는 독특한 장소가 확보되는 것이다.

《구름극장에서 만나요》의 4부에 자리한 〈분서焚書〉 연작은 '안'으로 '바깥'을 불러오기 위한 운동으로서, 스스로 불살라지는 책이 됨으로써 세계의 운행을 몸으로 체현하는 노래의 흐름을 담은 것이다. 그렇게 마멸되어 가는 세계의 움직임에 참여할 수 있을 때 "그 모든 것의 끝이 비로소 시작"(〈분서 4〉)될 것이다. 이렇듯 바깥에 이르는 경험은 '나'를 넘어서 '너'라는 타자에게로 향해 갈 때, 모든 것이 스스로의 존재를 지워 가는 사라짐에 동참하며 존재의 불가능성을 겪는 것과도 같다. 그리하여 김근 시의 목소리는 당신을 향해 다음과 같이 노래한다.

> 이제 우리 구름극장에서 만나요 구름떼처럼은 아니지만 제 얼굴을 지우고 싶은 사람들 하나둘 숨어드는 곳 햇빛 따위는 잊어버려도 좋아요 날카롭게 돋아나서 눈을 찔러버리는 것들은 잊고 구름으로 된 의자에 앉아 남모르게 우리는 제 몫의 구름을 조금씩 교환하기만 하면 되지요 〈구름목장의 결투〉나 〈황야의 구름〉 같은 오래된 영화의 총소리는 굳이 들을 필요는 없어요 구름극장에는 처음부터 정해진 게 아무것도 없으니까요
>
> ―〈구름극장에서 만나요〉 부분

〈구름극장에서 만나요〉에서 노래하는 목소리가 초대하는 장소인 '구름극장'은 일견 낭만적인 느낌으로 다가오는 이름이다. '구름극장'은 "제 얼굴을 지우고 싶은 사람들 하나둘 숨어드는 곳"으로, "날카롭게 돋아나서 눈을 찔러버리는 것들은 잊고"라는 대목에선 마치 현실의 고통을 잊기 위해

도피하는 공간처럼 보이기도 한다. 그러나 '잊고'라고 말하는 일은 또한 잊어버리길 원하는 아픔을 다시 환기하는 역할을 수행하기도 한다. 때문에 "오직 이곳에서만 그대와 나인 우리 아직 어둠 속으로 흩어져버리기 전인 우리"라는 표현처럼 언제든 자신의 존재가 지워져 사라짐에 이르게 될 유한자의 운명을 환기하는 것이기도 하다.

그렇다. '구름극장'이라는 이름은 고정된 형태도 없고 경계도 없이 자유롭게 그 모습을 바꾸고 또 서로의 존재를 나눌 수 있는 공간으로 현실의 모든 억압에 반대되는 자유를 표상하는 곳이다. 동시에 이곳은 언제든 흩어져 버릴 구름처럼, 일회적이며 또 일시적으로 존재할 수밖에 없는 우리의 운명을 비추는 거울상이기도 하다. 이와 같은 숙명은 개체로 존재하는 모든 유한자에게 자기 존재의 끝을 의미하기에, 공포와 슬픔을 불러일으키는 사건으로 다가오곤 한다. 그럼에도 김근 시의 '나'는 그와 같이 사라져가는 일에 기꺼이 몸을 맡기고자 한다. 이러한 움직임을 통해서 '너'라는 바깥과 이 안에서 만날 수 있기 때문이다. 그리하여 김근 시의 목소리는 불가능한 노래에 이르고자 한다. 나아갈 수 없는 발걸음을 앞으로 내디디며 가고자 한다. 이러한 노래는 '나'를 통해 이루어지지만, '나' 홀로 이루는 것은 아니다. 세 번째 시집《당신이 어두운 세수를 할 때》(문학과지성사, 2014)의 시작에 자리한 〈길을길을 갔다〉는 바깥에 이르고자 불가능한 걸음을 내딛는 이의 노래를 우리에게 전한다.

여자가 살을 파내고 나를 심는다
나는 아무 저항 없이 여자의 살에 뿌리를 내린다
내 실뿌리들이 혈관을 타고 여자의 온몸으로 뻗어 나간다
여자를 빨아먹고 나는 살찐다
언젠가 여자는 마른 생선처럼 앙상해질 것이다

옛날에도 그랬다.

나는 커다란 종기처럼 여자에게서 자랐다
나라는 고름 주머니를 달고 여자가 길을길을 갔다
　　　　　　　　　　—〈길을길을 갔다〉 전문

〈길을길을 갔다〉에 등장하는 '나'와 '여자'의 모습은 첫 시집에 수록된 〈사랑〉의 '푸른 이끼'와 '돌'의 관계를 떠오르도록 하는 데가 있다. 〈사랑〉에서 '푸른 이끼'는 '돌'의 피를 빨아들임으로써 그 일부가 되는 움직임을 노래했는데, '여자'에게서 자양분을 얻는 '나'의 모습이 그와 닮아 있다. 다만 〈사랑〉에서는 '푸른 이끼'의 자리에서 일어나는 움직임에 주목했다면, 〈길을길을 갔다〉에서는 "여자가 살을 파내고 나를 심는다"고 함으로써 전작에서 '돌'의 자리에 해당하는 '여자'의 능동적 측면을 노래한다는 점에서 다소 차이를 보인다. 나아가 둘의 관계에서 이루어지는 움직임으로 인해 '나'는 살찌고 '여자'는 "앙상해질 것이다"라고 함으로써 양자 모두에게 어떤 변화가 일어남을 함께 전하고

있기도 하다.

〈길을길을 갔다〉는 한편으로 어머니와 자식의 관계에서 모성이라는 신화 또는 환상을 걷어내어 그 실상을 전하는 시도로 볼 수 있을 것이다. 이 맥락에서 "나는 커다란 종기처럼 여자에게서 자랐다"라는 말 역시 액면 그대로 양육과 기생이 다르지 않음을 적나라하게 표현한 것이기도 하다. "나라는 고름 주머니를 달고 여자가 길을길을 갔다"라는 결구는 또한 어머니 된 이가 살아내는 힘겨운 삶의 조건과 그 과정을 부각하는 것으로도 볼 수 있다. 그럼에도 이러한 과정을 노래하는 주체는 여전히 '나'이다. 다만, 이러한 '나'에 대해 "아무 저항 없이 여자의 살에 뿌리를 내린다"고 함으로써 능동적인 것에서 유리된, 또 다른 측면을 살핀다는 점이 중요하다. 이러한 모습들로써, 여전히 노래를 부르는 일이 '나'라는 자리에서 이루어지지만, 비단 '나'라는 하나의 심급에 의한 것만이 아니라는 사실을 또한 표현하기 때문이다.

이 대목에서 "여자가 길을길을 갔다"라고 하며 '길을'을 반복하는 대목은, 그 나아감이 힘겹게 이루어진다는 사실을 묘사하기도 하지만 동시에 그러한 나아감이 하나의 심급과 하나의 길에서만 이행되는 것이 아님을 가리키기도 한다. "내 실뿌리들이 혈관을 타고 여자의 온몸으로 뻗어 나간다"고 한 것처럼, '나'는 온전히 개체로만 존재하는 것이 아니라 타자들과 겹친 채로 존재한다. 유년 시절 기억의 절편과 신화적 이미지 들을 탐색함으로써 김근 시의 언어가 발견하게 된 것 가운데 하나를 고른다면, '나'를 이루도록 한 경계들이 실상 여러 타자와 겹쳐 있는 장소들이라는 사실일 것이다.

"옛날에도 그랬다"라는 말처럼, 김근 시의 언어는 자신에게 파편적인 형태로 다가온 타자들로부터 자양분을 얻는 동시에 그에 영향을 미치는 일을 반복적으로 수행함으로써 서로 구분 불가능한 어떤 겹침 가운데 생성되었다. 이렇게, 스스로가 이르고자 했던 바깥을 역설적으로 자신 안에 겹쳐 있는 타자의 존재에서 찾게 된 셈이다. 《당신이 어두운 세수를 할 때》에 수록된 〈조카의 탄생〉 연작과 〈형〉 연작 등에서 김근 시의 목소리는 타자와 만나 겹침의 장소를 만들어가는 가운데 발생하는 생성의 현장을 노래한다. 〈형—필사〉에서 우리는 글쓰기가 수행하는 운동의 현존과 그 존재의 본질을 겪어내는 목소리와 만날 수 있다. 시의 목소리는 글쓰기의 현장에 참여하는 가운데 이루어지는 일들을 '나'를 먹는 '형'과 그런 '형'을 베껴 쓰는 행위로 표현한다.

〈형—필사〉에 등장하는 '형'은 '나'와 동류이자 보다 앞선 시간을 산 이를 가리키는 이름이다. 또한 '나'보다 앞선 시간에서 시차를 두고 존재하는 '나'의 다른 자리이기도 하다. 이 맥락에서 시를 여는 "형이 나를 먹기 시작했다"라는 말은, 과거의 존재가 뒤이어 따라갈 현재를 집어삼키는 시간의 운행을 가리키는 말로 다가온다. 그러한 시간 글쓰기로 옮겨가는 과정을 통해 '형'이라는 시간의 존재는 "이제 막 베껴지기 시작하는 문장"이자 "내 최초의 근친 필사"가 된다. 이러한 의미에서 '형'은 글쓰기에 앞서 나타나게 되는 선先-시간성이자 선先-글쓰기의 존재라고 볼 수 있겠다. 글쓰기의 과정에서 머리와 손끝 어딘가에서 찰나에 일시적으로 존재하는, 이제 막 언어로 분절되려 하는 이념적 덩어리라고도 할 수 있을 것이다.

한편으로, "형이 나를 먹기 시작했다"는 말은, 글쓰기라는 움직임 자체가 '나'라는 존재를 집어삼킨 것만 같은 상황을 가리키는 것처럼 읽힌다. 누구나 어떤 행동에 집중하게 될 때 '나'를 잊고 온몸이 그 행동 자체가 되는 것만 같은 상태에 이른 경험이 있을 것이다. 마찬가지로 시에서 '형'이 '나'를 집어삼키는 움직임은 '나'와 글쓰기가 혼연일체가 되는 과정을 표현하는 것처럼 다가온다. 가령 2연의 "내 오른손은 형이라는 문장을 더듬는다, 라는 문장은 추상적이다"라든가 "두 번째로 등장한 씹어먹는다, 라는 서술어는 진부하다 앞의 씹어먹는다, 는 핥아먹는다, 나 빨아먹는다, 로 바꿨어야 했는지 모른다" 등과 같이 낱말을 살피고 고민하는 대목들에서는 '형'을 온전히 베껴 쓰기 위한 치열한 분투의 과정이 펼쳐지기도 한다. 이는 또한 자기 존재가 '형'에게 모두 잡아먹히기 전에 이루어져야 하기에 촌각을 다투는 긴급함과 함께한다는 사실을 전한다. 이는 글쓰기라는 것이 마감이라는 제약에 의해 추동됨을 전한다고도 할 수 있겠지만, 근본적으로는 제 존재를 지움으로써 또한 나타나기도 한다는 사실을 일러 준다.

형은 밤마다 나를 먹었다, 라고 나는 쓴다 나는 밤마다 형에게 먹히고 형이 되었다, 라고 쓴다 형은 밤마다 형이 된 나를 먹었다, 라고 쓴다 허름하기 이를 데 없는 판자촌 골목을 지나 녹슨 대문을 지나 덜컹거리는 미닫이문을 지나 형의 무게만큼 짓누르던 어린 날 어둠 속에서, 라고 쓴다 서정적으로, 형은 나를 먹기 시작했다, 라고 나는 다시 베껴 쓰기 시작한다

— 〈형 — 필사〉 부분

글쓰기가 이행하는 사라짐은 스스로를 지워가는 일이다. 그런데 동시에 그렇게 물러남으로써 어떤 존재를 우리 앞으로 현전케 하는 움직임이기도 하다. 따라서 글쓰기 과정에서 이루어지는 '형'이 '나'를 먹는 움직임은 또한 그렇게 먹힘으로써 '나'의 존재를 "형이 되었다"라는 데에 이르도록 한다. 〈형 — 필사〉가 전하는 노래를 알레고리적인 것으로 이해할 때, 이 이야기는 형에 대한 어떤 어두웠던 시절의 기억을 글쓰기로 옮기는 과정에서 일어나는 시인의 어떤 존재론적 겪음을 표현하는 것이라 할 수 있다. 즉 '형'에 관한 기억을 문장으로 만드는 과정에서 전하고자 하는, 그 대상에 빙의되는 것만 같은 체험이 글쓰기 가운데 일어나는 상황을 노래하는 것이라 하겠다.

글쓰기 가운데 일어나는 이와 같은 움직임은 서로 분리된 것이라 여겨졌던 두 세계가 글을 쓰는 몸이라는 한 장소에서 겹치며 만나도록 하는 데에 독특한 역량을 또한 분출한

다. 이렇게 김근 시에서 펼쳐지는 알레고리의 형식은, 단순히 어떤 완결된 이야기를 거울처럼 되비추는 파편적인 이미지 조형에 그치지 않고, 한계를 넘어 범람하는 힘을 불러일으킨다. 이 힘은 한 주체의 능력에 의해 이루어지는 것이 아니다. '나'라는 자리를 넘어서며 이루어지는 과잉의 힘이다. 이 힘과 함께 '나'는 자기를 넘어 바깥에 있게 되는 '탈자태 extase'에 이르게 된다. 그런데 이는 황홀경의 체험에 머무르지 않는다. '나'를 넘어서는 일은 주체로서 스스로를 다스릴 수 없는 극단적인 수동성의 경험이기도 하다. 때문에 세 번째 시집의 표제로 쓰인 문장이 담긴 시 〈밝은〉에서 노래하는 이는 "어쩌자는 것이냐"라는 시의 말로 문을 연다.

　당신이 어두운 세수를 할 때 짐승도 인간도 아닐 때 당신과 내가 서로 몸을 바꿔 입고 당신이 나고 내가 당신일 때 다시는 나는 내가 아니고 당신은 당신이 아닐 때 남자도 여자도 아예 버릴 때 우리의 발바닥이 우리의 얼굴을 알아보지 못할 때 우리의 꼬리가 영영 우리의 머리를 만나지 못할 때 당신과 내가 그만 당신과 나를 넘어 범람할 때 떠내려갈 때 아예 사라질 때 그럴 때

　　　　　　　　　　　　　　　　　　— 〈밝은〉 부분

　제목은 '밝은'이지만, 시에서 노래하는 목소리가 전하는 그 '때'는 가장 어두운 무언가를 가리키는 것만 같다. 이는 단지 "당신이 어두운 세수를 할 때"라는 표현 때문만은 아

니다. "당신과 내가 서로 몸을 바꿔 입고 당신이 나고 내가 당신일 때"와 같이 하나가 다른 하나와 구분할 수 없을 만큼 겹쳐 있는 애매한, 즉 어두운 때를 노래하기 때문이다. 애매하다는 것, 어둡다는 것은 '명석'과 대비되는 모습을 가리킨다. 인간의 인식에 어둡게 다가오는 것은 그것을 다시 인식할 수도, 기억할 수도 없는 무엇이 되기도 한다. 그러나 이는 지성에 의한 인식 측면의 이야기일 뿐이다. 감성의 측면에서 이 같은 어두움은 오히려 미학적인 힘을 불러일으키는 근원과 같은 것이다.

근원이라 하였지만 그것은 한 장소의 이름이기보다는, "당신이 나고 내가 당신일 때 다시는 나는 내가 아니고 당신은 당신이 아닐 때"와 같이 하나와 다른 하나가 관계를 맺으며 차이를 생산하는 과정으로서의 존재를 가리킨다. 때문에 시의 마지막 연에서도 봄의 움직임을 "당신과 내 것이 아닌 눈동자들로 분주하고"라고 표현하며, 하나의 항에 국한되지 않고 서로가 어둡게 겹치며 바쁘게 움직이는 모습으로 전하는 것일 터이다. 그런데 "깨끗한 시체처럼/저기서 여기로 그늘 하나 거리를 더듬으며 기어 기어오는데"라고 하는 움직임이 그와 함께 이루어진다. 모든 삶은 곁에 죽음을 그늘로 둔다. 그늘처럼 삶과 죽음은 서로 떨어질 수 없고 겹쳐 있기도 하다. 나타남 또한 사라짐과 함께한다.

'나'와 '당신'의 뒤섞임은 서로를 넘어 범람에 이르기도 하지만 동시에 "아예 사라질 때 그럴 때"와 같은 끝에 이르기도 할 것이다. 그럼에도 김근 시의 언어는 바로 그 어둠에서 '밝은' 무언가를 본다. 그 때문일까, 김근 시의 언어는 어둠에서 출발해 다시 어둠으로 나아가는 글쓰기의 움직임에 기꺼이 몸을 맡긴다. 그 귀결이 비록 폐허일지라도, 그 삶이 일시적인 것이라 할지라도, 시인의 노래는 그 어둠에 이르러 그와 뒤섞이며 함께하고자 한다. 그런데 이 같은 움직임은 어둠과 완전히 하나가 되는 일과는 다르다. 시인은 끝을 노래하지 않는다. 바로 그 끝을 시작하는 지점에 서서, 그 지점을 노래하고자 한다. 네 번째 시집 《끝을 시작하기》(아시아, 2021)에는 "끝을 시작하기"라고 노래하는 이의 여정이 그려진다.

《끝을 시작하기》는 알아들을 수 없는 말을 지껄이던 짐승의 언어에서 과거 자신이 수첩에 기록했던 말을 발견하고 전율하여 글쓰기에 사로잡힌 인물의 쓰기 과정이다. 짐승이 남긴 말을 풀이하여 찾아낸 화자의 말이 무엇인지는 시 속에 밝혀지지 않았다. "오래전 내가/수첩에 휘갈겨놓았던 말"이라 하였던 것처럼, 어쩌면 그 말은 말이 되려던 말, 혹은 말이 되기 직전의 음성에 불과한 그 무엇일 수도 있겠다. 이를 임의로 "끝을 시작하기"라고 보아도 좋을 것 같다. 말이 되려는 그것은 비록 '나'에게서 비롯되었다 할지라도 '나'와는 다른 존재로서 나름의 삶을 펼치기에 이른다. 프롤로그 이후의 이야기들은 바로 그렇게 깨어나게 된 '그것'의 움직임, 그리고 '그것'과 함께 변용되어 가는 '나'의 여정을 그린다.

> 그것이 깨어난다는 사실만이 나를 말하게
> 하지 깨어남 이전과 깨어남 이후 사이에서
> 말하기 이전과 말하기 이후의 사이에서 나는
> 말하지 그것은 그것만인 채로 정형 없이 형상
> 없이 깨어난다는 서술만이 일어나고 있지
> 깨어난다는 사건이 말 속에 생겨나며 나는
> 말하기 시작하지 시작이 시작하자마자
> 그것은 그것이 되어 있지 보이지 않아도
> ─제1부 제1장(《끝을 시작하기》, 16~17쪽. 이후
> 이 시집에서 인용할 때 쪽수만 기재함.) 부분

'그것'이 깨어나는 움직임은 또한 말이 스스로 깨어나는 순간이기도 하다. 우리의 언어 역시 실상은 자기 안에 자리한 타자의 말이라는 점에서, '그것'은 '나'에게 속한 것이면서 '타자'이기도 한 기묘한 겹침의 존재라 할 수 있다. 말하기라는 것은 언제나 "*그것이 깨어난다는 사실*"과 함께 이루어진다. 나아가 말하기는 언제나 "*말하기 이전과 말하기 이후의 사이에서*" 이루어진다. 말하기가 이루어지는 과정을 가만히 살펴본다면, 시의 목소리가 노래하는 바와 같이 무엇을 말해야 한다고 생각하기 이전에 어떤 "*정형 없이 형상/없이 깨어난다는 서술만이 일어나고*" 있는 모습을 보게 될 것이다. 《끝을 시작하기》에서 김근 시의 언어는 말하기의 "*깨어남 이전과 깨어남 이후 사이에서*" 이루어지는 운동과 함께 그 행방을 살핀다. 그런데 말하기는 그것이 이루어지

는 가운데에선 그 "정체가 쉽게 결정되지 않"기 때문에, 김근의 시가 살피는 말하기란 "말의 어둠 속"에서 이루어지는 "어둠의 말"이다(22쪽).

어둠에서는 어느 것도 미리 정해져 있지 않으며, 모든 일들이 우연 가운데 이루어진다. 말하기는 그러한 우연을 긍정하는 가운데 솟아나며 사라짐에 이른다. 《끝을 시작하기》에서 펼쳐지는 노래는 솟아남과 동시에 사라져가는, 아니, 보다 사태에 가까운 말로 표현하자면, 자신을 지워감으로써만 또한 나타나게 되는 언어의 움직임을 전한다. 이는 언어라는 몸을 입은 채 스스로를 표현하는 인간 존재의 실존과 그 운명을 탐색하는 일이기도 하다.

인간의 언어는 분절됨으로써, 즉 일정한 테두리를 통해 스스로의 운동을 끊고 다시 이어 붙일 때만 그 모습을 지각할 수 있게 된다. 그런데 이렇게 나타난 말들은 역설적으로 그 나타남을 모두 거둬들였을 때만, 바꿔 말해 문장에 마침표가 찍혔을 때만 일시적이고 잠정적인 형태에서 그 뜻을 완결된 것으로 드러내게 된다. 자신에게 한계를 부과할 때만 제 존재가 나타나도록 하며, 나타난 것을 다시 물러나게 할 때만 그 의미를 전하게 된다. 바로 이것이, 말하기가 사라지는 운동을 통해서만 제 모습을 드러내는 까닭이다.

모든 말하기와 글쓰기는 '나'를 통해 이루어지지만, 이들은 필연적으로 그것을 읽고 들을 '너'를 대하는 움직임으로 나타난다. "이봐 거기 누구 없어? 여긴 나뿐인가"(24쪽)라는 혼잣말 역시, '누구'라 호명된 '너'의 존재를 향해 이루어진다. 이처럼 말하기 가운데에선 어둠으로 겹쳐 있던 것들이 분화되기에 이른다. 그렇게 깨어난 '그것'을 향해 시의 목소리는 "나는 그것을 너라고 부를 거다"(28쪽)라고 말한다. 이러한 명명의 작업은 '그것'이라는 비정형의 존재를 일정한 틀 안에 두고자 하는 시도이기도 하다. 분화되기 이전의 감응적 긴장 상태에 불과하며, '그것'이라고 호명할 수밖에 없었던 어떤 존재를, 이렇게 '너'라는 말로 포획함으로써 일정하게 식별할 수 있는 무언가로 번역하고자 하는 것이다. 이 역시 어떤 '끝을 시작하기'라고 볼 수도 있을 터이다.

그런데 이렇게 말하기의 본질과 그 존재의 운명을 이해한다고 하더라도, 글쓰기의 수행은 운명을 다스리고 '나'의 힘으로 삼고자 하는 욕망과 함께 일어나기 마련이다. 나아가 글쓰기는 또한 우연히 솟아나게 되었을지라도, 그 흩어짐을 붙잡아 두고자 하는 '나'의 의지로 추동되는 것이기도 하다. 이렇게 운명과 욕망이 충돌하는 지점에서 이루어지기에, 글쓰기는 하나와 다른 하나 사이에서 일어나는 갈등과 분투의 과정으로 펼쳐진다. 그런데 이러한 다툼은 또한 하나와 다른 하나 사이에서 이루어지는 소통의 상황과 같은 구도에서 이루어진다는 점에서, 이는 대화의 구조이기도 하다. 그렇다. '끝을 시작하기'는 홀로 이행할 수 없다.

김근 시의 언어가 전개하고자 하는 '끝을 시작하기'는, '너' 또는 '그'와 함께하는 공동의 움직임이다. 물론 "그가 죽기. 몇 번이고. 죽기 내 살에. 비 얼룩처럼. 번지고 스미고. 삶에서 비워진. 그가 내 살에. 흘러넘쳐."(58쪽)라는 말처럼 이 움직임은 '그'의 반복되는 죽음과 함께 이루어지는, 실패를 반복하며 계속하여 힘겹게 나아가는 일이기도 하다. 이러한 움직임이 파편적으로 나타난다는 점에서, 이는 마치 시인의 전작들에서 나타났던 알레고리적 형식의 또 다른 판본처럼 보이기도 한다. 그런데 전작의 파편적 이미지들이 서로 조응하며 세계의 전체적 질서가 은폐했던 실상을 폭로하고자 틈을 내는 움직임을 이행하는 것들이었다면, 《끝을 시작하기》에서 절편처럼 단속적으로 배열된 이야기들은 그 나타남 자체가 침묵에 이르는 움직임이기도 하다는 사실을 일러 준다. 모든 존재가 자신을 지워 가며 망각에 이르고 있음을 펼쳐 보이는 것이다. 이 또한 '끝을 시작하기'일 터이다. 이렇게, 빛나던 모든 것들은 폐허에 이르렀으며, 앞으로 빛나게 될 것들 역시 공허에 이르게 될 것이다.

"어쩐지 여긴 망각 속일지도이군입쇼 어쩐지 망각의 풍경 속에서 조각나고 이어지며 말을이군입쇼"(73쪽)라는 '그것'의 말처럼, 말하기가 이루어지는 과정은 그렇게 제 존재가 사라져가는 그 움직임 가운데이다. 세 번째 시집의 〈형 — 필사〉에서 글 쓰는 이의 목소리는 제 존재가 '형'에게 모두 집어삼켜지기 전에 그 '형'을 베껴 쓰고자 하는 초조함 가운데에서 노래하였다. 그런데《끝을 시작하기》에서는 역설적으로 그렇게 자기 존재를 집어삼키는 흐름에 기꺼이 몸을 맡긴다. 그렇게, "나와 너와 자네의 움직임과 만짐과 쏟아놓은 말들이 침묵 속에서 사라지고 잊히고 우리가 마침내 없었다는 풍문이 숲을 이루고 일렁이고 없는 어미가 생겨나고 없는 우물이 무성한 늪이"(73~74쪽) 이어질 것이다. 이러한 과정에서 '그와 함께'라는 것마저도 지워지고 망각에 이르게 될 것이다.

하지만 지워진다는 것, 망각에 이르는 일은 단지 절멸에 이르는 허무로만 귀결되지는 않을 터이다. 침묵과 함께 잇따라 나타나는 다른 존재자들에서 엿볼 수 있듯, 망각은 새로움과 차이를 불러오는 움직임이기도 하다. '끝을 시작하기'는 이렇게, '그와 함께'한다는 것마저도 지워 가며 스스로를 이행한다. 이렇게 '나'를 지워 가는 움직임과 함께 바깥에 이르는 일이 이루어진다. '나'를 넘어 너머의 타자에게로 나아가게 된다. 이러한 흐름에서 다섯 번째 시집《에게서 에게로》(문학동네, 2024)의 제목이 심상치 않게 다가온다. '에게서 에게로'라는 표현에는 떠나는 곳과 이르게 되는 곳이, 시작과 끝의 자리가 지워져 있다. 오직 어떤 존재의 이행을 일러 주는 흔적만이 남아 그 빈자리를 지시할 뿐이다.

전작들과 마찬가지로 다섯 번째 시집의 첫 시 〈이사〉에서도 첫 시집의 처음에 자리한 〈사랑〉의 반복과 만나게 된다. '푸른 이끼'가 '돌'에 제 뿌리를 내렸던 것과 같이, "당신이 들어와 살았어요"라는 첫 문장에서부터 우리는 하나가 다른 하나의 안으로 제 존재를 밀어 넣는 움직임을 볼 수 있다. 다른 하나의 안이라 하였지만, 실상 그 움직임은 하나의 자리에서 바라보았을 때 자신의 바깥으로 넘어가는 이행이기도 하다. 다만, 〈이사〉에서의 움직임이 노래하는 '나'가 있는 곳으로 '당신'이 들어온다는 데에서 앞서 살펴봤던 전작들의 서시와는 다른 방향성을 띤다. "나는 결코 세준 적 없는데"라는 말과 같이, 바깥으로부터의 침입은 '나'의 의지와는 무관한 가운데 이루어진 일이기도 하다. 한편, "밤사이 당신이 흘려놓은 흔적들이 발견"됨으로써 비로소 알게 되었다는 점에서, '당신'은 그 흔적을 통해서 만나게 되는 존재라는 점 역시 예사롭지 않다. 직접 제 모습을 드러낸 순간에도 그에 대해 노래하는 이는 "아직 어둠 쪽이어서 당신의 얼굴 알아보기는 힘들었지요"라고 증언할 뿐이다.

어둠에 있던 '당신'이 '나'의 집으로 찾아오고, '나'는 '당신'을 찾아 "꽁꽁 여몄던 어둠 속으로" 가게 되는 움직임들은 그 자체로 시의 제목처럼 '이사'의 과정과 다르지 않다. 살던 곳을 옮겨가는 일은 또한 안에서 바깥으로 나아가는 움직임이자, 동시에 바깥에서 안으로 들어가는 움직임이라는 점에서 모든 존재자가 이루어 내는 운명과도 같은 현출現出과 소거消去의 이중 운동을 예시하는 것처럼 다가오기도 한다. 그런데 〈이사〉에는 이러한 이야기들을 노래하는 '나' 외에도 제 목소리를 전하는 시선 하나가 더 등장한다.

집은 오래 비어 있었다. 어둠 속에서 자꾸 말들이 온다.
살에 닿아 잘 안 지워지는 햇빛과 바람과 빗방울과 식물들과 계절들.

  여기. 아직도 당신이 살아 있는지. 여기. 나 또한 살기로 한다.

  밝은 쪽에서 내내 어둠을 주시하며. 당신의 당신도 함께. 여기.

                        ─〈이사〉 부분

  시를 마무리 짓는 두 번째 연의 목소리는 1연에서 '당신'을 대하는 '나'와는 구분되는 어조로 등장한다. 이 목소리의 정체가 누구인지는 확실하지 않다. 실은, 앞서 노래한 '나'와 어둠에서 나타났다고 하는 '당신'도 역시 베일에 싸여 있기는 마찬가지이다. 그런데 정체라는 것은 그 자신과의 동일성을 확인하는 일에 앞서 그 밖의 타자와 구별할 수 있음으로 이루어지는 것일 터이다. "여기. 아직도 당신이 살아 있는지. 여기. 나 또한 살기로 한다"라고 말하는 이의 정체는 자신이 대하는 상대를 '당신'이라 이르고 스스로를 '나'라 부르고 있으나, 앞서 잠시 언급한 바와 같이 '나'라든가 '당신'이라든가 하는 말들은 모두 전환사이기에 어떤 인물의 정체를 일러 주는 표현은 아니다.

  오래 비어 있는 그 집으로 "어둠 속에서 자꾸 말들이 온다"고 전하는 바와 같이, '여기'는 밝음과 어둠이 구분되는 것처럼 보이면서도 끊임없이 뒤섞이는 겹침의 장소이다. 때문에 '나'라든가 '당신'이라든가 하는 말들로 어떤 자리를 가리키고 있으나, 그러한 말을 하는 이가 1연에서의 '나'

인지 '당신'인지 혹은 또 다른 누군가인지는 애매하고도 모호한 것으로 다가온다. 나아가 둘의 존재가 겹치거나 뒤섞인 또 다른 무엇인지도 모를 일이다. 어쩌면 '당신'이라 불리는 존재는 '나'에게서 분화된 또 다른 '나'를 가리킬 수도 있다. 그러나 그러한 다른 '나' 혹은 '당신' 역시 '나'에게는 타자이자 또한 '나'와 타자가 겹친 존재이다. "당신의 당신"은 '나'를 가리키는 이름인 동시에 '나'에게는 또한 타자이기도 한 '나'이자 '당신'인 존재를 이른다. '나'라는 장소는 '당신'이 들어오는 자리이기도 하지만, '당신'을 향해 '나'가 떠나야 하는 곳의 이름이기도 하다. 김근 시의 언어는 '나'라든가 '당신'의 자리보다는, 하나에서 다른 하나로 넘어가는 그 사이의 과정 그 자체에 주목한다.

> 네 말은 누구에게도 가닿지 않고
> 나는 끝끝내 말해지지 않는다
> 자리를 잡지 못한 네 말들로 이곳은 범람한다
>
> 기어이 나는 생각되지 않는다
>
> 너에게서 또 다른 너에게로
> 나는 다시 옮아갈 채비를 서두른다
> ─〈에게서 에게로〉부분

〈에게서 에게로〉에서 노래하는 '나'는 "네 눈꺼풀/안쪽에 거처를 마련한", 추상적인 것으로 존재하는 일종의 증인이다. 때문에 '너'라는 이가 보고 느끼는 것들을 함께 지켜보는 가운데 그이의 노래를 옮기기도 한다. 이렇게 '나'의 노래는 '너'의 목소리들과 함께한다. 그리고 이는 실상 평소 우리의 말하기와 노래 역시 마찬가지일 터이다. 우리는 홀로 생각하고 발화한다고 여기는 그 순간에도 끊임없이 다른 이들의 목소리와 함께 말하고 타자를 향해 말을 건넨다. 그런데 몸을 입은 것들에게는 언제나 끝이 있듯이, 활자라는 몸을 입은 시 역시 스스로를 매듭짓는 자리를 지닐 수밖에 없다. 마찬가지로 그러한 시편들을 모은 시집 역시 마찬가지이다. 언젠가는 모두 침묵에 이른다. 마찬가지로 우리 역시 더 이상 생각되지 않고 말해지지 않는 그와 같은 시간에 닿을 것이다.

그러나 침묵은 더 이상 말할 것이 없는 상태를 이르지 않는다. 말이 누구에게도 가닿지 못하고 또 '나'의 존재가 "끝끝내 말해지지 않는다" 하더라도, 침묵 가운데에서 들끓는 것들이 있다. 모든 것이 망각에 이르러, 망각 자체를 생각하지 못하게 되는 침묵에 이르게 되더라도, 그 가운데에서 이루어지는 웅성거림이 있다. 〈에게서 에게로〉에서 노래하는 목소리는 이에 관해 "자리를 잡지 못한 네 말들로 이곳은 범람한다"고 전한다. 그렇게 범람하는 것들 가운데에는 "네 말들"과 함께하는 '나'의 노래 역시 겹쳐 있을 터이다. "어둠은 끈적하고 내가 서서히/곪아가리란 걸 알고 있다"고 하였지만, '나'의 목소리는 그렇게 "끝끝내 말해지지 않"으면서도, 심지어 "기어이 나는 생각되지 않"음을 깨달았을 때도 옮겨가고자 한다. 어쩌면 진정으로 말하기가 일어나는 순간은 바로 그와 같은 때인지도 모른다.

끝내 말해지지 않고 또 생각조차 되지 않는 바로 그 시점에서 드디어 '나'의 말하기가 이루어질 터이다. "너에게서 또 다른 너에게로" 옮아가는 일을 이행할 것이다. 이행移行을 이행履行하는 것이다. 말한다는 것, 그리고 글을 쓴다는 것은 이러한 맥락에서 한 집에서 다른 집으로, 한 몸에서 다른 몸으로 옮겨가는 이사의 과정이다. 밝은 곳을 두고 어둠으로 향하는, 밝은 곳으로 밀려오는 어둠의 흐름이기도 하다. 그러한 움직임 가운데 반짝임이 있다. 김근 시의 목소리는 일시적인 과정으로서 존재하는 모든 것들이 거하는 그곳에서 기다림과 망각을, 존재의 떨림을 전한다.

나를 잊을 수 있을까요? ─ 당신은 잊힙니다. ─ 누가 잊죠? ─ 잊은 사람이 사라져도 당신은 계속 잊힙니다. ─ 나는 계속 잊혀지는 중인가요? ─ 잊히고 잊혔다는 사실도 잊히고. 다시 또다시. 잊히고. ─ 잊은 사람이 잊었다는 사실을 잊어버려도? 잊은 사람도 잊힌 사람도 없이? 잊혀지는 일만 남아서? ─ 당신은 결코 당신의 이 기다림을 끝내지 못할 겁니다. ─ 눈이 멀어도? ─ 여섯 시간이 지났습니다. 여섯 시간 속에 당신은 이미 없었고. 없기만 했었고. ─ 소식이 오는군요. 너무 일러요. ─ 너무 늦습니다. ─ 한없이 늘어지며 도착하지는

못하며. — 당신의 기다림은 끝나가기만 할 뿐입니다. 영원히
지연되며. — 윤슬이 돋는군요. — 눈부시군요. — 눈이 멀어요.
— 반짝임과 반짝임 사이 어둠 속으로. — 기다림 속으로. —
눈부시군요. — 눈이 멀어요.

— 〈윤슬〉 부분

《에게서 에게로》의 4부에 수록된 두 편의 〈윤슬〉 중 두 번째 시편에서, 기다림과 반짝임 사이에서 이루어지는 '나'와 '당신'이 나누는 대화를 만날 수 있다. 둘 사이의 대화는 하나에서 다른 하나로 이르기 직전 찰나의 시간 가운데 있지만, 또한 동시에 이 시간은 영겁과도 같이 다가온다. 존재한다는 것 그 자체는 일시적인 과정이라 할지라도, 존재하는 이에겐 또한 그러한 순간이 자신이 존재하는 시간의 전부이기 때문이다. 그 이전과 이후의 시간을 우리는 알지 못한다. 따라서 기다림 역시 계속 지연될 수밖에 없다. 그럼에도 우리는 스스로 겪어온 시간을 짧은 것으로 느끼곤 한다. 우리가 어떤 일을 겪었을 때 그에 대한 겪음을 인지하는 일은 언제나 겪음이 일어난 이후이기 때문이다. 바꿔 말하자면 그러한 겪음이 지나간 이후에만 우리는 그에 대해 알게 되고 기억할 수 있게 되는 것이다. 어떤 일어남이 기억으로 바뀌는 순간, 그 일은 망각에 이르고 기억만이 남는다. 그리고 그 기억도 곧 사라짐에 이를 것이다. 모든 겪음이 짧은 순간으로 느껴지는 까닭이, 지나온 시간들이 모두 찰나의 반짝임으로 여겨지는 까닭이 그와 같을 터이다.

살아감은 겪음이다. 겪음은 또한 기억이 되는 일이다. 그런데 기억이 이루어지기 위해선 그와 함께 망각의 운동이 일어나야 한다. 사라져가는 운동을 통해서만 또한 나타남이 발생하기 때문이다. 모든 존재자는 과정으로서 존재하며, 일정한 모습으로 세상에 나타났다 하더라도 시간의 흐름과 함께 끊임없이 제 모습을 바꾸어 간다. 이러한 맥락에서, 존재한다는 것은 또한 망각의 운동에 참여하는 가운데에 있음을 의미할 터이다. 그러나 이를 이해하더라도 끊임없이 거듭 질문을 던질 수밖에 없다. '나'를 잊을 수 있다면 그 잊음을 어떻게 알 수 있고 누가 알 수 있을까. 이러한 물음에 "잊은 사람이 사라져도 당신은 계속 잊힙니다"라는 누군가의 답이 들려온다. 잊음 자체가 잊히게 되더라도, 지워져 가는 움직임은 멈추지 않을 터이다. '에게서 에게로'라는 이행의 움직임 자체만은 끊임없이 이어질 것이다.

무언가가 사라져가는 모습을 보며 그로부터 우리는 어떤 끝의 예감을 갖게 된다. 그 일은 너무 이른 동시에 너무 늦은 것으로 다가온다. 이러한 역설 가운데서 그 예감은, 불확실한 것이기는 하지만, 대화자 가운데 한 사람이 "내가 어머니의 미래를 탯줄처럼 달고 여기로 내쫓겼다는 것입니다"라고 말하듯이, 다음으로 이어진다는 느낌을 또한 불러일으키기도 한다. 이 불확실한 예감은 궤도를 이탈하여 정해진 것과는 다른 방향으로 나아가게 하는 힘이 되기도 한다. 이 때문에 '나'는 '당신'이 되고 '당신'은 '당신의 당신'

이 되어 간다. 이는 미학적인 힘이다, 스스로 달라지는 가운데 다른 것들과 만나 또 다른 무언가로 되어 가는 힘이다.

 이렇듯, 존재한다는 것은 또한 지나감이기도 하다. 지나감 가운데 우리는 서로의 '있음'을 나눈다. '나'라는 존재는 타자와 함께함으로써 이루어지며 또 타자에서 타자로 넘어가는 과정이기도 하다. 서로의 존재를 나누는 나아감 가운데 또 다른, 새로운 무언가가 일어난다. 그리하여 김근 시의 언어는 끊임없이 몸에게서 몸에게로, 몸과 함께 옮아갈 수밖에 없다. 말에게서 말에게로, 말과 함께 나아간다. 나아감 끝에 어떤 폐허에 이르게 될지라도, 그곳을 가능한 공허로 바꾸어 내며 새로움을 불러올 것이다.

지훈문학상 심사평

고통의 힘으로 밀고 가는
새로운 생성의 언어

박혜경(문학평론가)

 지훈문학상은 지난해부터 최근 2년간 발간된 시집들을 대상으로 수상자를 선정하던 기존의 방식을 바꿔 등단한 지 10년 이상이면서 최근까지 활발하게 작품활동을 해 오고 있는 시인들로 심사 대상을 대폭 확대하였다. 심사위원들은 먼저 각자의 추천으로 열두 분의 시인을 심사 대상으로 정하였고 이 중 네 분을 최종 심사 후보로 압축하였다. 이후 난상 토론을 거쳐 김근 시인을 지훈문학상 수상자로 결정하는 데 흔쾌히 합의하였다.
 심사위원들이 김근 시인에게서 가장 주목한 것은 시인이 등단 초기부터 지금까지 한국 시단에서 보기 드문 개성적 발성과 실험적 열정을 꾸준히 이어오고 있다는 점이다. 김근의 시들은 짧은 심사평으로 요약하기 어려울 만큼 난해하면서 복합적인 의미를 지니고 있다. 시인은 그의 초기시인 〈뱀소년의 외출〉에서 "나는 안인가 바깥인가"라고 물으며 "말이 아니라 비로소 그가 내 몸에 새겨진 무늬를 읽어 나가네"라고 말한 바 있다. 시인은 또한 《구름극장에서 만나요》라는 시집에서 "한때, 나는 바깥에 속해 있고 싶었다"고 말하기도 했다. 김근의 시에는 안과 밖, 말과 몸 외에도 삶과 죽음, 이승과 저승, 어둠과 빛 등의 다양한 대립항들이 존재한다.

초기 시들에서 김근의 언어는 수시로 뒤틀리거나 꿈틀거리거나 미끄덩거리는 몸의 감각을 보여 준다. 여기서 '보여 준다'는 표현을 쓴 것은 그의 시들이 감각에 대해 '말'하는 것이 아닌 감각 자체의 언어적 구현처럼 보이기 때문이다. 시작도 끝도 없는 듯 끈적이고 부글부글 끓어오르고 컹컹거리고 우우우 쏟아져 나오는 신음에 가까운 말들과 날것의 언어들, 의성·의태어의 반복 등으로 이루어진 김근 시의 독특한 원시적 발성은 안과 밖, 삶과 죽음, 말과 몸의 경계가 무너진 무정형의 혼돈상황을 펼쳐 보여 준다. 시인은 의미의 대립과 경계들로 세계를 분할하는 정형성의 언어들로부터 말들을 끌어내어 그것을 말의 바깥, 의미의 바깥으로 뻗어 나가는 강력한 원심력의 자장 안으로 던져 넣는다. 그 때문에 김근의 언어들은 의미가 아닌 어떤 탈주의 에너지로 움직이고 있다는 느낌을 준다.

'자유롭고 고삐 풀린 에네르기'의 상태로 명명할 수 있을 그의 언어들은 언어로 언어 바깥의 세계를 불러들이는 제의적, 주술적 언어들을 연상시키기도 한다. 그것이 '비로소 그'가 내 몸에 새겨진 무늬를 읽어나간다고 한 시인의 말에 담긴 진정한 의미가 아니었을까?

최근에 발간된 《에게서 에게로》에서 시인의 언어들은 이전과 많이 달라진 면모를 보여 준다. 최근의 시에서 시인의 언어적 발성은 문명 바깥의 세계와 인접한 날것의 역동성과 달리, 문명화된 조형성의 세계 속에 억눌려 있다는 느낌을 준다. 조형성을 만들면서 동시에 그 안에 갇혀 있는 듯한 시인의 발성은 확장적이기보다 응축적이고 원심적이기보다 구심적이다. 그것은 마치 출구를 찾지 못한 채 갇혀 있는 고통스러운 '안'의 상태를 구현해내고 있는 것처럼 보인다. 안과 바깥의 경계를 허물며 서로 다른 대립항들이 마치 우로보로스의 뱀처럼 물고 물리는 듯한 움직임을 보여 주던 그의 언어는, 이제 단속적으로 끊기고 조각조각 흩어지고 "들판이었던 때 내 몸에 새겨진 감각들은 모두 어디론가 사라져버"린 텅 빈 '없음'의 감각들로 바뀌어 있다. 이 시집에서는 특히 '없음'에 대한 시인의 감각이 도드라지게 나타난다. 무정형의 세계를 넘나들며 격렬한 고통의 언어들을 보여줄 때조차 원시적인 존재의 에너지로 충만해 있던 그의 시들이, 텅 빈 조형성의 세계 안에 밀폐된 없음의 상태를 반복적으로 구현해내고 있는 것이다. 시인은 이제 더 이상 바깥이 존재하지 않는 세계에서 자신이 당면한 실존의 공백을 절망의 언어로 그려내고 있는 것일까?

중요한 것은 예나 지금이나 김근의 시에서 언어는 늘 새로운 생성의 방식으로 존재해 왔다는 점이다. 그의 시는 재현적이 아니라 발생적이다. 그의 시에서 고통에 뒤틀리고 찢기고 일그러진 언어들은 동시에 그 고통의 힘으로 생생히 살아 움직이고 있다는 느낌을 준다. 심사위원들은 능동적인 자기운동성을 보여 주며 언어의 새로운 지평을 탐구해온 김근 시인의 오랜 노력이 그에 합당한 응원과 평가를 받아야 한다는 점에 동의했다. 시인의 수상을 축하한다.

제23회 지훈문학상 심사위원회
심사위원장 이영광 | 심사위원 박혜경 · 조재룡

지훈문학상 수상소감

다시 언어를 위하여

수상 소식을 듣고 기뻤다. 흥분을 가라앉히기가 힘들 정도였다. 등단한 지 25년이 막 지났고, 문단이 주는 첫 상이었다. 무엇보다 지훈 선생의 이름으로 주어지는 상이니 더욱 영광스러웠다. 흥분을 가라앉히고 난 뒤 차분히 선생의 시 전집을 펼쳐들었다. 마침 올해 초에 《조지훈 시 전집》이 나남에서 새롭게 출판되어 즉시 구입한 터였다. '조찰한' 이 책을 찬찬히 한 장 한 장 넘기며 선생의 시에 새삼 깊이 잠겨들었다. 이 전집에서 나를 오래 머물게 했던 페이지들은 7부 "병에게" 부분이었다. 편자들이 '생의 역설'로 분류한 시들이 묶여 있었다. 그중에서 〈화비기 華悲記〉를 읽고 또 읽었다.

백공작이 파르르 날개를 떤다. 파란 전등이 켜진다. 백랍 같은 손가락을 빤다, 빠알간 피가 솟는다. 피는 공작부인 가슴에 얼굴을 묻고 눈물도 아픈 즐거움에 즐거움은 가슴을 쪼다. 아 흰 꽃이 피는 빈 창밖으로 호로 마차가 하나

은빛 어둠을 헤치고 북으로 갔다. 나어린 소녀에게 외로운 피를 잃고 이름도 모를 굴욕에 값싼 웃음을 파는 매춘부, 나는 귀족 영양의 음락의 노예란다. 하이얀 전등을 부수고 하늘빛 구슬을 빨자. 알콜을 빨면 푸른 정맥이 동맥이 된다. 바다가 된 육지다. 파선된 침실이다. 정열이 과잉되면 생활은 모자라 슬픈 자극은 한밤의 비극을 낳는다. 나는 대체 죽었느니라.

— 〈화비기〉 전문

　지훈 선생의 시에는 잘 나타나지 않는 도시적 이미지가 가득한 작품이다. 당신이 "현실에 대한 반발과 퇴폐의 한"이라고 훗날 규정했던 것처럼, 이 시에는 당시 현실의 모습들이 시적 화자의 니힐리즘적 태도와 함께 파편적으로 드러난다. 이 시에서 그런 흐름을 주도하는 것은 리듬이다. 선생의 다른 시에서 보이는 안정적이고 단정한 리듬에 비하면 이 시의 리듬은 낯설고 이질적이다.
　짧은 문장과 긴 문장의 불안한 배치가 시적 화자의 불안을 형식적으로 구현하고 있다. 리듬은 문장과 문장 사이의 이행을 통해 발생한다. 리듬의 불규칙적인 긴장과 이완은 정서적 긴장과 이완으로 이어진다. 시의 막바지에 이르러 리듬의 긴장은 시각적 어지러움과 함께 더욱 가팔라지고 정서는 강도를 더한다. 그렇게 치닫다가 갑자기 다시 이완된다. 화자 스스로 "정열이 과잉되면"이라고 말하면서 격정을 자제시키고 있다. 그런데 이 문장을 거치면서 과잉된 정서는 단언으로 변화한다. 마지막 문장에 와서 시는 세계에 대해 새로운 긴장을 불러일으키는 것이다. "나는 대체 죽었느니라"라고 하며.

〈화비기〉는《문장》추천 탈락작이다. 젊은 지훈은《문장》에 〈화비기〉와 〈고풍의상〉을 함께 제출했는데, 당시 선자選者 지용은 선후평에서 "〈화비기〉가 좋기는 하였으나 너무 앙징스러워 차라리 〈고풍의상〉을 택한다"하였단다. 이 시기 선생은 시적으로 방황하고 있었던 듯하다. 선생은 〈화비기〉 계열의 시를 몇 차례 보냈지만 천료薦了에 이르지 못했다. 그는 〈나의 시의 편력〉에 "나는 시정신에 있어서만 동서가 교착되었던 것이 아니라 시의 방법에 있어서도 극단의 기교주의와 극단의 반기교주의를 동시에 받아들였던 것이다"라고 썼다. 〈고풍의상〉으로 첫 회 당선되고 쉬는 동안 스스로 서구시 영향 계열이라 부른 작품을 본명 조동탁으로《백지》에 발표하고 있었던 걸 보면, 선생은 당시 두 경향 사이에서 갈등하고 있었던 것으로 짐작된다. 결국 그는 민족 정서를 선택하였고, 〈승무〉, 〈봉황수〉, 〈향문〉으로 등단의 관문을 통과한다. 쓸데없는 가정이지만, 만약 지용이 〈화비기〉를 선택했더라면 우리 문학사는 어떻게 바뀌었을까?

이런 부질없는 질문을 하는 것은 나 역시 등단 초기 두 세계 사이에서 길항을 겪었기 때문이다. 등단 시기, 내가 주로 쓰던 시의 언어로는 제도에 진입할 수 없었다. 1997년 중앙일보 신춘문예 최종심에서 탈락한 뒤, 서정적인 시로 다시 돌아갈 수밖에 없었다. 결국 나는 그 시들로 등단했고, 교과서적인 시라는 평을 받았다. 등단 이후 몇 년 동안 시를 발표하지 못했다. 시적 방황이었다. 다시 시를 발표하기 시작했을 때, 지훈 선생과는 달리, 나는 등단작의 세계가 아니라 본래 언어의 세계로 돌아가 시를 쓰기 시작했다. 그러나 스스로 주류라고 여겼던 그로테스크한 언어와 서정적 언어 사이에서 길항을 겪은 것이 아니었다. 습작기부터 나를 지배해 왔던 두 세계, 고향과 도시의 이미지는 줄곧 내 언어 안에서 화해하지 못한 채였다. 그 시기 고향을 기반으로 한 설화적 시와 도시의 이면을 배경으로 한 괴담류의 알레고리 시가 번갈아 써지곤 했다.

첫 시집을 보면 알겠지만, 두 세계가 각자 제 갈 길을 가고 있다. 두 번째 시집에서는 그 두 세계를 어떻게 통합할 것인지에 대한 고민에 초점이 맞춰진다. 결과적으로는 실패했다고 할 수 있다. 지금에 와서 느끼는 것이지만, 내 시는 그런 실패의 연속이 만들어낸 결과가 아니었나 생각한다. 그런 실패의 과정은 두 세계의 통합보다는 시의 언어가 현실에 대한 긴장을 유지하면서 어떻게 새로운 세계로 이행해 갈 것인가를 깨닫는 과정이기도 했다. 결국 '언어'에 대한 근본적 고민으로 귀결될 수밖에 없었다는 말이다.

다시 〈화비기〉로 돌아가 본다. 〈화비기〉에서 나를 가장 매료시킨 구절은 앞에서도 강조한 마지막 문장 "나는 대체 죽었느니라"였다. 이 문장에서 문제가 되는 것은 부사 '대체'이다. '대체'를 '대체로'의 의미로 읽을 경우 이 문장은 소심해지고, 다소 심심한 문장으로 전락하고 만다. '대체'를 '도대체'의 의미로 읽을 경우 이 문장은 비문非文이 된다. '도대체' 다음에는 의문형 문장이 뒤따라야 서로 호응을 이루기 때문이다. 부사 '대체' 때문에 '죽었느니라'는 단언이자 단언을 넘어서는 질문을 잠재하게 된다. 죽음은 단순히 허무주의자의 한탄이 아니라 이 세계 바깥으로 향하는 전혀 다른 의미로 거듭난다. 시적 화자가 "나는 대체 죽었느니라"라고 말할 때 문법은 교란된다. 문법이 붙잡고 있던 상식적 의미의 세계는 혼란에 휩싸인다. 이 문장으로 내 시의 언어가 지훈 선생이 미처 가지 않은 언어의 세계에 줄을 대고 있다고 여길 수밖에 없다. 내 시의 언어는 줄곧 이런 상식적 의미를 교란시키고 혼란을 조장하는 방식으로 이 세계에 대응해 왔다. 이 발견이 새삼 뿌듯하다.

팬데믹을 겪으면서 우리는 우리 문명의 근간을 이루고 있다고 믿었던 합리성이라는 것이 얼마나 취약한 반석 위에 서 있었는지 절실히 깨달은 바 있다. 최근 한국 사회의 정치적 불안은 우리를 둘러싼 언어들이 얼마나 쉽게 타락할 수 있는지 보여 준다. 너무도 당연한 말이지만, 시는 이런 세계의 언어를 본래의 의미, 근원적 시간의 의미로 회복하려고 한다. 또한, 그런 회복을 통해 우리 세계의 가치와 윤리를 새롭게 구축하고자 한다. 가치나 윤리의 방식으로 거기에 도달하려고도 하지만, 반가치와 반윤리의 방식으로 거기에 도달하려고 하기도 한다. 지훈 선생이 갈림길에서 선택하고 평생 일궈 온 시의 길이 전자의 방식이라면, 선생이 가지 않은 길이자 내가 비틀거리며 걸어온 길이 후자의 방식이다. 중요한 것은 두 가지 방식 모두 이 세계의 가치와 윤리에 닿고자 한다는 것이다. 이때 가치와 윤리는 '지금 여기'의 가치와 윤리를 초과한 가치와 윤리이다. 선생의 언어와 나의 언어는 거기서 만난다. 불가능할지도 모르지만, 거기서 만날 것이다.

새삼 독자를 생각했다. 그동안 내 시를 읽고 언급해 준 독자들이 내 쓰기의 큰 동력임을 잊은 적이 없다. 불특정한 그들은 제도를 넘어 자신들 멋대로 제 시를 완성해나갔다. 이 확실성의 세계 속에서 내 불확실한 말들이 여전히 써질 수 있는 이유이기도 하다. 감사하고 행복한 일이다. 그런 소통이 없었다면 그런 소통에 대한 믿음이 없었다면 나는 지금 여기에 이르지 못했을 것이다. 그 힘을 믿고 나는 또 불가능한 세계를 향해 한 발을 내디딜 것이다. 내 시의 목소리들이 또 어떤 불가능한 방식으로 독자에게 가닿는지 지켜볼 것이다.

25년을 넘게 제도 안에서 시를 써 왔지만, 격려받고 응원받고 싶은 마음은 신인일 때나 지금이나 한가지인 모양이다. 이 상은 선생이 내 등을 다독거리며 "가도 돼, 가도 돼." 하고 건네는 따뜻한 말 같다. 또 나아갈 것이다. 아직 어디로 갈지 모르지만, 그 시의 길 어디쯤에서 나는 분명 다시 선생의 시를 떠올릴 것이다.

곁에서 격려해 준 선후배 동료 문인들께 감사드린다. 박혜경, 이영광, 조재룡 세 분 심사위원께도 심심한 감사의 말씀을 전한다. 무엇보다 이 상을 제정하고 운영해 오신 조상호 회장님과 나남출판사에 감사드린다. 지훈문학상 수상을 계기로 '김근 문학선'을 출간하게 된 것 또한 나의 큰 기쁨이다.

2025년 4월

김근

정본 시 전집으로 다시 만나는
'지조와 멋의 시인' 조지훈

조지훈 시 전집

민족의 전통과 사라져 가는 것들에 대한 애수, 역사 속 상실과 고뇌를 생생히 그려 낸 시적 언어

'지조와 멋의 시인' 조지훈의 시 작품들을 완전히 새롭게 엮은 시전집. 지훈의 시 작품만을 온전히 한 권에 모으고, 한자를 한글로 모두 바꾸어 독자들이 지훈의 시를 친근히 만날 수 있게 했다. 지훈은 사라져 가는 것들에 대한 애수를 바탕으로 우리 민족의 전통과 자연에 대한 서정을 그려 냈고, 혼란의 시대에는 첨예한 언어로 현실을 직시하며 역사 속 상실과 고뇌를 생생히 기록했다. 지훈의 시는 지금까지도 시대의 발화이자 생활에 대한 사유로서 현대의 독자들을 깨우며 앞으로 나아갈 힘을 준다.

신국판 변형 | 480쪽 | 32,000원

나남 031) 955-4601
www.nanam.net